Andrew Brunson · Craig Borlase
Geisel für Gott

Über die Autoren

Andrew Brunson lebte seit 1993 als Pastor mit seiner Familie in der Türkei. 2016 wurde er unter Terrorverdacht festgenommen, bevor er zwei Jahre später auf Druck des amerikanischen Präsidenten schließlich freikam und ausreisen konnte.

Craig Borlase ist der Autor einiger New-York-Times-Bestseller und hilft anderen Menschen, ihre spannende Lebensgeschichte in Form zu bringen. Aus seiner Feder stammen unter anderem die Titel „Mit Gobi durch die Wüste" und „Die Glaubenskriegerin" (SCM).

ANDREW BRUNSON
Craig Borlase

GEISEL FÜR GOTT

EINE WAHRE GESCHICHTE VON VERFOLGUNG, GEFANGENSCHAFT UND ÜBERLEBEN

NACH 735 TAGEN IN TÜRKISCHER GEFANGENSCHAFT ENDLICH FREI

Aus dem amerikanischen Englisch übersetzt von Oliver Roman

Für unsere wunderbaren Kinder
Jordan, Jacqueline und Kevin und Blaise

und für unsere christlichen Brüder und Schwestern in der Türkei.
Das Gebet, das ich im Gefängnis oft für mich und meine Familie
gebetet habe, bete ich nun auch für euch:

Vater Gott, schenke deinen Söhnen und Töchtern den Mut,
die Kraft, die Zuversicht, die Beharrlichkeit, die Ausdauer und die
Standhaftigkeit Jesu, damit sie die vor ihnen liegenden Aufgaben zu-
versichtlich beginnen und gut beenden können, auch wenn sie durch
tiefe Täler und arge Bedrängnis in ihrem Glauben geprüft werden.
Alle Ehre gehört Jesus, dem König der Herrlichkeit.

INHALT

TEIL EINS

1
ZEIT FÜR DIE HEIMKEHR

Als alles begann, rasierte ich mich gerade. Ich stand vor dem beschlagenen Badezimmerspiegel in unserer Wohnung und achtete kaum auf die typischen Geräusche von Hektik, Trubel und Verkehr, die von den schmalen Straßen zu uns heraufdrangen. Die Stadt und ich bereiteten uns auf einen gewöhnlichen Tag vor.

In diesem Augenblick kam er mir.

Ein Gedanke, aus heiterem Himmel.

Es ist Zeit für die Heimkehr.

Das erschreckte mich zutiefst, und ich blieb wie angewurzelt stehen. Behutsam spulte ich noch einmal in Gedanken zurück. Was hatte ich da gerade gehört? Es ergab keinen Sinn. Ich bin Amerikaner, aber an dem Tag, an dem ich vor dem Badezimmerspiegel stand, dachte ich nicht an die USA, wenn ich an Heimat dachte. Die Türkei war meine Heimat. Als wir zwei Jahre zuvor diese Wohnung gekauft hatten, wussten wir, dass im Moment unsere Knie noch den Aufstieg in den vierten Stock verkraften würden, aber wir fragten uns, ob wir es 20 Jahre später immer noch schaffen würden. Wir waren hier, weil wir hier unser Leben verbringen wollten.

Es ist Zeit für die Heimkehr.

Mein Herz begann schneller zu schlagen, weil ich plötzlich befürchtete, dass ich erkannt hatte, was diese Worte bedeuten. Doch ich wollte über die Zusammenhänge noch nicht einmal nachdenken. Ich war bereits zu Hause, aber mein Glaube sagte mir, dass es noch ein anderes Zuhause gab, zu dem ich letztendlich gehen würde. Konnte es sein, dass Gott mir gerade sagte, es sei Zeit für mich zu sterben? Zeit, in meine Heimat im Himmel überzusiedeln?

Es ist Zeit für die Heimkehr.

Schnell verwarf ich den Gedanken wieder und meinte, dass er nicht von Gott stammen konnte. Es gab noch so vieles zu tun. Nein – es konnte für mich noch nicht an der Zeit sein zu sterben …

. . . .

23 Jahre lang hatten Norine und ich in der Türkei gelebt und gearbeitet.

Wir hatten uns in der Bibliothek des *Wheaton College,* einer christlichen Universität in den USA, kennengelernt. Norine war dort, um zu studieren, während ich dort nach Mädchen Ausschau hielt, die gerade studierten! Denn ich war absolut entschlossen, nur eine Frau zu heiraten, die bereit war, Missionarin zu werden.

Seit meiner Kindheit war ich davon überzeugt, dass Gott mich dazu berufen hatte, in die Mission zu gehen. Diese Berufung ging auf Hudson Taylor zurück, den großen China-Missionar. Als er bereits ein alter Mann gewesen war, hatte eine Mutter ihre beiden Söhne zu ihm gebracht und ihn gebeten, dass er für sie betete und sie für die Mission segnete. Und tatsächlich wurden sie Missionare. Als dann einer dieser beiden Jungen, Stanley Soltau, selbst ein alter Mann war, besuchte ihn meine Mutter zusammen mit mir und meiner Schwester. Sie bat ihn darum, für uns das zu tun, was Hudson Taylor für ihn getan hatte. Weil ich bei seinem Gebet nicht stillhalten konnte, bekam ich den Hintern versohlt. Ich war damals drei Jahre alt und habe das nie vergessen. Dabei bin ich sicher, dass Gott an diesem Tag etwas in mich hineingelegt hat, das mich schließlich mit Norine in die Türkei gebracht hat.

Wir waren 1993 nach Istanbul gekommen und hatten uns schließlich in Izmir niedergelassen. Wir gründeten Gemeinden, veranstalteten nationale Konferenzen, richteten ein Gebetshaus ein und luden Menschen aus anderen Ländern ein, mit uns gemeinsam das Evangelium in Städten zu verbreiten, in denen kein einziger Mensch jemals einem Christen begegnet war. Schnell hatten wir ein großes internationales Team beisammen. Wir freuten uns über eine Gruppe neuer Missionare, die einige Monate zuvor eingetroffen waren, um mit uns ein einjähriges Trainingsprogramm zu absolvieren.

In unserer neuen Heimatstadt Izmir – dem antiken Smyrna, das an der Ägäis liegt – arbeiteten wir mit Hunderten von Flüchtlingen aus Syrien und dem Irak, die vor Assad und dem IS geflohen waren. Einige befanden sich auf der Durchreise und hofften, die gefährliche Reise mit dem Schiff nach Europa zu bewältigen, andere blieben. Einige wenige beschlossen sogar, in ihre eigene Heimat zurückzukehren. Wir taten für alle, was wir konnten, indem wir Decken, Heizgeräte, Lebensmittel, Milch für Säuglinge und andere Dinge zur Verfügung stellten. All dies ging als Spenden von den unterschiedlichen Gemeinden ein.

Wir widmeten unser Leben diesem Land, in dem sich einst so viel von der biblischen Geschichte ereignet hatte. Mittlerweile gibt es bei einer Gesamtbevölkerung von mehr als 80 Millionen Menschen nur noch etwa 6.000 Christen mit muslimischem Hintergrund. Wie gründet man aber eine Gemeinde, wenn nur einer von 16.000 Türken Christ wird? Manchmal ist es sehr entmutigend. Als wir 1993 ankamen, begannen wir mit zwanzig Missionaren gemeinsam einen Sprachkurs. Vier Jahre später waren nur noch fünf von uns im Land. Zuletzt waren Norine und ich die einzigen, die von dieser Gruppe übrig geblieben sind.

Unsere Jahre in der Türkei waren nicht einfach gewesen. Während dieser Zeit waren einige Christen für ihre Arbeit den Märtyrertod gestorben, und auch wir hatten Morddrohungen erhalten. Nach den ersten Drohungen trug ich eine Zeit lang nur noch Tennisschuhe und schnürte diese sehr fest zu – etwas, das ich selten tue, weil ich meine Schuhe gerne locker trage. Norine bemerkte es und fragte mich, warum ich bei der Hitze keine Sandalen trüge.

Meine Antwort war einfach und pragmatisch: „Weil ich vielleicht wegrennen muss."

Es war eine beängstigende Zeit, besonders für uns als Eltern kleiner Kinder. Aber sie zwang uns, uns mit dem bestehenden Risiko auseinanderzusetzen. Sollten wir gleich bei der ersten Bedrohung davonlaufen? Wie leicht wäre es dann, uns loszuwerden. Also beschlossen wir, so lange zu bleiben, bis Gott uns deutlich zeigte, dass wir gehen sollten.

Kurz zuvor hatten wir an der syrischen Grenze in der Nähe eines Kriegsgebietes unter Flüchtlingen gearbeitet. Wir waren nahe genug, um Schüsse fallen und Bomben der Kurden gegen den IS explodieren zu hören. Dies war die Zeit, in der wir uns immer wieder fragten, ob nicht bald irgendein Fanatiker beschließen würde, uns zu entführen und als Geiseln zu halten. Norine war jedes Mal erleichtert, wenn sie von diesen Reisen nach Izmir zurückkehren konnte.

Alles in allem hatten wir die Folgen bedacht. Wir kannten die Risiken und hatten sie akzeptiert. Die Türkei war genau der Ort, an dem wir sein sollten. Nein, es konnte jetzt nicht „Zeit für die Heimkehr" sein.

. . . .

Also rasierte ich mich fertig, zog mich an und machte mich auf den kurzen Fußweg zu unserer Gemeinde. Im Laufe der Jahre haben wir gelernt, dass Menschen, die geistlich auf der Suche sind, oft nach Orten suchen, von denen sie wissen, dass sich Christen dort versammeln. Aus diesem Grund hatten wir auch vor der Auferstehungskirche ein Schild mit einem Kreuz aufgehängt, damit man sie nicht verpassen konnte. Wir haben keine Gesetze gebrochen und nie versucht zu verbergen, was wir tun. Ganz im Gegenteil, tatsächlich wollten wir so sichtbar wie nur irgend möglich sein.

Wir hatten gezögert, dieses kleine Gebäude zu mieten, als wir die Gemeinde gründeten. Im Stadtzentrum konnten wir uns so gut wie nichts anderes leisten. Aber dieses Gebäude lag im wenig attraktiven Rotlichtviertel der Transvestiten und war deshalb günstig zu mieten. Nur ob dort überhaupt jemand hinkommen würde? Bald jedoch entdeckten wir, dass die Lage sogar großartig war. Täglich kamen Tausende von Menschen auf ihrem Weg zum Meer und zu den belebten Fußgängerzonen mit vielen Geschäften und Restaurants dort vorbei.

Irgendwann begannen wir, zwei Fensterbänke mit christlichen Büchern zu bestücken und brachten ein Schild an, das den Leuten mitteilte, sie könnten sich bedienen. Und das taten sie auch. Bald darauf verschenkten wir jeden Monat über 1.000 Neue Testamente.

Wir hatten in der Türkei nie einen langweiligen Tag und an einem Sonntag konnte einfach alles passieren – sei es gut oder schlecht. Es konnte sein, dass wir für einen Besucher beteten und sahen, wie er geheilt wird. Oder es konnte passieren, dass jemand unsere Treffen störte, indem er uns Drohungen zurief. Wenn unsere Tür offen war, wagten sich einige der Passanten hinein, nur um zum ersten Mal eine Kirche zu sehen. Viele kamen mit Fragen, und fast alle waren damit einverstanden, dass wir für sie beteten. Diejenigen, die Christen wurden, fielen jedoch oft schon nach wenigen Wochen oder Monaten von ihrem neuen Glauben ab, sobald sie durch Familie und Freunde unter Druck gerieten.

Eine weitere Herausforderung war, dass alle möglichen Leute kamen. Von aufrichtig Suchenden bis hin zu denen, die nach ihrem persönlichen Vorteil suchten oder Ärger verursachen wollten. Im Laufe der Zeit wurden die Motive der Menschen klarer. Wir wussten, dass die Geheimpolizei bei uns ein und aus ging. Wir wurden gewarnt, dass wir vorsichtig sein sollten, aber wir hatten nichts zu verbergen. Bei alledem war es erstaunlich, dass die Gemeinde überhaupt wuchs.

Als eher introvertierte Menschen passten Norine und ich nicht sehr gut in diese sehr lebendige und eher laute Kultur. Aber Gott sorgte dafür, dass unsere Herzen weiterhin für die Menschen in der Türkei schlugen. Außerdem waren wir davon überzeugt, dass Gott uns und dieser Gemeinde einen ganz bestimmten Auftrag gegeben hatte – die Vorbereitung für eine geistliche Ernte.

. . . .

In der Gemeinde angekommen, musste ich mich konzentrieren, denn ich hatte noch Unterricht vorzubereiten. Was ich nicht brauchte, war dieser Gedanke, der immer wieder auftauchte. Doch genau das tat er, zwar wie ein leises Flüstern, aber sehr eindringlich.

Es ist Zeit für die Heimkehr.

Den Gedanken hatte ich zuvor schon verworfen. Dennoch konnte ich das Gefühl nicht loswerden, dass Gott mir sagte, ich solle mich darauf vorbereiten, ihm zu begegnen – zu sterben.

Es war nicht das erste Mal, dass ich in dieser Kirche stand und dachte, dass mein Leben bald zu Ende gehen könnte. Fünfeinhalb Jahre zuvor – am ersten April des Jahres – war ich während einer Gebetsversammlung vor das Gebäude getreten, um dort auf der stark belebten Straße mit einem Mitglied der Gemeinde zu sprechen. Ein paar der Transvestiten lehnten sich aus den Fenstern über uns heraus, lächelten und winkten den Passanten zu, wie sie es immer taten.

Plötzlich erregte ein Mann in einer Tarnjacke unsere Aufmerksamkeit. Er fiel aus einem einfachen Grund auf: Aus etwa drei Metern Entfernung richtete er eine Pistole auf mich. Er sagte nichts, aber er sah mich absolut entschlossen an, und seine Augen glühten vor Wut. Ich war wie erstarrt. Alles, worauf ich mich konzentrieren konnte, war die Pistole, die in seiner Hand zitterte.

Sechs Schüsse ertönten in schneller Folge. Dann ließ er die Waffe fallen, griff in eine Tasche auf dem Boden neben sich und zog eine

Schrotflinte heraus. Endlich fing mein Gehirn wieder an zu arbeiten. Während er Mühe hatte, die Flinte zu entsichern, wurde mir klar, dass er mich mit einer Schrotflinte nicht verfehlen konnte. Und wenn er in die Kirche ginge, nachdem er mich getroffen hatte… das würde ein Massaker geben. Also eilte ich zu dem Bewaffneten hinüber und klammerte mich von hinten an ihm fest, obwohl er größer und stärker war als ich. Ich hielt ihn verzweifelt fest. Während wir kämpften, drückte er den Abzug, und die Schrotflinte ging los.

Der Bewaffnete begann zu schreien: „Du hast eine Kirche gegründet, und das werden wir nicht erlauben! Wir werden dich ausbomben. Wir werden dich töten. Du wirst dafür bezahlen."

Ich fühlte nichts und war wie betäubt. Ich wusste nur, dass mein Leben – und das Leben anderer – davon abhing, ihn nicht loszulassen.

Schließlich kam die Polizei und warf den Schützen zu Boden. Nachdem sie ihn weggebracht hatten, ging ich zurück in die Kirche. Das Adrenalin in meinem Körper hatte mir geholfen, meinen Beinahe-Mörder festzuhalten, aber als ich mich hinsetzte, traf mich der Schock wie ein Orkan. Mein Körper begann zu zittern, und ich konnte nichts dagegen tun. Als die Anspannung irgendwann nachließ, war ich überrascht, dass ich keine Angst hatte.

Gott hatte mir so viel bezüglich meiner Zukunft verheißen. Ich war zuversichtlich, er würde noch weitere Pläne für mich in der Türkei haben und mich bis zu ihrer Verwirklichung am Leben halten. Als die Regierung mir also zwei Polizisten als Leibwächter zuwies, verzichtete ich nach ein paar Wochen wieder auf sie. Ich war mir sicher, dass ich sie nicht brauchte.

In den Tagen und Wochen nach diesem Angriff wurden wir von vielen Seiten gefragt, ob wir in der Türkei bleiben würden. Norine und ich wussten die Antwort sofort, denn wir hatten diese Frage bereits geklärt: Bis Gott uns sagte, dass es Zeit sei zu gehen, würden wir bleiben.

Als ich an diesem Oktobermorgen allein in der Kirche stand, war ich nicht mehr so zuversichtlich, dass ich in der Türkei bleiben *konnte*. All diese Verheißungen bezüglich meiner Zukunft – war es möglich, dass Gott seine Pläne für mich verkürzt hatte?

Es ist Zeit für die Heimkehr.

„Gott", betete ich ganz nüchtern. „Es gibt so vieles, auf das ich mich gefreut habe. Ich will meine Familie nicht verlassen. Ich bin noch nicht bereit. Aber ich gehöre dir. Du kannst mit mir machen, was du willst. Wenn du willst, dass ich zu dir nach Hause komme, dann mach mein Herz bereit dazu."

. . . .

Am nächsten Tag traf ich mich mit Norine in einem Einkehrhaus. Sie war schon am Abend vorher angereist, um etwas Zeit allein im Gebet zu verbringen. Anschließend fuhren wir gemeinsam zu dem Sommerhaus, das meine Eltern vor Jahren an der Küste gekauft hatten. Weil wir immer sehr beschäftigt gewesen waren, hatten wir selbst dieses Haus viel seltener genutzt, als wir es gewollt hatten. Ganz im Gegensatz zu vielen unserer Freunde. Daher war es schön, zu zweit diese Gelegenheit zum Ausspannen nutzen zu können. Ich schwamm im kühlen, klaren Wasser der Ägäis und probierte endlich meinen neuen Neoprenanzug aus. Wir waren glücklich. Wir hatten noch so vieles vor. Das Leben war gut.

Norine gegenüber erwähnte ich den Gedanken nicht: *Es ist Zeit für die Heimkehr.* Er war mir auch an diesem Tag ein paarmal in den Sinn gekommen, aber ich wollte sie nicht beunruhigen. Am nächsten Morgen klingelte mein Telefon und unterbrach unser entspanntes Frühstück. Es war ein Anruf aus der Kirche.

„Andrew, die Polizei war gerade hier und hat nach dir gesucht. Sie wollen wissen, wann du wieder zurück sein wirst."

„Danke", sagte ich. „Ich werde morgen wieder in Izmir sein."

Norine und ich lächelten uns zu.

„Das können gute Nachrichten sein", meinte Norine, als ich aufgelegt hatte, und ich pflichtete ihr bei. Monate zuvor hatten wir den Status eines ständigen Wohnsitzes beantragt. Dies würde uns erlauben, bis 2099 – also für den Rest unseres Lebens – in der Türkei zu leben. Nach stundenlangem Ausfüllen der Formulare, Befragungen auf der örtlichen Polizeistation und langem Warten waren wir hoffnungsvoll, dass die Visa nun fertig waren. Wenn die Polizei uns sehen wollte, dann musste es unserer Meinung nach um diesen Antrag auf Aufenthaltsgenehmigung gehen.

Wir hatten zwar geplant, noch ein paar weitere Tage am Strand zu verbringen, aber das war ein guter Grund, die freie Zeit abzukürzen. Also putzten wir das Haus und machten es winterfest. Anschließend luden wir unsere tropfnassen Neoprenanzüge und die übrigen Lebensmittel aus den Schränken in unseren Kleinbus und machten uns auf den Rückweg nach Izmir.

Es war schon dunkel, als wir draußen auf der Straße parkten und die Stufen zu unserer Wohnung hinaufstiegen.

„Schau dir das an, mein Liebster", sagte Norine, als sie die Haustür erreichte und ein Stück Papier davon abzog, das mit Klebeband daran befestigt worden war. Es war von der Polizei, die uns mitteilte, dass wir uns so schnell wie möglich auf der örtlichen Polizeistation melden sollten.

Ich lächelte. *Es ist Zeit für die Heimkehr?* Nein, ganz bestimmt noch nicht.

2
DIE VERHAFTUNG

Ich sah mich in unserer Wohnung um, während ich darauf wartete, dass jemand in der Polizeistation den Hörer abnahm. Es war ein totales Durcheinander, weil wir in der Nacht zuvor zu spät nach Hause gekommen waren, um uns mit den Sachen zu beschäftigen, die wir aus dem Sommerhaus mitgebracht hatten. Aber ich wollte diesen Polizeibesuch erledigt haben, bevor Norine ihren Tag mit Saubermachen und Vorbereitungen für unsere Gäste begann.

„Ja?" Es war erst halb zehn, und der Beamte am Telefon klang bereits gelangweilt.

„Hallo, mein Name ist Andrew Brunson. Ich habe hier einen Zettel, auf dem steht, dass ich und meine Frau auf die Wache kommen sollen. Können wir in ein oder zwei Stunden kommen?"

„Ja."

„In Ordnung. Und was müssen wir mitbringen? Unsere Pässe?"

„Klar."

Nachdem wir unser morgendliches Fitnessprogramm beendet hatten, bereiteten wir das Frühstück zu und aßen gemeinsam auf dem Balkon – Norine Obst und Nüsse und ich Eier und Bohnen.

Es war der 7. Oktober, der Geburtstag unseres ältesten Sohnes Jordan. An diesem Tag ist er 21 geworden – ein Meilenstein. Wie jedes unserer drei Kinder war Jordan bei uns in der Türkei aufgewachsen. Doch nachdem er die Highschool beendet hatte, war er in die Staaten zurückgekehrt, um dort das College zu besuchen. Inzwischen studierte er im dritten Jahr an der Cornell Universität.

Unsere Tochter Jacqueline war Studentin an der Universität von North Carolina und wohnte in Chapel Hill. Ein paar Monate zuvor hatte ihr Freund Kevin, ein Hubschrauberpilot der US-Armee, bei uns um ihre Hand angehalten. Er hatte uns sogar ein Bild des Verlobungsrings geschickt, aber sein Antrag sollte eine Überraschung sein – Jacqueline wusste noch nichts davon.

Blaise, unser Jüngster, ging in North Carolina zur Highschool. Er wohnte bei meinen Eltern und hatte weit weg von uns mit einer neuen Heimat und Kultur zu kämpfen. An Geburtstagen spürten wir diese große Distanz zu unseren Kindern ganz besonders deutlich. Das war ein Teil des Preises, den wir für unseren Dienst in der Türkei bezahlen mussten.

. . . .

Norine und ich spazierten die zehn Minuten zur Polizeistation durch die Gassen unseres Viertels. Als wir dort angekommen waren, wurden wir in ein Zimmer im Obergeschoss geschickt, wo ein Polizeibeamter unsere Pässe an sich nahm. Er sagte nichts und starrte nur auf seinen Monitor, als wäre er kaputt.

„21 Jahre", sinnierte Norine. „Wie konnten sie so schnell vorübergehen? Wir können Jordan erst in ein paar Stunden anrufen – in den Staaten ist es noch zu früh."

Schließlich bewegte sich der Beamte nach einer ganzen Weile auf seinem Stuhl, drehte sich zu uns und sah uns an. „Hier steht", sagte er, zeigte auf den Monitor und erhob sich gleichzeitig, „dass ein Befehl zur Abschiebung von Ihnen beiden vorliegt. Folgen Sie mir."

„Was? Auf welcher Grundlage?" Die Fragen sprudelten nur so aus uns heraus, während wir hinter dem Beamten die enge Treppe zum Empfang hinunterstiegen. „Da muss ein Fehler vorliegen!"

Der Beamte sagte nichts, aber der Dienststellenleiter schaute zwischen zwei Telefonaten zu uns auf. „Es liegt ein Ausweisungsbefehl für Sie vor. Setzen Sie sich. Verlassen Sie nicht diesen Raum. Wir behalten Sie für eine Weile hier."

Also setzten wir uns und taten, was man uns gesagt hatte: warten. Wir warteten in dem überfüllten Büro, während der Beamte telefonierte. Dabei hielt er seine Hand so über die Sprechmuschel, dass es uns schwerfiel zu hören, was er sagte. Wir warteten, und in uns wuchs ein Gefühl des Schreckens.

Das konnte nicht sein. Ganz sicher würden 21 Jahre in der Türkei nicht so enden. Wir liebten unsere Gemeinde, ein neues Ausbildungsprogramm hatte gerade begonnen, die Arbeit mit Flüchtlingen wuchs. Natürlich wussten wir, dass so etwas passieren *konnte* – aber zu diesem Zeitpunkt? Wir waren doch in der Erwartung gekommen, dass man uns erlaubte, den Rest unseres Lebens hier zu verbringen. Wir waren fassungslos.

Der Dienststellenleiter rief uns zu sich: „Die Anordnung verweist auf *G-82 – Bedrohung der nationalen Sicherheit.*"

Ich hatte schon einmal von G-82 gehört. Es war eine Klausel, mit deren Hilfe schon andere Missionare abgeschoben worden waren.

Norines Lächeln war schon lange verschwunden, und ich konnte spüren, dass alles Blut aus meinen Wangen gewichen war.

Ich lehnte mich eng an sie und sprach ganz leise. „Ob das wohl Eyups Werk ist?"

Eyup war ein Unruhestifter. Nachdem wir ihn vor einigen Monaten gebeten hatten, unsere Gemeinde zu verlassen, hatte er uns wiederholt damit gedroht, uns der Unterstützung der PKK, einer kurdischen Terrorgruppe, zu beschuldigen. Diese Anschuldigung war natürlich haltlos, aber steckte er vielleicht hinter dieser Vorladung?

„Ich weiß es nicht, aber wir müssen jetzt dringend ein paar Anrufe erledigen."

Die erste Nummer, die ich wählte, war die der US-Botschaft in Ankara. Ich erklärte das wenige, was wir wussten, und sie brachten uns sofort mit einem Konsulatsbeamten in Kontakt.

Nicht alle Missionare werden auf die gleiche Weise aus der Türkei hinausgeworfen. So wurde zum Beispiel einem unserer Freunde einen Monat zuvor bei seiner Rückkehr in die Türkei am Flughafen in Istanbul mitgeteilt, dass sein Visum widerrufen wurde und er nicht einreisen dürfe. Wir wussten von anderen, die man in die Polizeistation gerufen und ihnen gesagt hatte, sie hätten 15 Tage Zeit, das Land zu verlassen. Und von Zeit zu Zeit wurden Menschen in Abschiebezentren gebracht und von dort zum Flughafen eskortiert, aber das galt hauptsächlich für Flüchtlinge.

So wie ich die Lage einschätzte, mussten wir unbedingt sicherstellen, dass wir die vollen 15 Tage vor der Abreise bekamen, denn während dieser Zeit konnten wir Berufung einlegen und zumindest unsere Angelegenheiten in Ordnung bringen. Dafür brauchten wir einen Anwalt. Ich dachte nicht, dass es viel bewirken würde, aber wir mussten es versuchen.

Wir haben bestimmt eine Stunde damit verbracht, all unsere Kontakte durchzugehen, zu telefonieren und uns dann gegenseitig darüber zu berichten. Eine Gebetskette in Gang zu bringen war genauso wichtig wie die Suche nach einem Anwalt – eigentlich noch wichtiger. So kam es, dass uns einige Freunde auf der Polizeiwache besuchten. Die Nachricht über unsere Notlage hatte sich in der christlichen Gemeinschaft wie ein Lauffeuer verbreitet. Nachdem sie versucht hatten, der Polizei mehr Informationen zu entlocken, warteten sie einfach mit uns.

Während ich dasaß, kam mir plötzlich wieder der Satz *Es ist Zeit für die Heimkehr* in den Sinn. Ich fragte mich, ob Gott mir diesen Gedanken eingegeben hatte, um mich auf den Schock der Abschiebung und den Verlust unseres Dienstes in der Türkei vorzubereiten. Er wollte mir versichern, dass dies für ihn in keiner Weise eine Überraschung war, mehr noch, dass er bei uns war. Dieser Gedanke machte mich weder glücklich noch beruhigte er mich. Aber inmitten meiner wechselnden Gefühle, meiner Verwirrung und meines

Kontrollverlustes vermittelte er mir einen Schimmer der Ermutigung. Gott war tatsächlich beteiligt.

Etliche Polizeibeamte schwirrten um uns herum. Das Telefon klingelte ständig, und die Lautstärke der Gespräche nahm zu. Ich hatte den Eindruck, dass ein großer Teil der Aktivität mit uns zu tun hatte. Der Dienststellenleiter hatte genauso viel telefoniert wie wir. Als er einen weiteren Anruf beendet hatte, ging Norine auf ihn zu und fragte ihn, ob wir vielleicht die vollen 15 Tage vor unserer Abreise haben könnten.

Er zuckte mit den Achseln. „Na ja", sagte er, „Sie haben hier keine Gesetze gebrochen, das sollte also möglich sein. Aber das liegt nicht in unserer Macht. Wir warten gerade darauf, dass jemand eine Entscheidung trifft."

Da klingelte sein Telefon erneut, und er wandte sich von uns ab, um den Anruf anzunehmen.

Also kehrte Norine auf den Stuhl neben mir zurück, und wir saßen schweigend da.

„Ein Befehl ist ergangen", sagte er, noch bevor er den Hörer aufgelegt hatte. „Wir nehmen Sie in Haft."

· · · · · · · · · · · · · ·

Es gibt zwei Arten von Haft in der Türkei: Bei der administrativen Haft hält die Polizei jemanden für eine andere Abteilung fest, die ihn sehen will. Bei der gerichtlichen Haft wird man eines Verbrechens verdächtigt. Der Dienststellenleiter sagte uns, dass unsere Haft eine administrative sei. Wir würden im Auftrag der Migrationsbehörde verhaftet, der Abteilung, die die Abschiebungen durchführte. Es ergab einen gewissen Sinn, dass sie uns verhafteten, wenn sie uns abschieben wollten, aber es war kaum notwendig. Wir waren schließlich keine Kriminellen – sie konnten uns einfach sagen, dass wir gehen sollten, und wir würden gehen.

Als ich die Worte des Dienststellenleiters hörte – und die Änderung in seinem Verhalten uns gegenüber bemerkte –, war ich verunsichert. Etwas hatte sich seit dem vorherigen Telefonat geändert. Er setzte sich aufrechter hin und starrte uns intensiver an.

Danach ging es schnell voran. Zwei Beamte holten uns ab, steckten uns in ein Polizeiauto und fuhren uns zu den Büros der Antiterrorpolizei. Dort wurden wir fotografiert, und anschließend wurden uns Fingerabdrücke abgenommen und verarbeitet. Es beunruhigte mich, dass sich jetzt die Antiterrorpolizei mit uns befasste.

Wieder zurück auf der Polizeistation wurde schnell klar, dass wir auf keinen Fall für weitere zwei Wochen in der Türkei bleiben durften, bevor wir abreisen mussten. Aus den Gesprächsfetzen, die wir mithören konnten, schlossen wir, dass unsere Abschiebung mit Sicherheit viel, viel schneller vonstatten gehen würde. Und wir hatten immer noch keinen Anwalt, obwohl einer unserer Freunde sich sehr darum bemühte.

„Ach, bitte", fragte ich, „können wir wenigstens einen Notar einbestellen, damit wir jemandem eine Vollmacht erteilen können? Unser ganzes Leben ist in der Türkei. Wir haben ein großes Auto, eine Wohnung, Bankkonten. Können wir zumindest einige Vorkehrungen treffen, damit sich jemand um alles kümmern kann?"

„Das sollte kein Problem sein", sagte der Dienststellenleiter und nahm den Hörer ab. „Aber ich muss zuerst nachfragen."

Nur Minuten später gab er uns das Urteil bekannt. „Nein", sagte er auf eine Weise, die vollkommen klarstellte, dass daran nichts zu rütteln war.

Endlich summte mein Telefon. Es gab Neuigkeiten für uns – unser Freund hatte einen Anwalt für uns gefunden. Taner Kilic, ein Anwalt für Menschenrechte, der zufällig auch der Präsident von *Amnesty International* in der Türkei war, hatte sich bereit erklärt zu kommen. Wir schrieben Taner eine Kurznachricht, und nach einiger Zeit schickten wir ihm einige weitere SMS, in denen wir ihn zur Eile aufforderten. Endlich traf er ein. Aber sobald er erfuhr, dass wir wegen Bedrohung der nationalen Sicherheit festgehalten wurden, wollte er so rasch wie möglich wieder gehen.

Ich konnte nur ein paar Minuten mit Taner sprechen, während er bereits dabei war, die Wache wieder zu verlassen, aber ich setzte alles daran, den einzigen verfügbaren Rechtsbeistand dazubehalten. Er gab mir nur einen einzigen Rat: „Lassen Sie sich abschieben, und legen Sie danach von den USA aus Berufung ein. Wenn Sie jetzt Berufung einlegen, kann man Sie für die zwei Wochen einsperren, die der Entscheid dauert."

Und dann war er weg.

Ironischerweise wurde Taner Kilic selbst acht Monate später zu Unrecht verhaftet. Wir konnten es damals nicht wissen, aber die türkische Regierung sollte diese kurze Interaktion mit einem Anwalt, den wir noch nie zuvor getroffen hatten, als eines der wichtigsten Argumente nutzen, mich mit Terrorgruppen in Verbindung zu bringen.

„Es ist Zeit zu gehen. Wir überstellen Sie an die Migrationsbehörde", kündigte der Dienststellenleiter an. „Die werden Ihnen weitere Informationen über Ihre Abschiebung zukommen lassen."

Auf dem Weg nach draußen erhielt ich einen Rückruf des Konsulatsbeamten, dem ich von der neuesten Entwicklung erzählte.

„In welches Zentrum bringt man Sie?"

„Das weiß ich nicht. Warum?"

„Es ist selten, dass Amerikaner in Haft gehalten werden, wenn sie abgeschoben werden sollen. Aber Isikkent, eines der Untersuchungsgefängnisse, ist sehr viel unangenehmer als das andere. Lassen Sie mich mit dem Gouverneur von Izmir sprechen und sehen, ob er irgendwie helfen kann."

Ich spürte, wie es mir die Kehle zuschnürte.

Zwei Beamte eskortierten uns zu einem Polizeiauto vor der Tür. Zum Glück fesselten sie uns nicht mit Handschellen, und wir durften hinten zusammen sitzen. Dabei hielten wir unsere Handys noch immer krampfhaft fest. Aber die Art und Weise, wie die Beamten uns flankierten, als wir zum Auto gingen, und die Türen fest hinter uns schlossen, zeigte uns, dass wir eindeutig unter Arrest standen.

„Entschuldigen Sie bitte", fragte ich, sobald wir losfuhren. „Können Sie mir sagen, wohin Sie uns bringen?"

„Isikkent", sagte er.

Ich griff nach Norines Hand, und so fuhren wir ein paar Minuten lang, ohne etwas zu sagen. Plötzlich hielt der Wagen auf einer stark befahrenen Straße an. Der Beamte auf dem Beifahrersitz hatte gerade einen Anruf erhalten.

„Wie lautet Ihre Privatadresse?", fragte er. „Der Bürgermeister hat gesagt, dass wir bei Ihnen zu Hause vorbeifahren sollen, damit Sie packen können, bevor wir Sie zum Büro für Migrationsmanagement bringen."

Das war nur ein kleiner Triumph, aber er fühlte sich gut an. Zumindest konnten wir uns Kleidung, einige wichtige Papiere und unsere Laptops besorgen. Das würde es einfacher machen, wenn wir in den Staaten ankämen.

Wir reihten uns wieder in den Verkehr ein, und der Wagen schlug die Richtung zu unserem Zuhause ein. Aber jegliches gute Gefühl war bald verschwunden, als das Telefon des Beamten ein zweites Mal klingelte. Ich konnte die Stimme des Mannes am anderen Ende hören, die ihm sagte, er solle die Bitte des Bürgermeisters ignorieren: „Bringen Sie sie *sofort* hierher!"

. . . .

Isikkent liegt nur wenige Kilometer vom Stadtzentrum entfernt. Obwohl sehr starker Freitagabendverkehr war, ging die Reise im Eiltempo voran. Ich zog eine Powerbank aus meinem Rucksack und vergewisserte mich, dass Norine wusste, wie sie damit ihr Telefon aufladen konnte. Wenn man uns trennen sollte, mussten wir sowohl untereinander als auch mit der Heimat in Kontakt bleiben können.

Nur allzu bald wurde der Wagen langsamer und bog in das Industriegebiet der Stadt ein. Die Straßen waren leer. Die einzigen Lichter, die zu sehen waren, schienen hinter dem viereinhalb Meter hohen, mit Stacheldraht versehenen Zaun, der das Untersuchungsgefängnis umgab.

Sobald sich die Eingangstore hinter uns schlossen, wurden wir getrennt. Norine wurde von einer Frau weggebracht und ich von einem Mann in einen kleinen Raum.

„Leeren Sie Ihre Taschen", befahl er mir. „Stifte. Schnürsenkel. Gürtel. Telefon."

Telefon?! Das überraschte mich, da wir den ganzen Tag über unsere Telefone hatten behalten dürfen. Hätten wir das gewusst, hätten wir zuallererst unsere Kinder angerufen.

Und die Schnürsenkel? Den Gürtel? Was sollte das?

Ich übergab ihm alles, wonach er fragte. Ich wollte protestieren, aber bevor ich etwas sagen konnte, klopfte er mich ab und durchsuchte meinen Rucksack.

Einige Minuten später wurde ich aus dem Raum geführt und in ein Büro gebracht.

Norine war bereits dort und stand vor einem Schreibtisch. In ihrem schwachen Lächeln bemerkte ich die gleiche Mischung von Gefühlen, die ich empfand: die Erleichterung, dass wir wieder zusammen waren, und den Schock durch das, was geschah. Die Wachen standen hinter uns.

An dem Schreibtisch saß ein dunkelhaariger, etwa dreißigjähriger Mann, der offensichtlich wenig erfreut darüber war, noch so spät am Freitagabend im Büro festzusitzen. Als er uns ansah, machte er sich nicht die Mühe, seine Gefühle zu verbergen.

Ich fragte nach seinem Namen.

„Melih."

„Bitte, Melih Bey", sagte ich. „Lassen Sie uns unsere Kinder anrufen. Sie sind in den USA, und wir haben noch nicht mit ihnen gesprochen."

„Nein."

„Wir müssen sie wissen lassen, was gerade passiert."

Wir waren verzweifelt. Norine schloss sich mir an: „Bitte, nur ein kurzer Anruf. Wir können in Ihrer Gegenwart anrufen. Oder lassen Sie uns Ihnen die Nummer geben, und Sie rufen an. Bitte. Sie werden sich Sorgen machen. Die Jüngste ist erst fünfzehn."

Sein Blick war kalt. Es war, als ob er davon fasziniert und gar nicht unglücklich darüber war, dass zwei Amerikaner in seinem Büro gelandet waren.

„Nein." Er zeigte auf ein Blatt Papier auf seinem Schreibtisch: „Unterschreiben Sie hier."

Ich streckte die Hand aus, um das Blatt entgegenzunehmen, hielt aber inne, als Melih sich nicht bewegte. „Kann ich es bitte lesen?"

Der gleiche kalte Blick traf mich. Dann gab er es mir mit einem Schulterzucken.

Wir konnten beide gut Türkisch sprechen und lesen. Aber wenn es um rechtliche Angelegenheiten geht, verwenden viele offizielle Dokumente in der Türkei alte Wörter und Wendungen, die uns unbekannt sind. Wir drängten uns zusammen und lasen die Seite, die den Satz enthielt: „Wir verstehen, dass wir über den Grund unserer Abschiebung informiert wurden", gefolgt von einer Liste verschiedener Vergehen. Er hatte das Kästchen angekreuzt, neben dem *G-82 – Bedrohung der nationalen Sicherheit* stand. Das war uns an dem Tag bereits gesagt worden.

Melih wandte seine Aufmerksamkeit seinem Computermonitor zu, und Norine und ich berieten uns flüsternd über unsere Bedenken.

„Meinst du, wir sollten das zuerst einem Anwalt zeigen? Wenn wir unterschreiben", sagte Norine, „heißt das dann auch, dass wir auf unser Recht auf Widerspruch verzichten? Machen wir damit jede Chance auf eine Rückkehr in die Türkei zunichte?"

Ich schüttelte den Kopf. „Erinnerst du dich, was der Anwalt zu mir gesagt hat? Er sagte, dass wir mit Widersprüchen vorsichtig sein müssen. Wenn wir jetzt Widerspruch einlegen, bevor sie uns abschieben, können sie uns für einige Wochen festhalten, solange die Berufung geprüft wird."

Ich konnte mir nicht vorstellen, zwei Wochen lang an diesem Ort zu sein.

„Wenn sie beschlossen haben, uns abzuschieben, sollten wir ihnen nicht in die Quere kommen. Wir können das besser von den USA aus anfechten als von hier aus einer Arrestzelle heraus." Norine war einverstanden, und so unterschrieben wir beide und gaben Melih das Blatt zurück.

Er atmete auf, während er es durchsah, doch dann klingelte sein Telefon.

Melih hob ab.

„Ich habe es", sagte er. Die Stimme am anderen Ende war gedämpft, sprach aber schnell. Nachdem er mehrmals Ja gesagt hatte, während er das Blatt anstarrte, legte Melih den Hörer auf, holte seinen Stift heraus und setzte ein Häkchen in ein zweites Kästchen.

Obwohl wir es verkehrt herum lasen, wussten Norine und ich genau, was da stand: „Anführer, Mitglied oder Unterstützer einer terroristischen Organisation".

Ich spürte, wie Norines Finger sich um meine schlossen. Sie erzählte mir später, dass in diesem Moment die Angst ihr Herz umklammert hatte.

Melih schaute zu den beiden Wachen hinter uns auf und sagte: „Sie können sie jetzt mitnehmen."

3

EINGESPERRT

Einen Wachmann vor und einen hinter uns wurden wir über einen Korridor und durch eine schwere Metalltür zu den Zellen geführt. Währenddessen wiederholte Norine immer wieder: „Irgendetwas stimmt nicht, irgendetwas geht hier vor."

Ich konnte nur beten, dass wir nicht sofort getrennt wurden.

Jede Tür, die wir in dem Korridor passierten, war stark, solide und fest verschlossen. Der vorausgehende Wachmann schloss die letzte Tür auf und wies uns an hineinzugehen.

„Wir kommen mit etwas zu essen wieder", sagte er. „Und machen Sie sich keine Sorgen über den Lärm, den Sie von nebenan hören werden. Er ist ein bisschen seltsam."

Norine und ich sahen uns an. Das Geräusch des Schlüssels, der sich im Schloss drehte, klang schwer und dumpf.

Wir sahen uns um. Das Zimmer war fast leer, nur mit vier Etagenbetten, einem schmutzigen Fliesenboden und zwei schmutzigen Waschbecken mit einer kleinen abgetrennten Toilette ausgestattet. Das Fenster über den Waschbecken war mit schweren Gittern versehen. Die Zelle war karg, aber zumindest waren wir allein.

Ich starrte die Toilette an. Wo auch immer wir in der Türkei gelebt hatten, hatte es eine typische westliche Toilette gegeben, auf die man sich setzen konnte. Diese nach traditionell türkischer Art war anders – ein Loch im Boden, über das man sich hinhocken musste. Daneben war eine kleine Wasserhahninstallation, mit deren Hilfe man sich selbst und dieses Plumpsklosett reinigen konnte.

Ich schaute zu dem kleinen Fenster hinauf und stellte fest, dass dort Fliegen hereinkamen, weil kein Glas im Rahmen war. Ich versuchte vergeblich, die Toilettentür zu schließen, um damit die Fliegen unter Kontrolle zu halten.

Innerhalb weniger Minuten kam ein anderer Wachmann mit Decken, Laken, Styroporkisten mit Lebensmitteln und ein paar Broten an.

„Können wir noch etwas mehr Trinkwasser bekommen?", fragte ich mit einem Blick auf die vier kleinen Wasserflaschen.

„Nicht an den Wochenenden. Brauchen Sie Seife? Die kann ich Ihnen besorgen. Und Zahnbürsten, ein Handtuch und Schlafanzüge."

Das war uns eine Hilfe, denn wir hatten keine Kleider außer denen, die wir am Leib trugen, und einem T-Shirt und einem Kapuzenpullover in meinem Rucksack, die noch von unserem Strandurlaub darin geblieben waren.

Wir bedankten uns bei ihm und öffneten die Styroporbehälter. Eine Tomate, eine kleine Käsepackung, ein bisschen Marmelade. Frühstück. Die nächste Kiste enthielt Reis und etwas Gemüse.

„Norine, wir haben seit heute Morgen nichts mehr gegessen, wir müssen etwas essen."

Nach ein paar Bissen hörte sie auf. Ich zwang mich dazu, wenigstens die Hälfte meiner Portion zu essen. Wir waren beide erschöpft von den Ereignissen und Emotionen des Tages.

„Allahu Akbar!"

Die Stimme eines in arabischer Sprache klagenden Mannes erfüllte den Raum. Sie kam von nebenan, und seine Stimme war so voller Leidenschaft, dass er fast schrie. Draußen war es inzwischen dunkel geworden, und das einzige Deckenlicht leuchtete nur schwach. Wir sahen uns schweigend an. Norines Augen waren vor Angst weit aufgerissen.

Ich brach das Schweigen: „Ich habe lange gezögert, dir das zu sagen, aber nach allem, was heute passiert ist, ergibt es einen Sinn.

Ich verstehe nicht, warum, aber ich glaube, dass Gott hieran beteiligt ist, und dass unsere Zeit in der Türkei vorerst vorüber ist."

Zum ersten Mal erzählte ich Norine von dem Gedanken: *Es ist Zeit für die Heimkehr,* mit dem ich in den letzten paar Tagen gerungen hatte.

Ihre erste Reaktion darauf war eine Frage: „Bist du sicher, dass das von Gott ist?"

Aber als wir weiter darüber sprachen, begann sie ein Gefühl der Erleichterung zu verspüren, dass Gott hinter dieser plötzlichen Wendung der Ereignisse stand.

Trotzdem war es immer noch schwer, uns an den Gedanken zu gewöhnen, dass wir wirklich auf dem Weg zurück in die USA waren. Warum wollte Gott das zulassen, wenn doch in unserem Dienst gerade so viel Ermutigendes geschah? Außerdem hatte Gott uns 2009 gesagt, wir sollten uns auf die geistliche Ernte in der Türkei vorbereiten. Würden wir sie wirklich nur aus der Ferne sehen?

Je mehr wir darüber sprachen und nachdachten, desto schlechter fühlten wir uns. Wir dachten nacheinander an all die Menschen, die wir zurücklassen würden. Wir trauerten beide. Das Gefühl, von allem getrennt zu sein, für das ich gearbeitet und mich engagiert hatte, war so real, dass ich es fast körperlich spüren konnte.

Norine starrte aus dem Fenster. Nach ein paar Minuten begann sie zu sprechen: „Ich denke, wir sollten *mit Danksagung gehen.*"

Ich habe sofort verstanden, was sie meinte. Ein Freund hatte uns wenige Stunden zuvor eine Nachricht geschickt: „Schaut nicht auf all das, was ihr verloren habt, oder auf all das, was heute schwierig ist. Seid einfach dankbar."

Norine fuhr fort: „Lass uns an all die guten Dinge denken, die Gott im Laufe der Jahre in der Türkei getan hat. Angefangen damit, dass er uns 23 Jahre lang hat hier sein lassen."

Und das taten wir auch. Wir begannen, all das aufzulisten, für das wir dankbar waren. Aber bei jeder Erinnerung, die uns zum Lächeln brachte, kamen uns auch die Nöte in den Sinn, die damit verbunden waren. Es war, als wäre uns eine jahrelang gewährte Gnade plötzlich weggenommen worden. Wir hatten im Laufe der Jahre so viele Siege erlebt, aber jeder einzelne davon hatte auch seinen Preis gehabt.

Es war schon spät, und wir waren erschöpft und brauchten Schlaf. „Weißt du, was seltsam ist?", sagte ich zu Norine, als wir die Betten machten. „Normalerweise werfen sie bei der Abschiebung von Missionaren einfach den Ehemann raus und gehen davon aus, dass Frau und Kinder mit ihm gehen. Aber dieser Abschiebungsbefehl gilt für uns beide."

Norine schlief in dieser Nacht, wie sie immer schlief, tief und fest. Ich aber wälzte mich auf dem Etagenbett am anderen Ende des Raumes hin und her und wachte jedes Mal auf, wenn der Metallschlitz in der Tür aufsprang und das Licht einer Taschenlampe hindurchleuchtete.

Als der morgendliche Gebetsruf durch die Wände und geöffneten Fenster drang, begannen Stimmen aus anderen Zellen mitzuklagen. Das ließ mich am ganzen Leib erschauern.

Da wir in einem muslimischen Land lebten, waren wir an den Gebetsruf aus den Moscheen gewöhnt, aber das hier fühlte sich anders an. Izmir wird in der restlichen Türkei als *ungläubiges Izmir* bezeichnet. Die Stadt war eindeutig kosmopolitisch, und viele Menschen waren so gekleidet, als ob sie nach Mailand oder Miami gehörten, nicht in ein streng muslimisches Land. Zwar waren Kopftücher immer häufiger zu sehen, doch war es immer noch ungewöhnlich, wenn man eine Frau bis auf ihre Augen komplett schwarz verhüllt sah.

Man hatte uns gesagt, dass Isikkent das schlechtere der beiden Untersuchungsgefängnisse sei, aber meine Vermutung war, dass „das schlechtere" nicht nur die Qualität des Essens oder den Zustand der Bettwäsche betraf. Es bezog sich auch darauf, wen sie dort festhielten.

Ich hatte den Verdacht, dass Isikkent für die ernsteren Fälle vorgesehen war. Und in der Türkei im Jahr 2016 konnte das nur eines bedeuten: den IS. Also dachte ich mir, wenn Norine und ich mit Terroristen der schlimmsten Sorte eingesperrt wären, konnte das nichts Gutes bedeuten.

„Ist mit deinen Kontaktlinsen alles in Ordnung?", fragte ich Norine, als ich endlich hörte, dass sie sich regte. Sie schlief eigentlich nie mit eingesetzten Kontaktlinsen, hatte sie aber in den Augen gelassen, weil sie keine Reinigungslösung und Aufbewahrungsmöglichkeit für sie hatte. Sie sagte, dass sie noch sitzen würden, und fragte sich, wie sie es bis Montag durchhalten würde. Ich machte mir Sorgen, denn ich wusste, dass sie nicht ohne ihre Kontaktlinsen zurechtkommen würde.

Im Tageslicht suchten wir uns die am saubersten aussehende Matratze und zogen sie auf den Boden, um uns darauf zu setzen. Als wir das Frühstück auspackten, erinnerte ich Norine an die Tüte mit den Snacks, die uns unser Freund Ali am Vortag gebracht hatte. Unsere Welt war auf den Kopf gestellt worden, aber durch seine freundliche Geste wurde uns jetzt ganz warm ums Herz. Wir fragten uns, ob auch nur einer unserer Freunde wusste, wo wir waren.

„Ich mache mir Sorgen um die Kinder", sagte Norine, während sie auf das übrig gebliebene Essen auf dem Styroporteller starrte. „Zum Glück haben wir nach der Abnahme der Fingerabdrücke Jordan eine SMS schicken können und ihm von unserer bevorstehenden Abschiebung berichtet. Er wird den anderen beiden von der Abschiebung erzählt haben, aber sie werden uns zu Hause erwarten. Wenn sie bis heute Abend nichts hören und uns nicht erreichen können, werden sie sich Sorgen machen."

„O Herr, wir haben keine Möglichkeit, unsere Kinder wissen zu lassen, wo wir sind. Bitte hilf ihnen. Es gibt nichts, was wir tun können."

Ein Gebetsanliegen führte zum nächsten …

„Aber Herr, wir wollen dich auch an diesem Ort anbeten. Wir wollen deinen Namen preisen …"

Das Mittagessen kam – Nudeln in einer Soße, etwas Gemüse und natürlich für jeden ein halber Laib Brot. Ohne Brot wäre es in der Türkei keine Mahlzeit.

In einem fremden Land hinter einer großen Metalltür eingesperrt zu sein und zum ersten Mal zu hören, wie sich die Schlüssel drehen und die Riegel zuschnappen, ist ernüchternd – man kann sich über nichts mehr sicher sein. Plötzlich passiert das alles *einem selbst,* und es ist ein absoluter Kontrollverlust verbunden mit dem Eintauchen in eine dunkle Ungewissheit.

Gerade als wir alle Spekulationen darüber, wie unsere Abschiebung erfolgen könnte, erschöpfend behandelt hatten, klickten die Schlösser der Tür erneut, und sie öffnete sich langsam.

„Wir bringen Sie an die frische Luft", sagte ein Wachmann, den wir zuvor noch nie gesehen hatten. „Kommen Sie."

Norine sah so unsicher aus, wie ich mich fühlte, als wir ihm aus dem Raum hinaus folgten, die Treppe hinunter und in einen kleinen Hof, der durch hohe Mauern abgeriegelt war.

„Sie haben 20 Minuten", sagte der Wachmann, der uns von einem Stuhl in der Ecke aus beaufsichtigte.

„Schau mal", sagte Norine leise und wies auf mehrere Schilder hin, auf denen die Regeln der Einrichtung aufgeführt waren. „Das ist Türkisch, aber das ist Arabisch, das ist Russisch, Farsi und Urdu. Das zeigt, mit wem wir hier eingesperrt sind."

Den Rest des Tages verbrachten wir wieder in dem Raum hinter der verschlossenen Tür. Dort beteten, sangen und redeten wir. Immer und immer wieder führten wir dieselben Gespräche über unsere Kinder, die Gemeinde und unsere Zukunft. Der einzige Lichtblick dabei, die Türkei verlassen zu müssen, war, dass wir näher bei unseren

Kindern sein würden. Wir fragten jeden Wachmann, der an unsere Tür kam, wann wir abgeschoben werden sollten. Aber alles, was wir zu hören bekamen, war: „Warten Sie bis Montag."

Das Abendessen kam und mit ihm auch wieder das Frühstück. Wir saßen, gingen auf und ab und starrten aus dem Fenster in die Dunkelheit. Norine schlief wieder, aber ich war genau wie in der ersten Nacht zu aufgewühlt, um etwas anderes zu tun als unruhig zu dösen.

Schließlich wurde die Tür für die morgendliche Inspektion der Fenster und Gitter aufgerissen. Norine meldete sich bei der Gelegenheit zu Wort: „Haben Sie noch mehr Seife oder Shampoo, damit ich die Wäsche waschen kann?"

„Sicher, wollen Sie einen Eimer, in dem Sie sie waschen können?"

Das war etwas, wofür man dankbar sein konnte. Norine beschäftigte sich mit der Wäsche, während ich Dutzende Male vom Fenster zur Tür und wieder zurück lief.

Als Norine ein Hemd an die Fenstergitter hängte, rief sie erfreut: „Ist das nicht das Auto unserer Gemeinde, das dort drüben auf dem Feldweg geparkt ist? Und schau, da ist Mert!"

Endlich eine gute Nachricht. Unsere Freunde wussten tatsächlich, wo wir waren, und sie ließen es uns wissen. Der Anblick von Menschen, die sich um uns sorgten, von Freunden, die wir so sehr vermissten, brachte mich zum Weinen. Ich habe diese Menschen geliebt, und es tat weh, sie verlassen zu müssen.

Ich wandte mich an Norine, doch sie war ganz still, und in ihrem Gesicht waren keinerlei Emotionen zu erkennen. „Hältst du dich zurück?", fragte ich sie.

„Nein, mein Liebster", sagte sie. „Erst wenn wir in dem Flugzeug sitzen, das uns aus der Türkei ausfliegt, werde ich weinen."

. . . .

Als der Montag endlich kam, zogen wir uns in der Erwartung an, dass etwas passieren würde. Nach einem ganzen Wochenende unter Verschluss waren wir bereit zu gehen.

Ich stand da und starrte aus dem Fenster auf die leeren Straßen jenseits des Klingendrahts. Das Eingangstor war gerade so außer Sichtweite, aber ich sah, wie ein Mann im Anzug näher kam, hörte ihn reden und erkannte ihn: Es war Robert, der Konsulatsbeamte, der mich vor Isikkent gewarnt hatte. Leider ging er kurz darauf wieder, und ich fragte mich, ob er abgewiesen worden war. Als Robert sich vom Gefängnis entfernte, sah ich ein Auto vorfahren. Ein gut gekleidetes Paar, das ich nicht erkannte, stieg aus und wechselte ein paar Worte mit ihm. Das Paar marschierte auf das Tor zu, aber es schien so, als wären auch sie abgewiesen worden.

Wir klopften laut an unsere Tür, in der Hoffnung, dass jemand auf uns aufmerksam würde, und baten um einen Besuch bei Melih Bey.

„Ich muss erst die Erlaubnis einholen", sagte ein lustloser Wachmann.

Eine Stunde später begleitete er uns in das uns bereits bekannte Büro. Zwar saß Melih wie zuvor hinter seinem Schreibtisch, aber es war noch ein anderer Mann anwesend, der sich uns als Burak vorstellte und das Gespräch übernahm.

„Was wollen Sie?"

„Wir wollten Sie wissen lassen, dass wir zu diesem Zeitpunkt keine Berufung gegen die Abschiebung einlegen wollen."

Er machte eine Pause. „In Ordnung", sagte er schließlich. „Das können Sie schriftlich festhalten. Schreiben Sie so etwas wie ‚Ich, Andrew Craig Brunson, möchte freiwillig nach Amerika zurückkehren. Ich verzichte auf alle meine Rechte."

Ich nickte. „Sie müssen uns nicht einmal abschieben", fügte ich außerdem hinzu. „Bringen Sie uns einfach zum Flughafen, dann nehmen wir jeden verfügbaren Flug."

Burak zuckte zusammen und schüttelte den Kopf. „Wir haben ein bestimmtes Prozedere, an das wir uns halten müssen. Die Abschiebungen erfolgen immer vom Flughafen Istanbul aus, und der Flug muss direkt in die USA gehen. Zunächst erfolgt jedoch eine offizielle Kommunikation mit Ankara. Der Papierkram sollte nicht allzu lange dauern. Einen Tag oder so. Vielleicht sogar nur bis zum Ende des heutigen Tages."

Am Dienstagmorgen tauchte draußen vor dem Gefängnis wieder dasselbe gut gekleidete Ehepaar in Begleitung einiger Mitglieder unserer Gemeinde auf. Diesmal konnte ich den Mann und die Frau reden hören. Sie bestanden darauf, dass sie das Recht hätten, uns zu besuchen. Ich hörte einen von ihnen „Anwalt" sagen. Versuchten sie, die Abschiebung zu stoppen, ohne zu wissen, dass wir beschlossen hatten, erst in den Staaten Berufung einzulegen? Ohne die Aufmerksamkeit der Wachen unten zu erregen, versuchten Norine und ich, unseren Kirchenfreunden Zeichen zu geben, dass wir keinen Anwalt wollten.

Innerhalb einer Minute wurde unsere Tür aufgerissen, und zwei Wachleute schrien uns an: „Was haben Sie gemacht? Haben Sie mit jemandem auf der Straße gesprochen? Das ist verboten!"

„Es tut uns leid, wir haben kein Wort gesagt."

Als sie gingen, sahen Norine und ich einander an und hofften, dass das keine üblen Konsequenzen nach sich ziehen würde. Das Letzte, was ich wollte, war, dass wir zur Strafe getrennt und mit einem unserer IS-Nachbarn in eine Zelle gesteckt würden. Deshalb hielten wir uns vom Fenster fern.

Unsere Tür öffnete sich bald wieder, und ein anderer Wachmann kam herein. „Sie kommen jetzt ins Büro."

Wir gingen schweigend hinter ihm her, während er uns den Gang entlangführte.

Burak starrte uns intensiv an, als wir das Büro betraten und fragte:

„Legen Sie gegen die Abschiebung Berufung ein? Wenn ja, könnten Sie monatelang hier sein."

Monate? Es sollte doch nur zwei Wochen dauern. Wir wollten ganz sicher nicht monatelang an diesem Ort bleiben. Wir würden später Berufung einlegen.

„Nein", antwortete ich. „Wir wollen in die Staaten."

„Dann schreiben Sie, dass Sie keinen Anwalt sehen wollen." Er reichte mir ein leeres Blatt Papier und sah Melih an, der ihm zunickte. Ich nahm den Stift und schrieb, was er mir diktierte. „Ich möchte so schnell wie möglich nach Amerika zurückkehren. Ich will keinen Anwalt."

„Fügen Sie auch hinzu, dass Sie sich nicht mit einem Anwalt *treffen* wollen."

Ich tat, was er wollte, unterschrieb und gab Norine den Stift. Als sie fertig war, nahm Burak das Blatt und übergab es Melih.

Der gab es uns zurück. „Schreiben Sie die Uhrzeit auf, 10:30 Uhr."

Als wir das getan hatten, sprach Norine: „Sind denn die Ausweisungspapiere aus Ankara eingetroffen?"

Burak winkte dem Wachmann, damit er uns in unsere Zelle zurückbrachte. „Wir warten immer noch darauf."

Sobald wir wieder in den Raum kamen, hörten wir Rufe von der Straße.

„Andrew! Norine! Seid ihr da?"

Ein paar Wachen sagten unseren Freunden und dem Ehepaar, sie sollten gehen, aber als sie sich zurückzogen, hörte ich unseren Freund rufen: „Wir haben einen Anwalt für euch! Andrew! Wir haben Anwälte, aber sie lassen sie nicht zu euch rein."

Ich hätte am liebsten laut gerufen und ihnen gesagt, dass es in Ordnung war und wir keinen Anwalt bräuchten, aber ich wollte nicht riskieren, in Schwierigkeiten zu geraten. Wir saßen mit dem Rücken zur Wand und hielten uns an den Händen. Jetzt hatten sie keine Ausrede mehr, uns hierzubehalten. Bald würden wir auf dem Heimflug sein.

Aber plötzlich drängte sich uns ein anderer Gedanke auf: Melih und Burak waren keine freundlichen Männer. Wir konnten ihnen nicht trauen. Hatten wir einen Fehler gemacht?

In dieser Nacht nahmen wir zwei Matratzen und legten sie nebeneinander auf den Boden. Für Norine war der Schlaf eine Fluchtmöglichkeit, weil sie schlafen konnte. Aber ich hatte Schwierigkeiten damit und wollte meiner Frau nahe sein, während sich die Stunden hinzogen. Als das Tageslicht endlich den Raum flutete und Norine aufwachte, legten wir die Matratzen schnell wieder auf die Etagenbetten, bevor die schwere Tür aufgeschlossen werden würde.

Bestimmt würde an diesem Tag Bewegung in die Sache kommen.

Doch bis zur Mittagszeit gab es keine Neuigkeiten. Wir hatten beide genug. Wir klopften an die Tür und baten erneut darum, Melih zu sehen. Dieses Mal kamen er und Burak in unsere Zelle, um mit uns zu sprechen.

„Was geht hier vor?", fragte ich. „Gibt es ein Problem?"

Burak schaute weg, aber Melih starrte uns beide weiter an. Die Stille, die sich im Raum einstellte, war eine Qual.

Schließlich sprach Melih: „Ankara wird die Entscheidung treffen."

Norine schnappte nach Luft. „Was meinen Sie damit, sie *werden* eine Entscheidung treffen? Sie meinen, es ist nicht sicher, dass wir abgeschoben werden?"

Er machte eine Pause. „Sie werden höchstwahrscheinlich abgeschoben." Er ließ die Worte in der Luft hängen. „Es ist... zu 95 Prozent sicher."

Zum ersten Mal sagte uns ein türkischer Beamter, dass wir möglicherweise nicht nach Hause geschickt würden. Ich wollte nicht darüber nachdenken, was das bedeuten könnte und ließ mich niedergeschlagen auf eines der Betten fallen.

Nachdem Burak und Melih uns verlassen hatten, brachten uns die Wachen an die frische Luft. Wir folgten ihnen schweigend. Doch statt im Hof umherzugehen, saßen wir auf einer Bank, schweigend und unterjocht. Das Letzte, woran ich mich danach erinnere, ist, dass sich mein Blick verengte und es schnell dunkel um mich wurde. Ich spürte, wie mein Kopf nach hinten fiel und alles dunkel wurde.

4
AUSEINANDERGERISSEN

Alles war dunkel geworden. Alle meine Kraft war dahin. Ich konnte nicht einmal mehr sprechen, geschweige denn schreien und um Hilfe bitten. In dem verzweifelten Bemühen, diesem Nebel zu entkommen und das Bewusstsein wiederzuerlangen, war ich absolut kraftlos. Jemand stand über mir. Vielleicht ein Wachmann? Ich wollte nach oben greifen und seinen Arm festhalten, aber ich konnte ihn nicht erreichen. Mein Körper hatte mich regelrecht ausgesperrt. Ich konnte nur noch andere schreien hören, aber nur so leise, als ob sie in einem anderen Raum wären. War es Norine?

„Ich werde dich *nicht* verlieren! Satan, du kannst ihn nicht haben!"

Es war Norine, wie gut. Ich erkannte ihre Stimme, und ich versuchte, das zu durchbrechen, was auch immer es war, das mich von ihr weggespült hatte. Ich musste einfach zu ihr zurückkehren, denn ich konnte sie nicht verlassen, und so kämpfte ich darum, nicht wieder unterzugehen.

Nach einer Weile merkte ich, wie die Farben und Formen allmählich wieder zurückkehrten. Derweil beugte Norine sich mit angstverzerrtem Gesicht immer noch über mich und schrie, dass sie mich nicht verlieren dürfe, und ein Wachmann starrte mich an.

Es dauerte eine Weile, aber schließlich konnte ich wieder leichter atmen. Zwar konnte ich noch nicht wieder sprechen, denn mein Herz schlug immer noch viel zu schnell und ich fühlte mich schwach, aber wenigstens war ich aus der Ohnmacht wieder zurück. Und zumindest konnte ich Norine wieder sehen.

Weil ich einige Minuten lang bewusstlos gewesen und immer noch zu schwach war, um allein zu gehen, mussten mich zwei Wachmänner auf dem Weg in unsere Zelle fast zurücktragen. Ich legte mich schweißgebadet, ausgelaugt und völlig erschöpft aufs Bett.

Burak kam herein und starrte mich an, bevor er sein Urteil verkündete: „Sie sehen nicht gut aus. Wir bringen Sie ins Krankenhaus."

„Nein!" Ich war fest entschlossen, dass das nicht passieren durfte. So schwach ich auch war, so sehr war ich mir doch der Risiken einer Trennung von Norine bewusst. Wer wusste schon, ob wir jemals wieder eine gemeinsame Zelle haben durften, wenn sie uns erst einmal getrennt hätten? Ich wollte einfach nicht, dass Norine allein in der Zelle blieb, deshalb antwortete ich: „Lassen Sie mich … einfach schlafen."

Wie lange Burak noch da war, weiß ich nicht, aber als ich meine Augen wieder öffnete, war er verschwunden. Mir war kalt und ich zitterte, und Norine erzählte mir, dass sie einen der Wachmänner um einen Heizofen gebeten hatte, aber weil er nicht funktionierte, hatte sie mehrere Decken über mich gelegt.

„Wir wollen uns nicht beklagen", sagte ich. „Ich will ihnen keinen Grund geben, uns zu trennen."

Burak kam bald darauf zurück. Dieses Mal bestand er darauf, mich ins Krankenhaus zu schicken.

„Ich will da nicht hin. Ich brauche das nicht."

„Das ist nicht Ihre Entscheidung."

Ich wusste, dass er recht hatte, aber ich wollte auf gar keinen Fall, dass Norine und ich getrennt werden. „In Ordnung, ich werde gehen, aber bitte, lassen Sie meine Frau mitkommen."

Doch er schüttelte den Kopf. „Ich müsste dann zwei zusätzliche Polizisten zu Ihrer Bewachung mitschicken. Nein, Sie gehen allein."

So wurde ich innerhalb weniger Minuten in ein Polizeiauto gesetzt und dabei war ich viel zu müde, um mich darüber zu beschweren, dass ich zum ersten Mal in meinem Leben in Handschellen war. Ich war zu schwach, um mir etwas daraus zu machen, dass ich wie ein Krimineller behandelt wurde. Im Auto versuchte ich immer wieder, mich aufrecht hinzusetzen, aber schließlich konnte ich nicht mehr halten und kippte auf den Polizisten neben mir. Am Krankenhaus angelangt, musste ich das bisschen Kraft, das ich noch hatte, dafür aufwenden, ohne zu stolpern hineinzugehen und mit Leuten zu sprechen, wenn sie mir Fragen stellten. Ich fühlte mich so krank und schwach wie nie zuvor, aber ich wollte niemandem einen Grund geben, mich länger als nötig im Krankenhaus zu behalten.

Nachdem ein MRT gemacht worden war, brachten sie mich zurück nach Isikkent, diesmal allerdings ohne die Handschellen, denn sie hatten erkannt, dass ich nicht in der Lage war, mich auch nur in irgendeiner Weise zu widersetzen. Doch leider hatten die Ärzte im Krankenhaus keine körperliche Erklärung für das gefunden, was mit mir passiert war.

Es war dunkel, als ich in unsere Zelle zurückgebracht und mit Norine allein gelassen wurde. Als ich das Klicken des Schlosses in der Tür hinter mir hörte, fühlte ich mich auf eigenartige Weise getröstet.

. . . .

Den nächsten Tag verbrachte ich im Halbschlaf und mit Tagträumen. Zwischendurch versuchte ich, das Essen zu mir zu nehmen, das gebracht wurde, hatte aber keinen Appetit. Als schließlich ein Großteil meiner Kräfte zurückgekehrt war, versuchten wir, unseren Tagesablauf zu strukturieren, um uns so besser die Zeit zu vertreiben.

Am Anfang haben wir noch viel miteinander geredet, aber als die Tage vergingen, hatten wir immer weniger Themen zur Verfügung. Deshalb saßen wir die meiste Zeit schweigend da – einfach nur froh, zusammen zu sein, aber mit einem wachsenden Gefühl der Angst. Wir konnten beim besten Willen nicht mit Freude, Hoffnung oder

Zuversicht über all das sprechen, das nun vielleicht gefährdet war – über unsere Kinder, unseren Dienst, unsere Zukunft.

Was uns blieb, waren das Gebet und der Hofgang. Auf diese Zeiten konzentrierten wir uns, und wenn wir den ovalen Gefängnishof abschritten, Norine oft vorne und ich hinter ihr, sangen wir Lieder, versuchten uns an Bibelverse zu erinnern, und beteten. Außerdem haben wir unseren eintönigen Tagesablauf in Abschnitte eingeteilt, indem wir den Vormittag nutzten, um uns auf Dinge zu konzentrieren, für die wir dankbar waren, während wir nachmittags oft für unsere Kinder und die Gemeinde beteten. Am Abend versuchten wir dann, uns in die richtige Gemütsverfassung zu versetzen, um schlafen zu können, wobei wir oft die Worte von Psalm 23 durchbeteten.

Wir waren mitten in einem unserer Vormittagsgebete, als sich die Tür öffnete und uns ein Wachmann sagte, dass Melih uns sehen wolle. Als wir sein Büro betraten, stand er hinter seinem Schreibtisch, auf dem einige unserer Kleidungsstücke lagen.

„Ihre Freunde haben das für Sie hergebracht. Sie können sie mitnehmen, wenn Sie wollen."

Wir begannen, die Sachen in den leeren Sack zu stecken, der neben dem Schreibtisch auf dem Boden lag. Die Kleidung und Toilettenartikel waren uns allesamt willkommen, aber als ich meine Bibel sah, spürte ich, wie mein Herz raste. Ich griff danach, so froh, dass wir endlich unsere Zeit mit dem Lesen der Heiligen Schrift verbringen konnten, aber als meine Finger über den Einband strichen, streckte Melih die Hand aus und nahm sie mir weg.

„Nein", sagte er und legte die Bibel beiläufig auf ein Regal hinter sich. „Die werden wir Ihnen nicht geben."

Ich war wirklich überrascht. „Wir sind Christen, es sollte uns erlaubt sein, unser heiliges Buch zu bekommen. Warum nicht?"

Melih zuckte mit den Achseln. „Sie können nur Bücher haben, die wir Ihnen zur Verfügung stellen. Das ist hier die Regel", sagte er mit einem Unterton von Verachtung und Grausamkeit.

Daraufhin verspürte ich neben meinem verzweifelten Hunger nach der Bibel auch den Zorn, der wegen dieser Willkür in mir aufwallte, aber ich wusste, dass wir ihm völlig ausgeliefert waren.

„Bitte", sagte Norine, viel ruhiger, als ich gesprochen hatte. „Es ist eine türkische Bibel, die in der Türkei gedruckt wurde. Es ist nichts Illegales daran."

Doch Melih setzte sich an seinen Schreibtisch und winkte uns ohne ein weiteres Wort hinaus.

Unsere Kleidung wechseln zu können, war eine große Erleichterung. Wir haben nicht nur besser gerochen, sondern Norine merkte auch, dass ihr nun die Wäsche des Vortages jeden Morgen dabei half, ein paar Stunden Zeit zu vertreiben. Außerdem wurden die Abende jetzt kühler und wir brauchten die zusätzlichen Schichten an unserem Körper. Wir hatten zwar das zerbrochene Fenster in der Toilette mit einem Müllsack abgedeckt, aber das reichte nicht, um die Kälte draußen zu halten.

In dieser Zeit wuchs meine Bewunderung für Norine sehr. Ich hatte mein Studium an einem Predigerseminar absolviert und sogar einen Doktortitel im Bereich Neues Testament erworben. Außerdem hatte ich jahrelang gepredigt und Menschen im christlichen Glauben gelehrt, aber in Isikkent schien Norine die Stärkere zu sein. In den letzten Jahren war ich wie der Hase gewesen, der vorwärtssprintet und dann im Tempo nachlässt, aber sie war die Schildkröte, die sich jeden Tag Zeit zum Beten und Bibellesen nahm, ganz gleich, wie beschäftigt oder müde sie war. Nun verfügte sie über ein großes Reservoir an Zeit mit Gott, aus dem sie schöpfen konnte. Es beruhigte mich, bei ihr zu sein und mit aus dieser Tiefe schöpfen zu können.

Doch leider gab es ein Thema in meinen Gesprächen mit Norine, das mir nicht dabei half, mich ruhig oder friedvoll zu fühlen: der Ausnahmezustand, in dem sich die Türkei gerade befand. Drei Monate zuvor hatte es im Juli einen gescheiterten Versuch gegeben, Präsident

Erdogan zu stürzen. Dieser Putschversuch hatte völlig unerwartet stattgefunden, aber in der Folge schien Erdogan einen klaren Plan zu haben, wie er darauf reagieren wollte. Das ging so weit, dass er diesen Putschversuch in der Öffentlichkeit sogar „ein Geschenk Gottes" nannte. Er verhängte den Ausnahmezustand und regierte nun per Dekret. Damit war sein Griff nach der Macht absolut. Zehntausende waren verhaftet worden und konnten ohne Gerichtsverfahren jahrelang festgehalten werden. Wir hatten Geschichten von Menschen gehört, die einfach verschwunden waren.

Norine war in den Staaten gewesen, um unsere Kinder zu besuchen, als der Putschversuch stattgefunden hatte, und ich war direkt anschließend zu ihr gereist. Trotzdem hatten wir keinerlei Bedenken gehabt, im August wieder in die Türkei zurückzukehren, schließlich hatte der Putsch nichts mit uns zu tun.

Nun fragten wir uns, welche Rolle der Ausnahmezustand dabei spielte, dass wir ohne Zugang zu legalen oder konsularischen Besuchen festgehalten wurden. Dies war eine andere Türkei, als wir sie gekannt hatten.

. . . .

„Also, Andrew", sagte eines Tages ein Polizist, als wir Hofgang hatten. „Wir sind alle neugierig, wann der Hubschrauber ankommt."

Ich musste erst in sein grinsendes Gesicht sehen, um zu erkennen, dass er einen Witz machen wollte. Ich habe ihn ignoriert.

„Ihr Land hat Sie vergessen, Andrew. Warum ist das so?"

„Das Problem ist nicht *mein* Land", antwortete ich. „Das Problem ist *Ihr* Land."

Abgesehen von dieser Bemerkung waren die meisten Wachen nicht unfreundlich zu uns, während sich unser Aufenthalt in Isikkent hinzog. Mit einigen konnte man leichter reden als mit anderen, und die, mit denen wir sprachen, schienen wirklich verwundert darüber zu sein, warum wir immer noch festgehalten wurden. Wir suchten nach Gelegenheiten, ihnen von Jesus zu erzählen und für einige von ihnen zu beten, da wir wussten, dass die meisten Türken noch nie einen Christen getroffen haben.

Die meiste Zeit über tröstete mich die Güte und Ruhe, die Norine ausstrahlte. Aber als wir unsere zwölfte nächtliche Gebetszeit beendet hatten, lag eine spürbare Schwere auf uns beiden. Nach fast zwei Wochen Unsicherheit, Stress und Gebetskampf fühlten sich unsere Worte kraftlos an. Unsere Zelle war geradezu berstend voll von unseren angstgetriebenen Gedanken.

Ich hatte von Anfang an befürchtet, von Norine getrennt zu werden, wollte aber meine düsteren Gedanken nicht aussprechen – als ob ich dadurch irgendwie dazu beitragen würde, dass sie sich tatsächlich ereigneten. Aber am Ende des zwölften Tages konnte ich diese Sorgen einfach nicht mehr für mich behalten.

„Norine, wovor ich wirklich Angst habe, ist, dass wir getrennt werden. Ich würde dann nicht wissen, was mit dir passiert. Und ich weiß nicht, wie ich ohne dich allein zurechtkommen werde. Wir wissen nicht, wie lange unsere Haft noch so weitergeht oder wo sie enden wird."

Norine legte ihre Arme um mich, und Stille breitete sich aus. Was konnte sie auch sagen? So lagen wir einfach nur stumm auf den Matratzen, die wir auf den Boden gelegt hatten, und hielten uns gegenseitig fest.

Norine hat es mir damals nicht gesagt, aber sie war tatsächlich besorgt, dass wir vielleicht nicht so bald entlassen würden und hat sich deshalb innerlich darauf vorbereitet. War es möglich, dass wir einfach im türkischen Gefängnissystem verschwinden würden, wie es anderen passiert war? Würden wir jemals unsere Kinder wiedersehen? Konnte es sein, dass Gott uns im Gefängnis haben wollte, damit wir den Menschen dort von Jesus erzählen? Würde die geistliche Ernte, die Gott uns für die Türkei verheißen hatte, tatsächlich im Gefängnis beginnen?

Aber sie behielt diese Gedanken für sich, weil sie mich nicht beunruhigen wollte.

Am nächsten Tag schwiegen wir beide vor uns hin. Als wir beide auf unserer Matratze saßen und im Essen herumstocherten, schüttelte Norine den Kopf.

„Es tut mir leid", sagte sie und schenkte mir ein kleines Lächeln. „Ich bin heute am Ende meiner Kräfte. Ich habe nichts mehr zu sagen."

„Das ist in Ordnung. Wir haben schon alles gesagt. Was können wir noch sagen?"

An diesem Morgen sind wir nicht wie üblich umhergegangen und haben auch nicht gebetet. Wir saßen beide einfach nur auf dem Boden, während die Stunden vorüberzogen.

Irgendwann brach Norine das Schweigen und sagte: „Ich stelle mir vor, dass ich einfach vor Gott sitze. Er schweigt und ich schweige, aber er weiß, dass ich da bin. Es könnte dir helfen, das Gleiche zu tun. Du musst nichts zu ihm sagen. Sitz einfach da in seiner Gegenwart. Und warte."

Als wir am späteren Nachmittag in den Hof gebracht wurden, waren wir genauso still, während wir nebeneinander auf der Bank saßen.

Norine trat mit ihrem Fuß gegen einen Stein, als sie sagte: „Das war bisher mein schwierigster Tag. Ich habe wirklich zu kämpfen."

Wenige Minuten später sprach sie erneut: „Weißt du, was für ein Tag heute ist?"

Ich zuckte mit den Achseln.

„Meine Mama hat heute Geburtstag." Norine lächelte traurig. Ihre Mutter war Jahre zuvor gestorben.

Die Tür zum Innenhof öffnete sich, und eine Polizistin kam mit Burak herein. Ich hätte sie nicht beachtet, wenn ich nicht Norines Namen gehört hätte. In dem Moment, in dem ich ihn hörte, spürte ich, wie Adrenalin meinen gesamten Körper durchflutete.

Die Frau kam herüber und stellte sich vor uns hin. „Wir entlassen Sie", sagte sie und sah Norine direkt an.

„Warten Sie!", sagte ich. „Was machen Sie mit ihr? Schieben Sie sie ab?"

„Nein, es liegt nur ein Befehl für ihre Freilassung vor."

Ich schaute Norine an. Sie schien von alledem genauso verwirrt zu sein wie ich.

„Gut", sagte ich, „kann ich auch gehen?"

„Nein. Wir bringen Ihre Frau jetzt ins Krankenhaus, um sie untersuchen zu lassen. Wenn sie zurückkommt, können Sie sie noch einmal sehen, während sie ihre Sachen abholt. Dann wird sie gehen."

Und in der nächsten Minute war Norine verschwunden.

Anschließend wurde ich in die Zelle zurückgebracht und zum ersten Mal alleine eingesperrt. Ich begann umherzugehen. Einerseits war ich erleichtert, dass sie nun entlassen wurde, und froh, dass endlich jemand draußen für uns kämpfen konnte, aber andererseits hatte ich auch Angst. Ich konnte fühlen, wie es mir die Kehle zuschnürte und mein Herz raste. Wie sollte ich jetzt damit umgehen, dass genau das, was ich die ganze Zeit befürchtet hatte, eintreten würde?

Alles um mich her fühlte sich unpassend und falsch an.

Als ich mich gegen meine tieftraurigen Gedanken wappnete und verzweifelt betete, beschloss ich, diese Zeit Gott zu widmen, Lob- und Anbetungslieder zu singen und mich darauf zu konzentrieren, auf Gott zu vertrauen und an ihm festzuhalten. Ich wollte gute Entscheidungen treffen. Ich wollte das, was auf mich zukam, so gut wie möglich überstehen.

Außerdem nahm ich mir vor, mich nicht von der Angst lähmen zu lassen, sondern weiterhin klar zu denken. Obwohl sich meine Atmung schwach anfühlte und meine Hände zitterten, holte ich aus der Mülltüte einige der Styroporteller heraus, von denen wir gegessen hatten, und kratzte mit meinem Fingernagel die Passwörter für unsere verschiedenen Onlinekonten hinein. Darüber hinaus stellte ich eine Liste aller Personen zusammen, die mir einfielen und die mir vielleicht dabei helfen könnten, aus diesem Gefängnis herauszukommen. Als ich damit fertig war, drehte sich der Schlüssel im Schloss und Norine war wieder bei mir.

„Sie haben zehn Minuten, um zu holen, was Sie brauchen", sagte der Wachmann. „Danach können Sie sich verabschieden."

Die Minuten verflogen viel zu schnell. Ich hatte den Kopf voll von all dem, was ich Norine mitteilen wollte, aber ich hatte keine Zeit mehr, es zu sagen.

„Kämpfe für mich!", sagte ich, als der Wachmann sie abholte. „Kämpfe für mich!"

Bevor wir uns trennen mussten, ließen mich die Wachleute mit Norine in das Hauptbüro gehen, wo Burak bereits wartete. Er legte ihr einige Dokumente zur Unterschrift vor und trennte dann ihre Unterlagen von meinen.

Als sie anschließend begannen, Norine von mir wegzuziehen, wandte sie sich an Burak und begann zu verhandeln: „Warten Sie, ich will bei meinem Mann bleiben. Bitte lassen Sie mich bleiben."

Burak wies sie ab. „Nein, das ist unmöglich. Sie müssen gehen."

„Warum kann ich nicht bleiben? Ich will ihn nicht verlassen. Lassen Sie mich doch bei ihm bleiben."

Burak ignorierte sie und nickte den Wachen zu, um sie schnell aus seinem Büro hinauszubekommen. Doch bevor sie zur Tür hinausging, konnten wir uns noch ein letztes Mal umarmen.

Dass sie darum gebeten hatte, bei mir bleiben zu können, bedeutete mir unsagbar viel. Ich wusste, was sie das Risiko, nicht freigelassen zu werden, gekostet hatte. Da sie an diesem Tag und in der Nacht davor so niedergeschlagen gewesen war, musste ihr die Entscheidung, bei mir zu bleiben, überaus schwergefallen sein. Aber ich wusste auch, dass kein einziges Wort von ihr die Beamten umstimmen würde.

„Ich liebe dich!", rief ich, als die Wachen mich den Gang entlang zu meiner Zelle zogen. „Kämpfe weiter, Norine!"

„Du weißt, ich werde Himmel und Erde für dich in Bewegung setzen", kam von ihr als Antwort. Dann schloss sich mit einem metallisch klingenden Schlag die Tür und wurde verriegelt. Ich war ganz allein.

Sofort rannte ich zum Fenster und sah durch die Gitterstäbe, wie sie hinüber zur Straße ging. Ich winkte ihr ein letztes Mal zu. Dann war sie weg.

Nachdem ich vom Fenster wieder weggegangen war, absolvierte ich unsere übliche Routine mit Singen, Beten und Rezitieren der Heiligen Schrift. Damit versuchte ich mir einzureden, dass dies gar nicht so sehr anders war als noch am Tag zuvor. Doch als ich ins Bett ging, fürchtete mich vor der langen Nacht.

Es muss Mitternacht gewesen sein, als ich draußen auf dem Korridor Schritte hörte. Statt der üblichen Kontrolle, bei der sich die Luke öffnete und ein Wachmann mit einer Taschenlampe hereinleuchtete, klickte das Schloss, die Tür öffnete sich, und der Raum war plötzlich komplett erleuchtet.

„Packen Sie Ihre Sachen zusammen", sagte der Wachmann. „Sie reisen ab."

„Sie schieben mich ab?" Ich spürte einen Hauch von Hoffnung in mir aufkeimen.

„Das weiß ich nicht. Ich weiß nur, dass Sie uns jetzt verlassen."

Burak wartete in seinem Büro auf mich. Er sah müde aus, als wäre er nicht in der Stimmung für eine Diskussion. „Wir haben gerade den Befehl erhalten, Sie in eine andere Einrichtung zu verlegen. Gehen wir."

Ich folgte ihm in die Nacht hinaus.

TEIL ZWEI

5
ALLEIN

Die Behörden verlegen ihre Gefangenen gerne bei Nacht, weil es dann auf den Straßen totenstill und dunkel ist und sie damit die Menschen noch besser einschüchtern können. Ich reagierte darauf jedoch nicht panisch, denn ich war wie betäubt. Manchmal, wenn mir schlimme Dinge passieren, schließt sich ein Teil von mir ein, und es ist dann fast so, als wäre ich ein Beobachter, der außerhalb meines Körpers neben mir sitzt und mich von dort beobachtet.

Nachdem ich mich wieder orientieren konnte, versuchte ich zunächst, mir unsere Route zu merken, aber als wir die Lichter von Izmir hinter uns gelassen hatten und in die Dunkelheit der Berge fuhren, gab ich auf. Ich konnte mich nur zurücklehnen und beten, dass Norine mich irgendwie finden würde.

Bevor ich Isikkent verließ, hatte Burak mich in sein Büro gerufen. Er erwähnte einen Namen, den ich noch nie zuvor gehört hatte – ein Abschiebezentrum namens Harmandali – und sagte mir, er habe den Befehl erhalten, mich sofort dorthin zu verlegen. Er war verärgert, weil er meinetwegen ein Fußballspiel verpasste, das gerade im Fernsehen lief.

„Was ist mit meiner Frau? Wird es ihr jemand sagen? Sie muss es wissen. Bitte!", fragte ich ihn.

Burak hatte immer weniger kalt reagiert als Melih, aber als ich ihn bat, sich mit Norine in Verbindung zu setzen, tat er meine Worte mit einer ärgerlichen Handbewegung ab und schickte mich wortlos hinaus.

Eine Stunde, nachdem wir Izmir verlassen hatten, wurde das Auto schließlich langsamer, denn wir fuhren vom glatten Asphalt der Straße ab. Plötzlich erkannte ich, wo wir waren, als wir an der Wohnung einiger unserer engsten türkischen Freunde aus der Gemeinde vorbeifuhren. Ich war dort mehrmals zum Essen eingeladen gewesen. Und nun fuhr ich dort mitten in der Nacht so nah vorbei, aber keiner von ihnen hatte eine Ahnung davon. Danach fuhren wir für mehrere Kilometer auf einer raueren Straße weiter, auf der es aber zu dunkel war, um das Gebäude, auf das wir zufuhren, in der Ferne richtig zu sehen, doch als wir schließlich anhielten, konnte ich deutlich Metalltore, ein Wachhäuschen und eine Handvoll Polizisten erkennen, die dort warteten.

Nachdem ich durch eine Sicherheitskontrolle nach Flughafenstandards gebracht worden war, kippte eine Gruppe von Wachen den Inhalt meines Rucksacks auf einen Tisch. Als dann ein grauhaariger Mann mit einem Gesicht, das an einen Falken erinnerte, hereinkam, nahmen sie alle sofort Haltung an.

Alles, was der alte Mann sagte, glich einem lauten, ungeduldigen Bellen.

„Das kriegt er nicht!", sagte er, wobei er auf meine Uhr zeigte. „Die auch nicht." Er deutete auf meine Brille.

Als dann die Wachen das kleine Plastikkreuz nahmen, das Norine mir in Isikkent zurückgelassen hatte, wurden die Augen des alten Mannes immer größer. „Nehmen Sie das weg. Er bekommt gar nichts."

Anschließend wurde ich schweigend in eine Zelle in einem der unteren Stockwerke geführt. Als die Metalltür hinter mir zugeschlossen war, sah ich mich um. Dort standen drei Betten, aber außer mir war niemand da. Auf den Betten lagen schmutzige Laken, aber keine Decken. Und es gab eine Toilette im westlichen Stil, die jedoch nicht spülte. Und natürlich war da noch das vergitterte Fenster.

Dann gingen ohne Vorwarnung die Lichter aus. Ich konnte mich jedoch dank der Straßenlampe draußen gerade so durch den Raum bewegen. Nach einigen Minuten gab ich die Suche nach einem Licht-schalter auf, sammelte alle Kissen ein und stapelte sie um mich herum, während ich auf einem der Betten lag.

Ich zitterte vor Kälte und meine Augen waren weit aufgerissen, aber innerlich war ich wie betäubt. So fühlte ich mich, seitdem ich Isikkent verlassen hatte.

Als ich so dort in der Stille lag, brachen die Fragen über mich herein und fielen wie eine Heuschreckenplage über mein Denken her:

Wird Norine mich hier finden?

Was geschieht, wenn nicht?

Was geschieht mit mir, wenn sie sie ausweisen?

Was geschieht mit mir, wenn sie mich nicht ausweisen?

Ich habe probiert, diese Fragen auszublenden, indem ich versuchte, mich mit anderen Gedanken abzulenken, zu beten oder mich an die Lieder zu erinnern, die wir in Isikkent gemeinsam gesungen hatten. Aber es hat nichts genützt. Das Beste, was ich tun konnte, war, den Duft von Norine einzuatmen, der immer noch in meiner Kleidung hing, und abzuwarten.

. . . .

Schon früh am nächsten Morgen wurden die Lichter wieder ange-schaltet und bald darauf klopften die Wachen an die Tür und riefen, es sei Zeit für mich aufzustehen. Minuten später ging mit einem Ruck die Tür auf.

Ein kleiner, stämmiger Mann in Uniform kam herein und schrie mich an: „Raus hier. Worauf warten Sie noch? Warum sind Sie nicht fertig?"

„Bitte", sagte ich und hielt meine Hände hoch. „Hören Sie auf, mich anzuschreien. Ich kenne keine der Regeln. Was wird denn von mir erwartet?"

„Raus hier."

Vor meiner Zelle standen mehrere Wachen. Ich hatte keine Ahnung, warum ich so viele brauchte, aber sie eskortieren mich gemeinsam über den Korridor in einen Raum, in dem türkischer Tee und Brot auf einem Tisch standen.

Eine der Wachen wies mit dem Kinn in Richtung des Essens. „Wollen Sie hier essen oder zurück in Ihre Zelle gehen?"

Ich war so gestresst, dass ich an Essen nicht einmal denken konnte, deshalb sagte ich: „Ich habe überhaupt keinen Hunger", und Sekunden später war ich wieder in meiner Zelle. Die Tür wurde zugeschlagen. Das Schloss wurde verriegelt. Ich war allein.

Das Fenster war so niedrig, dass ich hinausschauen konnte, aber die Aussicht war überhaupt nicht so wie in Isikkent. Dort gab es wenigstens Straßen und Autos und ab und zu einen Menschen zu sehen. In Harmandali gab es nichts als Buschland, eine stillgelegte Baustelle, die am Fuße einiger Hügel lag, und weit in der Ferne war ein dünner Streifen des Meeres zu sehen. Ich hatte mich noch nie so weit von Norine entfernt gefühlt.

Trotzdem starrte ich aus dem Fenster und suchte nach einem Lebenszeichen oder irgendeiner Aktivität, die mich hätte ablenken können, aber es gab nichts zu sehen. Es müssen Stunden vergangen sein, während ich aus dem Fenster sah, aber nichts geschah.

Ich war mitten im Nirgendwo. Und ich war in Einzelhaft.

Im Laufe des Tages wurde es immer schwieriger, meine Ängste unter Kontrolle zu halten. Kurz vor Norines Abreise hatten wir vereinbart, dass ich in Isikkent immer ein bestimmtes T-Shirt ins Fenster hängen würde, damit sie sehen konnte, dass ich noch dort wäre. Der Gedanke daran, dass sie kommen und das leere Fenster sehen würde, zerriss mir das Herz.

Plötzlich hörte ich Geräusche draußen im Korridor. Wachen schrien, Türen knallten und mein Herz schlug wie wild. Ich starrte auf die Tür und bereitete mich auf den Moment vor, in dem sie aufschwingen würde, und hielt dann den Atem an, bis ich sicher war, dass die Wachmänner gegangen waren.

Ich erinnerte mich an den Gedanken, dass die Zeit für meine Heimkehr gekommen sei. Vor kaum mehr als zwei Wochen war mir zum Weinen gewesen, weil ich die Türkei verlassen *musste*, und jetzt weinte ich, weil ich sie *nicht* verlassen *konnte*. Erst hatte ich darum gebettelt, in der Türkei bleiben zu dürfen, jetzt flehte ich darum, ausreisen zu dürfen.

Ich habe über unsere Arbeit nachgedacht, die wir in der Türkei getan haben, und über den Preis, den ich jetzt dafür bezahlte.

Ich dachte über meine Kinder nach.

Ich dachte über meine Frau nach.

Und ich dachte über ein Lied nach, das ich seit Jahren nicht mehr gehört hatte: „Driving Home for Christmas" von Chris Rea. Der Refrain begann in meinem Kopf in einer Endlosschleife zu spielen und hat mich regelrecht verhöhnt. Wollte man mich wirklich bis Weihnachten hierbehalten? Standen mir tatsächlich weitere neun Wochen in Einzelhaft bevor? Konnte ich das überhaupt verkraften?

Ich hatte keine Kontrolle darüber, wohin meine Gedanken als Nächstes wanderten, und mit jedem neuen Gedanken spürte ich, wie die Panik zunahm.

Zur Mittagszeit öffnete sich meine Tür erneut, und ich bekam etwas zu essen. Ich wurde nicht wie zuvor aus meiner Zelle geholt, sondern der Styroporteller wurde zu mir gebracht.

„Sie sind im Hochsicherheitsgewahrsam", sagte der Wachmann, während er mir mein Essen gab. „Deshalb dürfen Sie nicht raus."

Hochsicherheitsgewahrsam? Warum sollte ich im Hochsicherheitsgewahrsam sein? Außerdem war es mir absolut egal, wo ich etwas zu essen bekam, ich konnte ohnehin nichts essen. Mein Magen war fest verknotet, meine Kehle war verschlossen.

Mit dem Schlaf war es dasselbe. Ich wusste, dass mein Körper dringend Schlaf brauchte, aber ich konnte nicht schlafen. Den ganzen

Nachmittag über versuchte ich, mich hinzulegen und meine Augen zu schließen, aber jedes Mal, wenn ich schon fast eingeschlafen war, schreckte mich ein massiver Adrenalinschub auf, und mein Herz raste wieder.

Auch die Zelle war eine Folter für sich. Es gab nur mich und ein Bett. Ich hatte keinen Stuhl, und auf der Bettkante konnte ich wegen ihrer geringen Höhe nicht bequem sitzen. Also habe ich mich entweder auf das Bett gelegt oder ich stand oder ging umher. Es gab nichts zu tun, nichts zu lesen, nichts zu schreiben, niemanden, mit dem ich hätte reden können. Das allein hätte schon ausgereicht, um mich in den Wahnsinn zu treiben, aber mit dem zusätzlichen Gewicht der Angst war diese Situation erdrückend.

Ich spürte, wie ich im Innern Stück für Stück zerbrach.

In den Augenblicken, in denen ich klar denken konnte, zwang ich mich, mich auf eine einzige Frage zu konzentrieren: *Was werde ich tun, um mich vor dem Wahnsinn zu bewahren?* Ich befürchtete, dass eine ausgewachsene Panik und ein totaler Zusammenbruch folgen würden, wenn ich meine Gedanken zu weit schweifen ließe.

Also ging ich weiter im Raum auf und ab, betete und zwang mich dazu, meine Konzentration auf Gott zu lenken, um nicht die Kontrolle zu verlieren. Zum ersten Mal wurde mir klar, dass ich mich in den Händen einer schrecklichen, böswilligen geistlichen Macht befand. Die Furcht davor breitete sich in meinem Innern aus und ergriff mein Herz. Ich fühlte mich schwach und machtlos, ein einsamer Mann, gefangen gehalten von einer riesigen, finsteren Macht.

Den ganzen Tag über wuchs in mir die schmerzhafte Erkenntnis, dass meine Lage nun sehr, sehr ernst war. Vielleicht würden sie mich nie wieder freilassen.

. . . .

Irgendwann am Nachmittag meines ersten vollen Tages in Harmandali sagte mir ein Wachmann, dass ich Besuch habe.

Hoffnung stieg in mir auf und ich sprang sofort von meinem Bett hoch. „Wer? Ist es meine Frau?"

Der Wachmann zuckte mit den Achseln: „Das weiß ich nicht. Aber Sie sollen jetzt mit mir mitkommen."

Und tatsächlich, da stand Norine genau in dem Bereich, in dem meine Aufnahme in dieses Gefängnis stattgefunden hatte.

In demselben Moment, in dem ich sie umarmte, begann ich zu schluchzen, so sehr, dass ich Mühe hatte, genug Luft zu holen, um endlich reden zu können.

„Sieh nur, was sie mir angetan haben, Norine. Sieh mich nur an."

Sie drückte mich fester an sich und versuchte, mich zu beruhigen: „Alles in Ordnung, mein Schatz. Jetzt habe ich dich ja gefunden. Ich bin hier. Aber sie haben mir nicht viel Zeit gegeben, deshalb musst du mir zuhören."

Die ganze Zeit über, die ich in meiner Zelle gewesen war, hatte ich gewollt, dass die Zeit schneller vergeht. Und jetzt, mit dem Kopf auf der Schulter meiner Frau und den Duft ihrer Haare tief in mich einsaugend, flehte ich die Zeit an, langsamer zu vergehen.

„Ich habe seit meiner Entlassung ständig mit verschiedenen Leuten gesprochen. Deine Eltern brachten mich mit einer Gruppe in Kontakt, die sich auf solche Fälle spezialisiert hat – sie kämpfen für Christen, die im Nahen Osten im Gefängnis sitzen. Sie sind sehr gut, und sie sagen, dass sie bereits Politiker aus aller Welt bitten, sich unauffällig mit der türkischen Regierung in Verbindung zu setzen. Sie werden dabei helfen, dich hier rauszubekommen. Vielleicht hat man dich gerade deshalb hierher gebracht, denn aus diesem Gefängnis werden die meisten Menschen abgeschoben."

Norines Stimme zu hören, ihre Arme um meine Schultern zu spüren und zu wissen, dass sie für mich kämpft, beruhigte mich. Doch dann war ihr Besuch auch schon vorbei, und ein Wachmann trennte

uns direkt vor der Tür zur Freiheit, durch die nur Norine hindurch-
gehen konnte. Einen winzigen Moment lang stellte ich mir vor, wie
es wäre auszubrechen und hinauszulaufen. Aber wohin? Ich wäre im
Handumdrehen wieder gefangen.

Sobald sich die Tür hinter Norine geschlossen hatte, wurde ich
weggeführt, und eine Minute später war ich wieder in meiner Zelle.
Allein.

6
DURCHHALTEN

Ich weine nicht nur, ich schluchze, während ich vor einer Massivholz-
tür mit einem vergitterten Fenster stehe. Selbst wenn sie nicht ver-
schlossen wäre, wäre ich nicht stark genug, um sie zu öffnen. Ich bin
fünf Jahre alt, vielleicht auch sechs, aber ich weiß drei Dinge mit absolu-
ter Sicherheit: Ich weiß, dass der Grund, warum ich schikaniert werde,
darin besteht, dass ich der einzige Ausländer im Kindergarten bin. Ich
weiß, dass der Leiter irgendwann genug von meinem Lärm haben wird
und meiner Forderung nachgibt, meine Eltern anzurufen und sie zu
bitten, mich abzuholen. Und ich weiß, dass meine Eltern Nein sagen
werden.

Nachdem ich nach Harmandali verlegt worden war, wurden Erinnerungen an meine frühen Jahre in Mexiko wach. Meine Eltern
waren kurz nach meiner Geburt als Missionare dorthin gezogen. Im
Rahmen ihres Dienstes nahmen sie jedes Jahr etwa 20 mexikanische
Jugendliche auf, die bis zum Abschluss der Highschool bei uns zu
Hause lebten. Es war wie eine große, erweiterte Familie – eine sehr
große sogar, da ich das älteste von sieben Kindern war. Gleichzeitig
brachte der Umstand, die einzigen Amerikaner in einer kleinen Stadt
zu sein, für mich als kleinen Jungen eine Menge negativer Aufmerksamkeit, und so war ich während eines Großteils meiner Kindheit ein
Außenseiter.

Wie Salz in einer Wunde verstärkten diese alten Erinnerungen
den Schmerz, den ich in Harmandali empfand. Aber das waren nicht
die wichtigsten Gedanken, mit denen ich mich befasste. Der einzige

Kontakt, den ich hatte, war der zu den Wachen, von denen einige gesprächiger waren als andere. Aus ihren Antworten auf meine Fragen schloss ich, dass die Insassen in Harmandali hauptsächlich Flüchtlinge und andere Ausländer waren, die nicht die richtigen Papiere hatten. Die meisten von ihnen waren Afghanen, Pakistanis und Afrikaner, die alle dort in Erwartung ihrer Abschiebung festgehalten wurden. Sie durften dreimal am Tag essen und anschließend an die Mahlzeiten in einen Hof gehen, um frische Luft zu schnappen und zu rauchen.

Was mich am meisten frustriert hat, war, dass alle in Harmandali festgehaltenen Personen prinzipiell jederzeit gehen konnten. Sobald sie ihrer Abschiebung zustimmten, würden sie in das nächste Flugzeug nach Hause gesetzt. Doch das taten nur wenige von ihnen. Sie alle wollten in der Türkei bleiben oder zumindest in ein besseres Land weiterziehen als das, aus dem sie geflohen waren. Doch das traf nicht auf mich zu. Ich war der einzige Mensch dort, der nicht gehen konnte.

Auch die Wachleute waren darüber verblüfft, denn das war zuvor noch keinem Amerikaner passiert. Darüber hinaus war in *meinem* Fall jedoch noch etwas anders. Aber keiner der Beamten, die mit der Leitung der Einrichtung betraut waren, war bereit, mir auch nur einen Funken an Information darüber zu geben, was vor sich ging – wenn sie überhaupt etwas wussten. Alle, vom Wachmann am Tor bis zum Direktor, schienen nervös zu sein und befolgten, was mich betraf, strikte Anweisungen. Es war klar, dass Ankara alle Entscheidungen traf – große wie kleine.

. . . .

Ich stellte fest, dass sich die Zellen auf der anderen Seite des Korridors zum Innenhof hin öffneten, in dem die Leute umhergingen und sich miteinander unterhielten, aber ich war froh, dass sich meine Zelle an der Vorderseite des Gebäudes befand. Das bedeutete für mich, dass ich nach Norine Ausschau halten konnte. Und so verbrachte ich jeden Tag viele Stunden damit, aus dem Fenster zu sehen. Schon der Anblick unseres Vans ließ mich wissen, dass sie noch im Land war, dass ich nicht ganz allein war.

Sie kam jeden Tag. Sobald es hell wurde, ging ich auf Posten, meine Augen fest auf den Punkt in der Ferne gerichtet, wo sie über den Kamm eines Hügels kommen und der schmalen Straße folgen würde, die sich bis zum Parkplatz schlängelte, der sich gegenüber dem Gefängnis befand.

Leider durfte Norine nicht jeden Tag zu mir kommen und so wartete ich manchmal bis zu zwei Stunden in der verzweifelten Hoffnung, dass sich meine Tür bald öffnen und mir ein Wächter sagen würde, dass ich Besuch habe.

Die meisten Tage bewegte sich meine Tür jedoch nicht und blieb verschlossen. Wenn man ihr den Zutritt verweigerte, fuhr Norine deshalb zu einer Stelle auf der anderen Seite des Tals und parkte dort für eine Weile. Sie – und in der Regel auch andere Menschen aus unserer Gemeinde – stiegen dann aus, sodass ich sie sehen konnte. Doch leider konnte ich ohne meine Brille die Menschen nur an ihrer Form erkennen, aber ich wusste, dass sie für mich beten.

Also hielt ich meinen Blick stets fest nach draußen gerichtet, bis der Van langsam wegfuhr. Auch wenn es schmerzte, sie nicht sehen und umarmen zu können, wusste ich zumindest, dass sie in Sicherheit und immer noch frei war. Wie sehr sehnte ich mich danach, mit ihr in diesem Van wegzufahren!

Eines Tages, als ich gerade die Hoffnung aufgegeben hatte, dass ich sie sehen durfte, öffnete sich die Tür. Ein Wachmann hielt einen Zettel in der Hand und gestikulierte, ich solle kommen und ihn nehmen.

Es war eine Nachricht von Norine:

Sie erlauben mir nicht immer, dich zu besuchen, aber mir wurde gesagt, dass ich dir diese Nachricht schicken kann. Ich bin auch weiterhin die hartnäckige Witwe, und es gibt viele neue Freunde, denen du am Herzen liegst. Ich fahre auch weiter jeden Tag hierher und versuche, dich zu besuchen. Gib die Hoffnung nicht auf, mein Liebster. N

Es war, als würde ich ein unbezahlbares Kunstwerk in Händen halten. Ich las ihre Nachricht immer und immer wieder. *Sei die hartnäckige Witwe für mich,* das hatte ich Norine an dem Abend gesagt, an dem sie entlassen wurde. Das bezog sich auf Jesu Geschichte von einem ungerechten Richter, der immer wieder das Gesuch einer Witwe ablehnte. Sie war aber so unermüdlich, dass er schließlich nachgab. Ich wusste, dass Norine sich für mich unermüdlich einsetzte.

Und so wurde ich zum Wächter. Ich verbrachte jeden Tag Stunden damit, dazustehen und Ausschau zu halten, und diese Aufgabe hatte etwas Tröstliches. Sie kam immer, und die Vorfreude auf den Anblick, wie der Van sich näherte, ließ mein Herz sich so sehr danach sehnen, wie unser Deutscher Schäferhund. Jedes Mal, wenn er Norine sah, zog er mit aller Kraft an seiner Leine, nur um zu ihr zu gelangen.

Doch dann tauchte sie eines Tages nicht auf, und sofort nahm ich das Schlimmste an. *Was ist mit Norine passiert? Wurde sie neu verhaftet? Wurde sie abgeschoben? Hatte sie einen Unfall?*

Ich war völlig aufgelöst. All die Fortschritte, die ich gemacht hatte, indem ich nach Norine Ausschau gehalten hatte – all der Trost, den ich in der täglichen Routine gefunden hatte –, verschwanden. Panik überkam mich. Mein Atem wurde flach, mein Herz pochte und mein Denken schraubte sich immer weiter nach unten. Wie könnte ich durchhalten, wenn ich jetzt ganz allein wäre?

Zwei Tage lang blieb ich in diesem Zustand. Durch die Anordnungen meine Person betreffend war ich von fast allen zwischenmenschlichen Kontakten isoliert. Und durch meinen eigenen Körper und mein Denken war ich fast allen Schlafs beraubt, weshalb ich mich noch nie zuvor so schwach und machtlos gefühlt hatte. Ich habe Tag und Nacht für sie gebetet. Erst als ich am dritten Tag sah, wie unser Van den Hügel erklomm, ließ meine Angst nach.

Ich war so dankbar zu wissen, dass sie da draußen war, dass ich nicht einmal daran dachte, dass ihr vielleicht erlaubt werden könnte, mir eine Nachricht zu übermitteln oder mich zu besuchen. Aber schon wenige Minuten nach ihrer Ankunft stand ein Wachmann vor meiner Tür und verkündete, dass ich Besuch hatte. Ich schnappte mir schnell die Styroporplatte, auf die ich für meinen nächsten Besuch einige Notizen „geschrieben" hatte.

Da ich keinen Stift und kein Papier hatte, hatte ich begonnen, die Styroporplatten, auf denen mir das Essen gebracht wurde, aufzubewahren. Mit meinen langen Fingernägeln begann ich, Wörter einzuritzen – Gebetslisten, Fragmente von Bibelversen, Fragen, die ich Norine stellen wollte, und Ermutigendes, das ich von ihr gehört hatte, damit ich es nicht vergessen und immer wieder lesen konnte. Was meine Fingernägel anging, so waren sie lang, weil die Wachleute sie mich sie nicht schneiden ließen.

. . . .

Ich versuchte, meine Gefühle die meiste Zeit über im Griff zu halten – mich darauf zu konzentrieren, die Haltung nicht zu verlieren. Aber als ich Norine sah, die Person, die mich liebte und mich tröstete, fiel meine Deckung zusammen und meine Gefühle sprudelten aus mir heraus. Ich konnte nicht anders. Und nach dem Schrecken der vergangenen zwei Tage empfand ich es noch stärker.

Norine und ich wussten beide, dass die Zeit knapp bemessen war, also sprachen wir schnell. Sie erzählte mir, dass der Anwalt sie vor einem Besuch gewarnt und ihr geraten habe, sich einige Tage zurückzuhalten, weshalb sie nicht zu Besuch gekommen war.

„Was ist mit deinem Visum? Ist es in Ordnung?"

Norine vermied es, meine Frage vollständig zu beantworten. Stattdessen erzählte sie mir von den beiden Gruppen, die sich nun für mich einsetzten, *Middle East Concern* und *ACLJ* – das *American Center for Law and Justice* mit Sitz in Washington, DC.

„Das MEC will den Ball flach halten", sagte Norine. „Sie wollen mit dem Briefeschreiben weitermachen, um auf diese Weise bei den türkischen Politikern Lobbyarbeit zu betreiben. Vielleicht ist das das Beste, was wir tun können, während wir auf die Präsidentschaftswahlen in den Staaten warten."

Unsere Zeit war fast schon um, aber ich hatte mir einen Plan ausgedacht, um an den Tagen mit Norine zu kommunizieren, an denen sie mich nicht besuchen konnte. Wenn sie oder unsere Freunde in der ersten Straße im Tal parkten, sollte es bedeuten, dass alles in Ordnung war. Wenn sie in der zweiten Straße parkten, gab es ein Problem. Ich sagte ihr, wie sie herausfinden konnte, welches Fenster meines war, und dass ich ein bestimmtes T-Shirt raushängen würde, um sie wissen zu lassen, dass ich immer noch dort und nicht verlegt worden war.

Das war eine große Erleichterung für sie. „Andrew, letzte Woche, als ich auf die Erlaubnis wartete, dich zu sehen, schrie ein Mann aus einem der Fenster – auf Englisch. Seine Stimme klang verzweifelt. Wenige Minuten später kam dann ein Polizeifahrzeug durch das Tor und fuhr weg. Ich habe versucht, zu sehen, ob du das bist, der auf der Rückbank sitzt, aber ich konnte es nicht erkennen. Ich war verzweifelt, weil ich keine Erlaubnis bekam, dich zu besuchen und zu sehen, ob du noch hier bist oder nicht."

Sie war von dem Ereignis ganz erschüttert gewesen und war anschließend jeden Tag zum Gefängnis gefahren, weil sie befürchtete, dass ich im System verschwunden sein könnte, und konnte sich erst wieder beruhigen, als sie eines meiner T-Shirts im Fenster sah.

Der Besuch endete wieder viel zu früh, und ich musste zurück in meine Zelle. Dort verfolgte ich mit meinen Blicken den Van, der die

Straße entlangratterte und dann genau dort anhielt, wo wir abgesprochen hatten. Unser Probelauf hatte funktioniert. Wir hatten es im Griff.

. . . .

Die erste Woche ging ohne Veränderung in die zweite über, und noch immer war ich den ganzen Tag in meiner Zelle eingesperrt. Ich zwang mich, etwas zu essen – als Gehorsam gegenüber Gott. Ich hatte das Angebot abgelehnt, zum Luftschnappen in den Hof gebracht zu werden. Wo wäre da der Sinn? Ich befand mich im Hochsicherheitstrakt, also war ich da draußen genauso allein wie in meiner Zelle.

Obwohl Harmandali ein modernes Gebäude war, wurde das Wasser oft abgestellt. Ich erhielt jeden Tag je einen halben Liter Wasser in einer Plastikflasche zum Mittag- und Abendessen. Diese Flaschen sammelte ich und befüllte sie mit Wasser, wenn einmal der Hahn funktionierte. Mit diesen hatte ich hin und wieder genug Wasser für eine Katzenwäsche beisammen. Und wenn der kleine Heizofen eingeschaltet war, stellte ich die Flaschen über Nacht neben den Ofen, damit das Wasser etwas weniger kalt war.

Am Ende der zweiten Woche erhielt ich die größte Ermutigung meiner bisherigen Zeit in Harmandali.

Es begann damit, dass ich den Besucherbereich betrat. Norine stand da und war bereit, mich zu umarmen. Aber sie war nicht allein. Neben ihr standen zwei liebe Freundinnen aus der Gemeinde, Koreanerinnen, die in der Türkei lebten. Ich war überrascht, sie zu sehen, aber Norine warf mir einen Blick zu, der mir sagte, ich solle einfach mitspielen.

Wir unterhielten uns und beteten miteinander, und als Norine mich irgendwann noch einmal umarmte, flüsterte sie mir zu, dass die Wachleute unsere Freundinnen hereingelassen hätten, weil sie dachten, sie seien den ganzen Weg aus Korea gekommen, um mich zu sehen, und nicht ein oder zwei Stunden von der Küste in Izmir. Sie hatten mir ein wenig Kimbap mitgebracht – die koreanische Version einer Sushi-Rolle, die ich absolut gerne esse.

„Sie haben hineingelegt, was du am liebsten hast", sagte Norine und zeigte im Inneren der Tasche auf die Papierschicht am Boden. Darunter konnte ich ganz schwach etwas Gedrucktes durchschimmern sehen. Wieder sah mich Norine mit ihrem Spiel-einfach-mit-Blick an, und nachdem wir uns verabschiedet hatten, eilte ich zurück in meine Zelle in der verzweifelten Hoffnung, dass mir erlaubt würde, die Tasche zu behalten.

Das durfte ich, und sobald die Tür verschlossen war, hob ich vorsichtig das Kimbap heraus. Am Boden war ein dünnes, kaum vierzig Seiten dickes Buch von Mike Bickle versteckt mit dem Titel: *Prayers to Strengthen Your Inner Man* (dt.: „Gebete zur Stärkung des inneren Menschen").

Sofort wurde mir klar, dass dieses Buch für mich wertvoller als Gold war – *es war Leben*. Endlich hatte ich ein paar Verse aus der Bibel, die ich lesen konnte, ein paar Gebete, die ich sprechen konnte, wenn meine eigenen Worte und Gedanken zu sehr von der Angst vernebelt waren. Ich hatte nun etwas, worauf ich meinen Tag aufbauen konnte. Und ich begann, jeden Nachmittag und Abend stundenlang von der Tür zum Fenster und wieder zurück zu gehen, die Verse zu rezitieren und mich von dem Buch zu meinen Gebeten inspirieren zu lassen. Und wenn ich es nicht mit dem Rücken zur Tür in Händen hielt, versteckte ich das Buch in meinem Kleiderstapel, in der Hoffnung, dass der Wachmann während der regelmäßigen oder stichprobenartigen Rauminspektionen nicht genug Interesse an mir hätte, um meine Unterwäsche zu durchsuchen.

Ich brauchte jede Hilfe, die ich bekommen konnte. Als die Tage vergingen und sich die Auswirkungen von zu wenig Schlaf und zu wenig menschlichem Kontakt summierten, fiel es mir immer schwerer, ruhig zu bleiben. Ganz gleich, wie sehr ich umherging und betete und über das nachdachte, was auf den Seiten meines kleinen Buches stand: Ich spürte, wie mir alles entglitt.

Immer wieder kamen mir Szenen aus meinen Jahren in Mexiko in den Sinn. Die Tage im Kindergarten waren nicht die einzigen schlechten Erinnerungen aus dieser Zeit. Wir waren die einzige amerikanische Familie in der Stadt, und zu allem Überfluss war ich auch noch ein Missionarskind, was mich zu einem doppelten Angriffsziel machte. Als ich in den unteren Klassen der Highschool war, wurde ich oft von Banden älterer Teenager gejagt, sogar von jungen Männern Anfang zwanzig, die lachten und schrien und alles, was sie fanden, nach mir warfen, während ich nach Hause rannte.

Ich lebte ständig in Angst, aber meine Mutter sagte immer, dass die Probleme, denen ich auf der Straße ausgesetzt war, mich nur stärker machen würden. Sie hatte zwar recht, sie haben mich tatsächlich stärker gemacht, aber auf eine das Herz verhärtende Art und Weise. Und noch schlimmer als das war, was diese Schwierigkeiten meinem Bild von Gott angetan haben. Ich begann ständig zu erwarten, dass Gott mich wieder in schwierige Situationen brachte, damit er mich härter machen konnte.

So war es nur eine Frage der Zeit, bis ich begann, zwischen Mexiko und Harmandali Parallelen zu erkennen. Ich war in beiden Fällen ein Ausländer. Ich war isoliert. Ich war eingesperrt. Ich wurde von meiner Familie ferngehalten. Und meine Respektsperson, die mich retten konnte – in diesem Fall nicht meine Eltern, sondern Gott – nutzte den Schmerz und die Angst vor dieser Erfahrung, um mich zu stärken.

. . . .

Eines Nachts lag ich in der Dunkelheit in meinem Bett und versuchte, all diese Gedanken zu ignorieren, als ich draußen im Korridor Schritte hörte. Das Licht in meiner Zelle ging flackernd an und ich wusste, dass an Orten wie diesen nachts nie etwas Gutes geschieht. Also hielt ich den Atem an.

Die Tür öffnete sich.

„Packen Sie alle Ihre Sachen ein", sagte einer der beiden Wachmänner, die hereinkamen. „Wir verlegen Sie."

„Nein", bettelte ich, „bitte, verlegen Sie mich nicht!"

Doch meine Worte konnten nichts ausrichten. Ich konnte nur das tun, was sie mir gesagt haben.

So schnappte ich mir meine Kleider und versuchte verzweifelt sicherzustellen, dass das Buch in meiner Unterwäsche versteckt blieb. Ich folgte den Männern in eine andere Zelle, die in einem höheren Stockwerk gelegen war. Sie war fast identisch mit meiner, nämlich auch eine Außenzelle mit einem Fenster, das auf den Parkplatz, auf die Hügel und die Straße, auf der Norine immer entlangfuhr, ausgerichtet war. Aber diese Zelle war besser. Es gab einen Lichtschalter an der Wand, und ich konnte sogar das Wachhaus sehen, durch das Norine kommen würde. Hatte ich gerade eine Beförderung erhalten? Ich nahm es erst einmal so an und begann, das Zimmer zu putzen und das Bett zu machen.

Eine Stunde später passierte dasselbe noch einmal. Schritte draußen im Korridor. Die Tür öffnete sich und die Wachleute sagten mir, ich solle aufstehen und gehen.

Diesmal brachten sie mich in meine alte Zelle zurück. Ich war total verwirrt, aber es war keine Zeit für Fragen und kaum Zeit, mich hinzusetzen und mich wieder an die Dunkelheit zu gewöhnen, denn es öffnete sich noch einmal die Tür.

Wieder wurde ich auf den Korridor hinaus und eine Treppe hinaufgeführt. Erneut stand ich vor einer Tür, während der Wachmann den richtigen Schlüssel herauskramte und aufschloss. Nur war die Zelle diesmal nicht auf der Seite des Gebäudes, die nach vorne hinausging. Es war eine innere Zelle, die zum Hof hin ausgerichtet war.

Mein Mut sank. Ich würde nicht mehr nach Norine Ausschau halten können und würde nicht mehr wissen, ob sie noch im Land war. Nun konnte sie mich nicht mehr ermutigen, indem sie unten im Tal parkte. Jetzt war ich noch stärker abgeschnitten.

Weil diesmal der leitende Wachmann mit auf dem Korridor stand, bat ich ihn, mir meine alte Zelle zu lassen, aber er ignorierte mich. Also konnte ich nichts anderes tun, als in die Zelle zu gehen und zuzuhören, wie sich die Verriegelung hinter mir schloss.

Ich lag auf dem Bett, zitterte und flüsterte die Frage, die aus dem tiefsten Schmerz in mir hochkam, in die Nacht: „Wo ist mein liebender Vater?"

Ich nahm an, dass ich die Antwort wüsste, nämlich dass Gott mich nur noch etwas härter machen wollte. Das war ein erschreckender Gedanke. Wie viel härter musste ich denn noch werden? Wie viel schlimmer mussten die Dinge erst noch werden, bevor Gott mich retten würde?

7
ATME EINFACH NUR

Am Morgen des 4. November 2016 lag ich wach und beobachtete, wie das graue Tageslicht langsam in meine Zelle drang.

Ich fühlte mich mehr denn je isoliert. Diese Zelle hatte zwar einen Lichtschalter und die Toilette funktionierte, aber das war mir wirklich egal. Ich fühlte mich buchstäblich krank. Schließlich stand ich auf und schlurfte durch die Zelle zum Spiegel. Ich stand davor und starrte den unrasierten, zerlumpten Mann an, der mich wiederum anschaute. Er sah so traurig und verstört aus, dass ich mich abwenden musste.

Bald darauf hämmerte ein Wachmann an die Tür. Als sie sich öffnete und ich in den Flur schaute, sah ich eine Gruppe von 50 oder 60 Menschen, die zusammengedrängt auf das Frühstück warteten. Ich ließ es aus, denn ich hatte nicht den Mut, meine Zelle zu verlassen. Aber als die Mittagspause kam, schloss ich mich ihnen an und fand einen Platz an einem leeren Tisch, wobei ich die verwirrten Blicke ignorierte, die mir einige Leute zuwarfen.

Irgendwann nach dem gemeinsamen Essen stellte ich fest, dass ich auf ein Stockwerk für Gefangene mit einer niedrigeren Sicherheitsstufe verlegt worden war, aber ich konnte nicht verstehen, warum. Zumindest nicht, bis ich später an diesem Tag aus meiner Zelle in einen Besucherraum gebracht wurde, in dem Robert saß, der Konsulatsbeamte.

„Es tut mir leid, dass ich so lange gebraucht habe, um Sie zu besuchen, Andrew. Sie haben mir gerade erst die Besuchserlaubnis erteilt."

Ich war so erleichtert, ihn zu sehen. Während meiner ersten Woche in Harmandali hatte mich ein Offizier gedrängt, eine Erklärung zu schreiben, die besagte, dass ich keine US-Beamten sehen wolle, doch ich hatte mich geweigert. Nach ein paar Telefonaten mit seinen Vorgesetzten hatte er erneut versucht, mich zu überreden. Aber ich hatte empört geantwortet: „Ihre Regierung hat mich schon einmal verschaukelt – ich werde Ihnen nicht noch ein zweites Mal vertrauen. Warum sollte ich so etwas schreiben? Das zeigt doch, was Ihre wahren Absichten sind."

Burak und Melih hatten mich in Isikkent belogen, was mich zu der Annahme verleitet hatte zu glauben, dass nur ein Treffen mit einem Anwalt uns für Monate dort festnageln würde. Das Schriftstück, das sie mich damals unterschreiben ließen und das besagte, dass ich nicht wollte, dass ein Anwalt gegen meine Abschiebung Berufung einlegt, wurde nun dazu benutzt, mich von jeglicher Rechtshilfe fernzuhalten, damit ich nicht gegen meine Inhaftierung Berufung einlegte. Danach habe ich keine Schriftstücke mehr unterschrieben.

Ich dankte Robert, sagte ihm aber, dass ich durch das, was vor sich ging, verwirrt sei.

„Ich weiß nicht, warum ich hier bin oder was die vorhaben", sagte ich und hatte damit zu kämpfen, meine Stimme nicht von meinen Gefühlen überwältigen zu lassen.

Er wollte gerade antworten, als sich die Tür öffnete. Ein Polizist trat ein, gefolgt von einem vorsichtig und zurückhaltend aussehenden Mann. Dieser stellte sich als Hasan vor und erklärte, dass er der Verwaltungsleiter sei.

Robert warf mir einen Blick zu, der mir nahelegte, ihm für eine Weile das Reden zu überlassen. Ich hörte zu, wie er darum bat, mir meine Brille zurückzugeben, und auch, ob er mir einige Bücher, einen Stift und Papier geben könnte, die Norine ihm mitgegeben hatte.

Der Polizist wurde starr. „Wir sollten erst Ankara fragen."

Ich spürte, wie mir die Gelegenheit entglitt, aber Hasan zuckte die Achseln und antwortete: „Das ist in Ordnung. Das sollte kein Problem sein."

Er streckte seine Hand nach den beiden Büchern aus, die Robert mitgebracht hatte, blätterte sie durch und nickte. „Geben Sie ihm die Bücher. Wie auch immer, es ist nicht wichtig."

Ich konnte kaum die Augen von meiner Bibel abwenden, und wie ein hungernder Mann bei einem Bankett hätte ich am liebsten sofort alles genommen, was ich irgendwie in die Hände bekommen konnte.

„Bitte", stotterte ich. „Ich möchte wirklich wieder an die Vorderseite des Gebäudes verlegt werden. Es tut mir gut, die Sonne sehen zu können. Es ist wärmer, und so kann ich die Uhrzeit ablesen. Es hilft mir ... auch psychologisch."

„Das werde ich mir überlegen", sagte Hasan leichtfertig im Hinausgehen.

Zurück in meiner Zelle stand ich vor dem Fenster und ließ mich von der kalten Brise umfangen. Ich wusste, dass ich mein Gebetbuch herausziehen und einige Zeit damit verbringen musste, die Heilige Schrift laut vorzulesen und zu beten, während ich durch den Raum ging, und ich war froh, endlich meine Bibel zu haben, aber ich steckte immer noch in derselben nach innen gelegenen Zelle fest.

Ich hatte eine ganze Weile ziellos aus dem Fenster gestarrt, bis ich bemerkte, dass sich mir gegenüber, auf der anderen Seite des Hofes, ein Büro befand. Dort war eine Lampe an und ich konnte Hasan sehen, den Mann, den ich gerade kennengelernt hatte.

Ich wusste, was ich zu tun hatte. Ich wusste, dass ich mich ruhig verhalten, ihn nicht belästigen oder etwas tun sollte, was ihn verärgern könnte, aber ich konnte mich einfach nicht zurückhalten.

„Entschuldigen Sie bitte", schrie ich, „Sir!" Er drehte sich zum Fenster und schaute zu mir herüber. „Bitte vergessen Sie mich nicht!"

Er nickte vage und drehte mir dann den Rücken zu.

Eine Stunde später öffnete sich meine Tür und zwei Wachmänner standen davor. „Kommen Sie", sagten sie. „Nehmen Sie Ihre Sachen mit."

Ich habe nicht gefragt, warum. Wenn sie mich an einen besseren Ort bringen würden, wäre das gut. Aber wenn mein Geschrei ein Fehler gewesen war und ich bestraft werden sollte, dann war es eben so. Ich hatte keine Macht, irgendetwas zu ändern.

. . . .

Die neue Zelle befand sich auf dem gleichen Stockwerk. Auch sie war für Insassen mit geringerer Sicherheitsstufe wie die vorherige, sodass ich die Beleuchtung selbst kontrollieren und mich im Spiegel betrachten konnte. Sie befand sich außerdem an der Vorderseite des Gebäudes, und sie lag höher als meine ursprüngliche Zelle, sodass ich nicht nur die Straße, sondern auch den Parkplatz und das Wachhaus am Tor sehen konnte.

Noch bevor die Tür hinter mir verschlossen wurde, begann ich, Folgendes in mein neues Notizbuch zu schreiben.

„Der gütige Gott, der sanftmütige Gott, der Gott, der sich um mein Herz kümmert." Das ist es, woran ich denke mit Tränen in meinen Augen, nach zwei oder drei schwierigen Tagen, die mein Herz wirklich auf die Probe gestellt haben – Tage, an denen ich erwartet habe, dass du mir die Dinge, die mir wichtig sind, wegnehmen, mich völlig berauben würdest, um mich hart und widerstandsfähig zu machen. Aber mein Herz schreit: „Ich will nicht hart sein! Ich möchte dein kleiner Junge sein..." Ich danke dir. Ich habe Stift und Papier, Bücher und eine Bibel. Ich habe meine Brille wieder. Das hier ist die beste Zelle, die ich je hatte – jetzt werde ich Norine leichter sehen können. Lass mich hier mit dem Wissen weggehen, dass du auf meinem Weg durch das Tal der

*Wölfe bei mir bist, und dass du selbst in Gegenwart meiner Feinde
Gutes für mich bewirkst.*

In meiner neuen Zelle war es nicht nur besser, auch Norine durfte
mich bald an den meisten Tagen besuchen. Und das nicht nur für 20
Minuten, sondern oft sogar für eine ganze Stunde. Es war eine dra-
matische Veränderung zum Positiven.

Wann immer Norine zu Besuch kommen durfte, brachte sie stets
Nachrichten mit, von denen sie hoffte, dass sie mich ermutigen würden: „Andrew, unser Gebet hat wirklich etwas bewirkt. Ich schreibe
vielen von deiner Situation und die wiederum verbreiten diese Neuigkeiten in ihren eigenen Netzwerken weiter."

Manchmal brachte sie Briefe von Freunden mit – Worte, von
denen sie hoffte, dass sie mich dazu inspirieren würden, nicht aufzugeben und aus diesem Prozess als Sieger hervorzugehen: „Singe wie
Paulus und Silas! Predige allen Menschen um dich herum! Genieße
diese Zeit, nur du und Gott!"

Ich verstand, warum sie so etwas schrieben, aber die Wahrheit war,
dass ich geistlich und emotional nur um mein Überleben kämpfte.
Wann immer ich meinen Mund zum Singen öffnete, würgte es mich.

Deshalb war ich dankbar, als ich diesen Brief mit den für mich
wertvollsten Ratschlägen erhielt: „Atme einfach nur. Halte deinen
Blick auf Gott gerichtet. Das ist alles – mehr wird nicht erwartet.
Atme einfach nur und du wirst durchkommen."

Das war genau das, was ich brauchte.

. . . .

Es war gut zu hören, dass sich zahlreiche Kongressabgeordnete in der
Heimat an die US-Botschaft in Ankara gewandt und sie zum Handeln
aufgefordert hatten. Aber ich war besorgt, dass die Zeit knapp würde.
Die Arbeit, die Norine und ich in all den Jahren in der Türkei geleistet

hatten, war für amerikanische Verhältnisse eher klein, und wir hatten zu Hause kaum ein nennenswertes Ansehen. Sicherlich würde es nicht lange dauern, bis das Interesse der Menschen zu einer anderen beachtenswerten Krise abdriftete, oder sie hörten einfach auf, einen eingesperrten Pastor zu bemitleiden, und kehrten zu ihrem normalen Leben zurück.

Das war nicht die einzige Uhr, die tickte. Norines Visum sollte am 10. November ablaufen, und diese Realität hing seit unserer Trennung wie ein Damoklesschwert drohend über mir. Sie war die einzige Person, die mich besuchen durfte. Der Gedanke, dass sie gezwungen würde, das Land zu verlassen, plagte mich ständig. Ich betete stundenlang und flehte Gott an einzugreifen, weil ich das Gefühl hatte, er sei ein Richter, der kurz davor war, sein Urteil zu fällen. Als die Frist näher rückte, gab es viel Hin und Her, aber nichts Handfestes. Aus diesem Grund kam sogar meine Mutter ein paar Tage vor Ablauf des Visums aus den Staaten angereist, um vor Ort zu sein, falls Norine sofort ausreisen musste. Nach ein paar Besuchen durfte sie mich jedoch nicht mehr sehen und wartete auf dem Parkplatz, bis ich meinen Arm zwischen den Gitterstäben herausstreckte, um ihr zu winken.

Doch in letzter Minute erfuhr Norine, dass sie im Land bleiben durfte.

Ich war froh, als sie es mir sagte, aber innerhalb eines Tages war ich bereits wieder am Boden. Ich hatte mit vielen Glaubensfragen zu kämpfen, mit der Angst, dass die Leute mich vergessen könnten, mit dem Verdacht, dass ich immer tiefer in das türkische Justizsystem hineingezogen werden würde, damit Gott mich noch etwas härter machen könnte.

Selbst das Essen mit den Flüchtlingen war entmutigend. Es hatte sich herumgesprochen, dass ein Amerikaner unter ihnen war, und so fragten sie überrascht: „Was machst du hier?"

Was konnte ich da sagen? Es war schmerzvoll, überhaupt zu versuchen, es zu erklären, und ich kam oft niedergeschlagen in meine Zelle zurück. Die meisten von ihnen hatten noch nie einen Pastor kennengelernt, und sie waren neugierig. Obwohl nur sehr wenige von ihnen Englisch oder Türkisch sprachen, betete ich für sie, half auf jede erdenkliche Weise und beantwortete Fragen zu meinem Glauben. Ich sprach davon, dass Gott gütig und liebevoll ist, dass er ein Vater ist, der seine Kinder liebt. Aber der Zweifel hatte kleine Risse in meinem Herzen hinterlassen. Ich war nicht so zuversichtlich, wie ich klang, nicht so zuversichtlich, wie ich es sein wollte.

. . . .

Eines Nachmittags, als ich gerade in mein Tagebuch geschrieben hatte: „Wo bist du, mein Hirte?", hörte ich das Klingeln von Glöckchen, das verkündete, dass gerade die Schafherde vorbeikam, die oft vor dem Gefängnis graste. Also ging ich zum Fenster hinüber, um zu sehen, wie die Schafe ohne Hirten, nur vom Schäferhund begleitet, den Hügel hinaufliefen.

Wie ironisch! Dieser Anblick grub sich mir ins Herz. Wo war mein Hirte?

Je mehr Zeit verging, desto schwieriger war es, der Versuchung zu widerstehen, Gott auf die Probe zu stellen.

In meinen ersten Wochen in Harmandali hatte ich Gott um drei Dinge gebeten: Norine öfter zu sehen, dass sie nicht abgeschoben wird und dass er mich bis Weihnachten nach Hause bringt, weil meine Tochter dann heiraten wollte. Er hatte mir die ersten beiden Bitten gewährt, aber was war mit der dritten?

Eines Tages setzte ich mich hin und schrieb:

Wenn ich das verpasse, werde ich bitter enttäuscht sein, ich werde ein gebrochener Mann sein – und du wirst daran schuld sein. Ich fürchte mich davor, was mit meinem Vertrauen in dich geschehen wird. Am Ende stehst natürlich nicht du vor Gericht. Ich weiß, dass dies im Licht der Ewigkeit trivial ist. Aber es wird mich mit Schmerz und tiefem Verlust erfüllen. Wie wird mein Herz das überstehen?

Ich meinte jedes Wort so, das ich geschrieben habe.

Stunden später empfand ich es jedoch anders. Deshalb betete ich und bereute, was ich geschrieben hatte. Wer war ich denn, dass ich Gott auf die Probe stellte? Stattdessen nahm ich mir Folgendes vor: *Ich will alle von mir an Gott gestellten Bedingungen aus meinem Herzen entfernen, die er erfüllen oder auch abschlagen wird.*

. . . .

An dem Tag, an dem Norine wieder einmal zu Besuch kommen wollte, blickte ich gerade aus dem Fenster, als sie über den Parkplatz ging. Sie wartete wie üblich am Tor auf die Erlaubnis des Wachmanns, aber aus irgendeinem Grund durfte sie diesmal das Gefängnis nicht betreten. Ich konnte nicht hören, was sie sagte, aber ihre Körpersprache machte deutlich, dass sie sehr enttäuscht war. Das Tor blieb geschlossen.

Ich sah, wie sie ein paar Schritte zur Seite ging und auf die Knie fiel. Ich wusste, dass sie es als Zeichen dafür tat, dass sie für mich betete, aber als ich sie dort auf dem Asphalt vor einem verriegelten Tor knien sah, spürte ich trotzdem, wie eine unbändige Wut in mir aufstieg.

Ich war tagelang wütend – wütend auf den Direktor, wütend auf den Wachmann und wütend auf die Türkei, weil sie mich auf diese Weise gefangen hielt und meiner Frau so viel Schmerz zufügte.

Eines Tages, als ich gerade in meiner Zelle umherging, brachen diese Worte ohne Vorwarnung aus meinem Mund: „Existierst du überhaupt, Gott?"

Ich begann zu weinen. Ich hatte versagt.

Wie konnte ich nur so tief fallen? Wie konnten mir solche Zweifel in den Sinn kommen? Ich wusste, dass Gott an meinem Leben Anteil hatte, aber diese Zweifel waren so heftig.

„Papa! Rette mich", betete ich. „Ich fürchte mich vor meinem eigenen Verstand und meinen Gedanken." Und ich beschloss, dass es für mich unabdingbar war, für mich selbst einige sehr grundlegende Wahrheiten zu formulieren.

Also verkündete ich an jedem Tag meine tiefsten Überzeugungen: „Gott, du existierst. Du liebst mich, und du bist hier bei mir. Ich bin ein Gefangener um des Evangeliums von Jesus Christus willen. Ich leide für Jesus, und das gibt meinem Leid eine Bedeutung. Das ist kostbar für Gott, und er wird mir ewigen Lohn geben."

Ich fügte außerdem hinzu: „Irgendwann wirst du mich retten, denn du hast gesagt: ‚Es ist Zeit, nach Hause zu kommen.'"

Bis dahin hatte ich Gott schon oft an diesen Satz erinnert, und inzwischen hielt ich es für ein Versprechen. Ich klammerte mich daran fest und hoffte verzweifelt, dass es bald erfüllt werden würde.

. . . .

Eines der Bücher, die ich hatte behalten dürfen, erzählte die Geschichte des Grafen Zinzendorf, eines deutschen Missionars aus dem 18. Jahrhundert. Eines Tages befand er sich auf einem Schiff, das in einen schrecklichen Sturm geriet – einen Sturm, der so heftig war, dass der Kapitän den Passagieren mitteilte, dass das Schiff innerhalb von zwei Stunden auf dem Meeresgrund liegen würde.

„Nein", sagte Graf Zinzendorf. „Innerhalb von zwei Stunden wird der Sturm vorbei sein und alle werden in Sicherheit sein."

Der Kapitän hatte sich geirrt. Der Graf hatte recht. Als der Kapitän ihn fragte, woher er das gewusst hatte, erklärte Graf Zinzendorf, dass er schon seit seiner Kindheit die Stimme Gottes tief in seinem Herzen hören konnte.

Diese Geschichte hat sich in meinem Kopf festgesetzt.

Wie kam es, dass Graf Zinzendorf sich mitten in einer so belastenden Erfahrung befinden und trotzdem Gott so deutlich hören konnte? Und warum hatte Gott nicht auf diese Weise zu mir gesprochen?

Ganz unerwartet kam mir daraufhin der Gedanke in den Sinn: *Siebzehn Tage.*

„Warte mal, was?", betete ich. „Sagst du das gerade, Gott? Ist es möglich, dass du gerade mit mir sprichst?"

Sofort kam mir ein zweiter Gedanke in den Sinn. *Ich werde es bestätigen.*

In dieser Nacht konnte ich nicht schlafen, denn ich musste immer wieder daran denken, dass in siebzehn Tagen der 12. Dezember war. Am nächsten Tag las ich jede Nachricht durch, die Norine mir mitgebracht hatte, um zu sehen, ob die Zahl darin auftauchte. Außerdem durchsuchte ich die Bibel, aber es schien, dass es nur wenige siebzehnte Verse gab, die gemeinhin zitiert wurden. Ich war verzweifelt und gleichzeitig total begierig, hinter den Sinn dieser Eingebung zu kommen. Wenn ich mich geirrt hätte, wäre es eine schreckliche Enttäuschung. Aber wenn ich recht hätte und Gott wirklich zu mir gesprochen hatte, würde ich Weihnachten zu Hause sein.

Als Norine einige Tage zu Besuch kam, sah sie recht zögerlich aus. „Was ist los?", fragte ich.

„Jemand aus der Gemeinde sagte, sie glauben, dass du bald entlassen wirst."

Ich versuchte, meine Stimme ruhig zu halten, als ich fragte: „Oh, haben sie gesagt, wann?"

„Am 12. Dezember."

Meine Vorfreude wurde immer größer.

Ein paar Tage später stieg sie erneut sprunghaft an, als Norine zurückkam und mir von einer E-Mail erzählte, die sie von einem Freund in Belgien erhalten hatte. Darin hatte er Norine berichtet, dass er einen Traum gehabt hatte, in dem ich in zwölf Tagen entlassen wurde.

„Norine", sagte ich, als ich mir die E-Mail ansah, „er hat sie gestern, am 30. November, abgeschickt. Das bedeutet am 12. Dezember."

Sie lächelte und hielt mich noch fester. „Lass uns versuchen, es gelassen anzugehen, mein Liebster."

8
DER WOLF

Einige Zeit lang hatte ich fast schon Frieden gefunden.
Fast.

Aber bereits kurze Zeit, nachdem ich mich von Norine wieder hatte verabschieden müssen, konnte ich meine alte Angst erneut spüren. Ja, jetzt hatte ich etwas, worauf ich hoffen konnte, aber was wäre, wenn es nicht passierte? Was wäre, wenn ich tatsächlich nicht auf die Befreiung zusteuerte, sondern auf das, was mir das Herz brechen würde? Konnte ich wirklich so sicher sein, dass Gott mich nicht wieder zermalmen würde?

Je näher der 12. Dezember kam, desto mehr Stress empfand ich. In der Schlacht eröffnete sich eine neue Front, und jeden Tag konzentrierte ich mich darauf, mich durch meine Angst hindurchzukämpfen, um einen Ort zu erreichen, an dem ich mich dem hingeben konnte, was Gott für mich vorgesehen hatte. So schwierig es auch war, wusste ich, dass es lebenswichtig war. Und ich wusste, dass ich nicht in der Lage war, meine Gefühle zu ändern. Ich brauchte Gott, er musste mir helfen.

Ich wollte bereit sein für alles, was Gott wollte. Wollte Ja sagen zu ihm, auch wenn das bedeutete, dass ich länger in Harmandali bleiben musste, damit Gottes Pläne vollständig umgesetzt wurden.

„Ich unterwerfe dir meinen Willen", erklärte ich immer wieder. „Möge dieser Kelch an mir vorübergehen, aber ich unterwerfe dir meinen Willen. Schau nicht auf meine Gefühle, sondern auf meine Worte."

Jeden Tag war es derselbe Kampf. Erst wenn ich endlich diesen Ort des relativen Friedens und der Kapitulation erreicht hätte, würde ich mir gestatten, über das Leben nach der Entlassung nachzudenken. Ich schrieb auf, welche Änderungen in meiner Einstellung gegenüber Menschen in schwierigen Situationen die letzten zwei Monate hervorgerufen hatten.

Ich werde demütiger sein, ich werde sanftmütiger mit den Leidenden umgehen oder mit denjenigen, die Zweifel haben, ich werde mit mehr Bedacht reden...

. . . .

Am 8. Dezember lag ich kurz vor Mitternacht im Halbschlaf im Bett, als eine Wärterin in mein Zimmer kam.

„Holen Sie Ihre Sachen. Sie werden abgeschoben."

Für einen kurzen Moment war ich begeistert. Ja, es war vier Tage zu früh, aber ich hatte bereits gelernt, wie langsam die Mühlen der türkischen Justiz mahlten. Vielleicht war dies der Beginn meiner Freilassung, der Anfang vom Ende.

Ich stand auf und fing an, meine Kleider zusammenzupacken, dann hörte ich auf. Irgendetwas stimmte nicht. Warum sollten Sie mich um Mitternacht abholen? Ich hatte bereits mitbekommen, wie andere Leute aus Harmandali deportiert worden waren, und alle waren am Abend freigelassen und über Nacht nach Istanbul gebracht worden, damit sie früh am nächsten Tag ausgeflogen werden konnten.

Also fragte ich: „Werde ich wirklich abgeschoben? Sind Sie sich da sicher?"

Sie zuckte mit den Achseln.

Ich legte das T-Shirt hin, das ich gerade in der Hand hielt. „Würden Sie sich bitte erkundigen? Wenn ich abgeschoben werde, werde ich viel von diesem Zeug hierlassen. Aber wenn ich verlegt werde..."

Meine Stimme versagte, und die Wärterin verschwand.

Als sie zurückkam, ging ich gerade im Raum umher.

„Ich bin nicht sicher, ob Sie abgeschoben werden, aber wir verlegen Sie." Sofort kehrte meine Panik zurück. Mein Herz raste, meine Gedanken schwirrten in meinem Kopf herum. „Was ist los?"

Sie sagte, sie wisse nicht mehr als das, was sie mir bereits gesagt hatte.

„Packen Sie einfach."

Ich schaute mich um. In den sieben Wochen, die ich in Harmandali war, hatte Norine mir fast alles bringen dürfen, was ich verlangt hatte, vor allem seit dem Besuch des amerikanischen Konsuls. Ich hatte Decken und ein Kissen, Toilettenartikel, Kleidung, Feuchttücher zum Reinigen der Zelle und mehrere Bücher, Stifte und Blätter. Es war mehr, als ich in meinem Rucksack unterbringen konnte. Als ich gerade herauszufinden versuchte, wie ich das Problem lösen sollte, kamen zwei weitere Wachen.

„Wir wissen nicht, wohin Sie gehen, aber wir wissen, dass Sie gehen. Also nehmen Sie alles mit."

Was auch immer vor sich ging, es klang nicht gut. Ich spürte, wie ich wieder innerlich zusammenbrach und in Panik darüber geriet, ob ich irgendwo in einer Kellerzelle landen würde. Und wie sollte Norine erfahren, wo ich war? Sie hatte mich schon einmal gefunden, aber wie lange würde es dieses Mal dauern?

Die drei Wachen drängten mich nach draußen, und ich stolperte nach unten, mein Rucksack quoll über mit Papieren und Kleidung, meine Arme waren mit Decken beladen. Als ich dann die beiden bewaffneten Männer in Zivil an der Rezeption warten sah, wusste ich, dass ich in echten Schwierigkeiten steckte. Einer von ihnen, ein Mann in den Fünfzigern, erzählte mir, dass sie von der Polizei seien, während der jüngere Typ – er trug enge Jeans, eine Lederjacke und grinste höhnisch – mir sagte, dass sie dort seien, um mich zu verhaften.

Bevor ich ihm sagen konnte, dass ich bereits unter administrativer Haft stand und auf meine Abschiebung wartete, stieß er mich mit einem Finger an und sagte: „Sie stehen jetzt unter richterlichem Arrest."

Sie ließen mich alles, was ich hergetragen hatte, auf den Schreibtisch ausleeren, und der junge, höhnisch grinsende Polizist bellte mir seine Befehle zu, genau wie der grauhaarige Direktor damals, als ich in Harmandali angekommen war. „Nehmen Sie diese Tasche! Packen Sie etwas Unterwäsche hinein. Packen Sie auch ein paar Socken hinein. Und eine Zahnbürste, aber das ist alles. Lassen Sie den Rest hier!"

Ich war wieder ganz benommen. Zu geschockt, um etwas zu sagen, zu ängstlich, um überhaupt zu denken.

Ich griff nach einer zusätzlichen Hose und dem bunten T-Shirt, das ich immer für Norine im Fenster aufgehängt hatte.

„Nein! Ich sagte, Sie haben genug. Sie nehmen nichts anderes mit."

Die Wachen brachten eine Schachtel mit dem Rest meiner Besitztümer heraus, die sie mir vorenthalten hatten – meinen Pass, etwas Geld, um ein Flugticket zu kaufen, wenn ich entlassen würde, meine Uhr, das kleine Kreuz, das Norine mir an dem Abend hinterlassen hatte, als sie aus Isikkent entlassen wurde. Es war klein genug, um es in einer Hand zu verstecken, und ich dachte über den Vers nach, der darauf geschrieben stand: *Das eine aber wissen wir: Wer Gott liebt, dem dient alles, was geschieht, zum Guten.*

Die Worte hatten sich für mich noch nie so fremd angefühlt.

Ich wandte mich an den älteren Polizisten. „Bitte, wird jemand meine Frau anrufen und es ihr sagen? Sie weiß es nicht."

Ich gab ihm die Nummer und er rief sie direkt an. Ich betete, dass Norine abheben würde, aber es kam keine Antwort. Schließlich zuckte er die Achseln, beendete den Anruf und nickte dem jüngeren Beamten zu, damit er meine Akte mitnahm, die auf dem Tisch lag.

„Gehen wir", sagte er und zeigte auf das Auto, das draußen wartete.

Mir wurden hinten im Auto keine Handschellen angelegt, aber als ich neben dem jüngeren Beamten saß, hatte ich keinen Zweifel daran, dass ich ein Gefangener war. Die beiden Beamten ignorierten mich während des kompletten Rückwegs nach Izmir, und als ich den üblichen Besuch in dem mir bereits bekannten Krankenhaus absolvierte, um zu bestätigen, dass ich nicht gefoltert worden war, hielten sie sich eng an meiner Seite. Besonders tragisch war dabei, dass ich dort nur wenige Minuten von meinem Zuhause, von meiner schlafenden Frau entfernt war.

Zurück im Auto fuhren wir nur einige Häuserblocks weiter und hielten vor einem mir bekannten Gebäude. Es lag direkt gegenüber von unserem alten Kirchengebäude, und ich war bei seiner Renovierung schon oft daran vorbeigegangen. Ich wusste damals nicht, wofür das Gebäude genutzt wurde, aber als wir nun vor den verschlossenen Metalltoren warteten, während der ältere Polizist wiederholt auf sie einschlug, sah ich das Schild. Sie hatten mich zum neuen Zentrum der Antiterrorpolizei gebracht.

Nachdem wir hineingelassen worden waren, dauerte es zwei Stunden, um meine Personalien aufzunehmen und mich in die Kellerzelle zu bringen, vor der ich mich schon die ganze Zeit gefürchtet hatte.

Die Gitterstäbe auf der Vorderseite der Zelle verliefen vom Boden bis zur Decke. Um die drei Wände herum war ein schmaler Betonvorsprung, gerade breit genug, um darauf zu sitzen, aber zu schmal, um sich darauf zu legen. Es gab kein Bett, keine Matratze, kein Waschbecken und keine Toilette.

Es war zu dunkel, um zu sagen, wer sich in den gegenüberliegenden Zellen befand. Es war zu kalt und zu ungemütlich, und mein Herz raste viel zu schnell, als dass ich hätte schlafen können. Alles, was ich tun konnte, war, in eine Decke gewickelt auf dem Betonboden zu liegen und Gott schweigend anzuschreien.

Gott, was machst du? Was lässt du geschehen? Ich sollte eigentlich am zwölften Tag entlassen werden, aber nun bin ich hier in diesem

Kerker. Wie lange wird es dauern, bis Norine mich findet? Was wird mit mir geschehen?

. . . .

Es ratterte bereits der Morgenverkehr über die Straße droben, als ich aus meiner Zelle geholt wurde. Ich war orientierungslos und konnte wegen der Kombination aus fehlendem Schlaf und zu viel Adrenalin nicht mehr klar denken. Aber ich tat, was mir gesagt wurde. Ich stieg auf Anweisung in den vor dem Gebäude wartenden Wagen und gab dem Beamten während der Fahrt Norines Mobilfunknummer.

„Holen Sie Ihren Anwalt", befahl er ihr. „Er wird jetzt gerade ins Gerichtsgebäude von Izmir gebracht, um dort vom Staatsanwalt verhört zu werden."

Ich konnte nicht hören, was Norine darauf antwortete, und der Beamte hörte auch gar nicht zu, sondern legte einfach auf. Der Rest der Fahrt verlief schweigend.

Sobald ich das Gerichtsgebäude betrat und auf den Gang vor dem Büro eines Staatsanwalts namens Berkant Karakaya eskortiert wurde, konnte ich die Anspannung spüren. Neben den beiden Polizeibeamten, die mich eskortiert hatten, waren mehrere Männer mit Maschinenpistolen anwesend – Leibwächter von Karakayas Chef, dem Chefankläger Okan Batu.

Ich hatte noch nie von ihm gehört, aber ich kannte den Ruf des Amtes. Das ungläubige Izmir mag zwar die Heimat der türkischen Opposition gewesen sein, aber dies war genau der Ort, an den ein ehrgeiziger Staatsanwalt kommen und sich einen Namen machen konnte, indem er die bei der Regierung unbeliebten Personen aggressiv verfolgte.

Ich stand da, müde und still, und wartete. Eine Zeit lang erlaubte ich mir die Vorstellung, dass dies die letzte Wendung sein könnte, bevor ich entlassen wurde. Je mehr ich darüber nachdachte, desto mehr glaubte ich, dass meine Freilassung bald stattfinden würde. Schließlich war ich Bürger eines NATO-Verbündeten, wurde bereits 63 Tage lang ohne Zugang zu einem Anwalt festgehalten und hatte nur zwei Besuche eines Konsulatsbeamten erhalten.

Politiker in den USA und anderen Ländern hatten um meine Freilassung gebeten – darunter Senator Bob Corker, der sich mit dem türkischen Botschafter in Washington, D. C. getroffen und ihm einen Brief an Präsident Erdogan übergeben hatte. Dieser Brief war von 17 Senatoren unterzeichnet worden und forderte ihn zum Handeln auf. Erdogan hatte in den vergangenen Monaten immer wieder seinem Ärger Luft gemacht und nach seiner Wahl Präsident Obama beleidigt, aber war es nicht an der Zeit, sich mit den USA zu versöhnen, da der neue gewählte Präsident Trump nur noch wenige Wochen vor seiner Amtseinführung stand?

Mir schien es, dass diese ganze Sache für die Türkei peinlich werden konnte. Wäre es da nicht viel einfacher für sie, wenn sie mich einfach in aller Stille loswürden? Und wenn es das war, was sie wollten, was gäbe es Besseres, als mich vor einen harten Ankläger zu stellen, mich von ihm befragen zu lassen und anzuerkennen, dass es keinen Grund gab, mich festzuhalten, und mich nach Hause zu schicken?

„Andrew!" Ich schaute auf und sah von Weitem Norine im Gang auf mich warten. Es waren zu viele Männer mit zu vielen Waffen zwischen uns, als dass sie hätte näher kommen können, aber sie stand dort, legte ihre Hand auf ihr Herz und versuchte zu lächeln. „Gott wird dich hier rausholen!"

Bevor sie noch etwas sagen konnte, wurde ich in Karakayas Büro gebracht. Eine türkische Frau saß neben mir und stellte sich als Suna vor, die Anwältin, die Norine für mich besorgt hatte. Sie hatte einen durchdringenden Blick, den sie beim Sprechen durch den Raum schweifen ließ.

Es standen uns nur etwa zwei Minuten zur Verfügung, in denen sie mir erklären konnte, was passieren würde. Sie zeigte auf meinen

Ankläger und erklärte, dass er derjenige sei, der mir Fragen stellen würde.

In dem Augenblick, in dem Okan Batu hereinkam und sich neben seinen Stellvertreter setzte, wurde der Raum still. Nicht nur ruhig oder gedämpft, sondern die Art von Stille, die einem Angst macht, überhaupt zu atmen.

Türken – insbesondere Nationalisten – identifizieren sich gerne mit Wölfen. Es ist nicht ungewöhnlich, dass Fußballfans und Straßendemonstranten ihre Ring- und Mittelfinger mit ihren Daumen wie eine Wolfsschnauze einklemmen, wobei der Zeige- und der kleine Finger wie die Ohren des Wolfes nach oben ausgestreckt werden. Okan Batu war in diesem Raum der Alpha-Wolf, dem sie alle gehorchen würden.

Alle Augen waren auf Okan Batu gerichtet, und seine Augen – erfüllt von reinem Hass – waren auf mich gerichtet.

„Andrew Brunson", sagte mein Ankläger. „Sie haben im Oktober 2013 eine Rede gehalten, in der Sie Fethullah Gülen lobten."

Ich brauchte einen Moment, um das zu verarbeiten, was gerade gesagt worden war. Wie jeder in der Türkei hatte ich von Fethullah Gülen gehört, dem im Exil lebenden Chef der Gülen-Bewegung – einer islamistischen Gruppe, die in über 170 Ländern Schulen gegründet hatte. Gülen und Erdogan waren viele Jahre lang so eine Art Verbündete gewesen, aber als Polizei und Staatsanwaltschaft 2013 eine Korruptionsuntersuchung durchführten, die Menschen in Erdogans Nähe, darunter auch seinen Sohn, in die Falle lockte, ging Erdogan auf den Kriegspfad gegen alle, die mit Gülen in Verbindung gebracht wurden. Drei Jahre später wurde Fethullah Gülen beschuldigt, hinter dem gescheiterten Putsch gegen Erdogan zu stehen, und seine Anhänger machten den Großteil der Zehntausende von Menschen aus, die zusammengetrieben und weggesperrt worden waren.

Ich konnte mich nicht an meinen Predigtplan von 2013 erinnern, aber ich wusste genau, dass ich weder Fethullah Gülen noch seine

Bewegung jemals gelobt hatte. Ich versuchte, meine Stimme zu beruhigen und den Blick auf Okan Batu zu vermeiden, als ich antwortete: „Ich habe in meinem Leben noch nie einen Gülenisten getroffen, Sir. Und ich habe mich nie für sie eingesetzt. Bitte sagen Sie mir, bei welchem Treffen ich war, als ich das angeblich gesagt habe."

Zu diesem Zeitpunkt hatte ich bereits seit Jahren Türkisch gesprochen, und die Leute hatten nie Probleme gehabt, mich zu verstehen, aber ich hätte genauso gut Kauderwelsch reden können. Er starrte mich an, fuhr dann mit seinen Fragen fort und ignorierte meine.

„Waren Sie jemals im Verlagsgebäude der Zaman?" Das war eine gülenistische Zeitung.

„Ich war noch nie dort. Ich weiß nicht einmal, wo das ist."

„Haben Sie auf Kurdisch gepredigt?"

„Nein! Ich spreche kein Kurdisch. Ich unterstütze den kurdischen Separatismus nicht und ich glaube an die Unteilbarkeit des türkischen Landes."

Nach einer Pause sprach Okan Batu. „Was meinen Sie damit?"

Jeder wusste, was ich meinte. Die Unteilbarkeit des Landes ist ein heißes Thema in der Türkei, in der die PKK, die kurdische Separatistengruppe, seit Jahren für ihre Autonomie kämpft. Ich war ehrlich gewesen, als ich sagte, dass ich das in keiner Form unterstützte.

Doch das war Okan Batu nicht gut genug, und seine Augen glühten noch heftiger, als er sagte: „Es ist nicht nur das Land, das vereint werden muss, sondern auch alles andere, was zu Spaltungen unter den Türken führen könnte."

Da wusste ich, dass ich in Gefahr war. Er sprach von mir als Missionar und stellte mich auf eine Stufe mit den Kräften, die versuchten, sein Heimatland zu destabilisieren. Meiner Meinung nach konnte das Christentum für die Türkei nur Gutes bedeuten. Für einen Mann wie Okan Batu aber, einen nationalistischen Muslim, der entschlossen war, alle äußeren Kräfte abzuwehren, machte mein Glaube mich zu einem klaren Feind.

„Bitte, lassen Sie mich nach Hause gehen. Ich habe nie etwas getan, um der Türkei zu schaden. Ich wurde verhaftet, damit ich abgeschoben werden könnte. Bitte, lassen Sie mich in die USA zurückkehren."

Mein Ankläger hielt eine Hand hoch. „Nein", sagte er leise. „Ich denke, es gibt genug Gründe, Sie in Haft zu behalten, während wir unsere Untersuchungen fortsetzen."

Suna wandte sich zu mir um und sah dabei grimmig drein.

Ich flüsterte ihr zu: „Sie werden mich ins Gefängnis stecken, nicht wahr?"

Sie war keine, die falsche Hoffnungen machte. „Sie werden dem Richter vorgeführt, also gibt es noch eine Chance. Aber ja, er wird Sie ins Gefängnis schicken."

Fast unverzüglich wurde ich in einen anderen Gang vor ein Richterbüro gebracht, um dort zu warten. Norine fand mich, und obwohl wir durch zwei Glastüren getrennt waren, stand sie die ganze Stunde, die ich wartete, dort, wo ich sie sehen konnte. Als ich meine Hand auf mein Herz legte, tat sie dasselbe. Das war unsere Art zu sagen: „Ich liebe dich."

Schließlich wurde ich vor den Richter geführt, der mich ansah und die Stirn runzelte. „Was haben Sie zu Ihrer Verteidigung zu sagen?"

„Ich weiß, welche Fragen mir gerade gestellt worden sind, aber es wurde keine formelle Anklage erhoben. Wie kann ich mich verteidigen, wenn ich nicht einmal weiß, welche Anklage gegen mich erhoben wird?"

Der Richter musterte mich mit herablassender Gleichgültigkeit an.

„Bitte", bettelte ich, „ich habe nichts getan. Bitte, schicken Sie mich einfach nach Hause."

Er aber schaute weg und befahl: „Schicken Sie ihn ins Gefängnis."

. . . .

Ich wurde zurück in den Gang gebracht, um dort zu warten, während sie entschieden, in welches Gefängnis ich geschickt werden sollte. Norine war da, jenseits der Glastüren, wieder die Hand auf ihrem Herzen. Meine Mutter war mittlerweile auch angekommen, und beide waren blass vor Schreck und ihre Gesichter bedrückt vor Sorge. Meine Mutter hielt ihre Arme vor sich und schaukelte sie von einer Seite zur anderen, als ob sie ein Baby halten würde. Einige der Leibwächter und Polizisten, die bei mir standen, zeigten auf sie und verspotteten sie.

Der Lärm um mich herum, das Gedränge und das Lachen der Menschen, das alles blendete ich aus, als ich hörte, wie mir jemand sagte, dass sie mich nach Sakran schicken würden, aber der Name sagte mir nichts. Ich verspürte nur diese Panik, diese Angst, diesen Schmerz, meiner Frau so nahe zu sein und sie dennoch nicht berühren zu können.

Die beiden Polizisten, die den ganzen Tag über an meiner Seite gewesen waren, brachten mich den Gang hinunter in Richtung Treppenhaus. Ich drehte mich um, um zu schauen, ob Norine und meine Mutter hinterherkamen.

Einer der Beamten bemerkte das und hielt an. „Nur zu“, sagte er und zeigte auf Norine. „Sie haben eine Minute.“

Ich spürte, wie Norine ihre Arme um mich legte, und ich klammerte mich an ihren Hals. Sofort begann ich zu weinen und sagte unter Tränen: „Sie schicken mich ins Gefängnis, Norine. Bitte geh an die Öffentlichkeit und kämpfe für mich.“

„Ich werde für dich kämpfen. Am Montag soll ein weiteres Gesuch eingereicht werden. Es ist der Zwölfte. Wir werden Berufung einlegen, und vielleicht lassen sie dich dann frei, mein Liebster. Der Zwölfte, erinnerst du dich?“

Der Zwölfte? Das alles schien zu einem anderen Leben zu gehören.

Nun kamen die Tränen schneller. Es fiel mir schwer zu sprechen, und die Worte blieben mir im Mund stecken, vermischt mit Tränen und dem verzweifelten Schnappen nach Luft. „Norine, ich komme ins Gefängnis … ich komme ins Gefängnis."

Dann zog mich der Polizist fort. Ich konnte noch ein letztes Mal zurückschauen, bevor wir um die Ecke gingen, und dann war ich weg. Sie führten mich an den Kellerzellen vorbei, fotografierten mich erneut und nahmen wieder Fingerabdrücke von mir. Dann setzten sie mich wieder hinten in einen Polizeiwagen.

Ich saß da, fassungslos über alles, was gerade geschehen war. Der Wolf hatte mich gefangen.

TEIL DREI

9
DIE ERSTE NACHT

In dem Moment, in dem die Autotür zugeschlagen worden war, ebbte die Panik ab, die zuvor in mir aufgestiegen war.

An ihre Stelle trat ... nichts.

Ich war wieder ganz benommen. Ein toter Mann, der durch die dunklen Winterstraßen der Stadt gefahren wird und die fremde Welt hinter der Scheibe anschaut.

Der Weg zum neuen Gefängnis war länger, als der nach Harmandali gewesen war. Dieselben Beamten, die mich aus Harmandali abgeholt hatten, fuhren mich schweigend Kilometer um Kilometer mit einem Auto, das nach abgestandenen Zigaretten und Schweiß roch.

Während der ganzen Fahrt gab es nur eine einzige Frage ihrerseits: „Sie leben schon so viele Jahre hier. Haben Sie wirklich geglaubt, Sie könnten mit Flüchtlingen arbeiten und keine Probleme bekommen? Wie konnten Sie nur so dumm sein?"

Ich machte mir nicht die Mühe zu antworten. Ich hätte vieles sagen können, aber ich war emotional erschöpft. Und was würde das bringen? Es wäre ihnen sowieso egal – ich war nur ein weiterer Gefangener, der transportiert werden musste.

Ich saß die ganze Zeit regungslos mit geschlossenen Augen da und konnte fühlen, wie sich ein massiver geistlicher Sturm anbahnte, der intensiver war als alles, was ich je erlebt hatte. Innerhalb von Minuten war ich von einem dämonischen Wirbelsturm umgeben, eine wütende Finsternis wirbelte um mich herum. Das war keine emotionale Unruhe – diesmal konnte ich das Böse spüren.

Wie ein Paukenschlag kam mir ein neuer Gedanke in den Sinn. *Ich bin Hiob. Ich bin Hiob. Ich bin Hiob.*

In der Bibel steht, dass Gott Hiob dem Satan zur Prüfung auslieferte, um zu sehen, ob er inmitten des intensiven Leidens treu bleiben würde. In diesem Moment *wusste* ich: Gott hatte mich ausgeliefert! Gott hatte seine Meinung geändert, seinen Schutz von mir abgezogen, um ein höheres Ziel zu erreichen, aber auf meine Kosten. Nein, das war nicht nur Verfolgung, das war etwas anderes.

Mein Herz war ein Morast aus Angst, Schock und Wut: *Wie konntest du mich nur so verraten, Gott?*

Der Wagen bog an der Ausfahrt Sakran ab, nur wenige Kilometer vor Pergamon. Das passte. Pergamon – die Stadt, die Jesus in der Offenbarung als den Ort des Thrones Satans benannt hat.

. . . .

Das Gefängnis Sakran ist nicht nur *ein* Gefängnis, sondern es sind insgesamt *sieben*. Es ist eine riesige Anlage, die sich über ein Gebiet von der Größe von 100 Fußballfeldern erstreckt und in der 10.000 Häftlinge leben – Mörder und Revolutionäre, Subversive und Psychopathen, Frauen und Kinder.

Ich wurde ins Gefängnis T4 gebracht und in eine Zelle mit Gittern – vielmehr in einen Käfig – gesteckt, bis sie bereit waren, meine Personalien aufzunehmen. Meine Fingerabdrücke wurden erneut abgenommen, ich wurde wieder fotografiert, durch Metalldetektoren geschickt und danach einer Leibesvisitation unterzogen. „Ziehen Sie Ihre Kleider aus. Gehen Sie in die Hocke. Husten Sie."

Irgendwann brachte mir ein Wachmann die wenigen Gegenstände, die ich von Harmandali hatte mitnehmen dürfen. Es war immer noch nicht mehr, als mir der junge höhnische Polizist gestattet hatte, nur meine Bibel hatte ich außerdem mitgenommen. Doch nun sah ich hilflos zu, wie man sie mir wegnahm.

Es dauerte dann nicht lange, bis ich gelernt hatte, dass Harmandali im Vergleich zu Sakran ein Ferienparadies ist. Sakran war ein Hochsicherheitsgefängnis, und alles an diesem Ort fühlte sich anders an. Die Tore waren höher, die Fenster kleiner und die Korridore wurden alle paar Meter durch eine weitere schwere Metalltür abgeteilt.

Auch die Wachleute waren anders. In Harmandali hatten einige von ihnen die Häftlinge angeschrien und beschimpft, während andere sympathischer waren. Aber sie waren alle Zivilisten. Einige von ihnen saßen in Türdurchgängen und unterhielten sich sogar mit einem, wenn sie gute Laune hatten. In Sakran aber waren die Wachleute nicht so entspannt. Es kamen keine freundlichen Gespräche zustande, und wenn sie Befehle gaben, erwarteten sie sofortigen Gehorsam. Ihre Augen waren voller Misstrauen, und wenn sie sich im Gefängnis bewegten, dann immer nur in Gruppen, nie allein.

Weil auch nur wenig mit mir gesprochen wurde, wusste ich nicht, was mit mir geschehen würde. Deshalb fühlte ich mich schwächer, als ich mich jemals in meinem Leben gefühlt hatte. Ich fühlte mich genau so, wie sie es wollten.

Mein Gefühl der Benommenheit hielt an. Ich blieb stehen, wenn man es mir befahl, ging auf Kommando weiter und hielt schweigend inne, während die Wachen die Tür der Zelle aufsperrten, in die ich gesteckt wurde. Es war so, als ob das alles jemand anderem passieren würde. Nachdem der Wachmann mich eingesperrt hatte, blieb er auf der anderen Seite der schweren Metalltür stehen und sprach mich durch den kleinen Schlitz an, der nur von außen geöffnet werden konnte: „Sie werden über das Wochenende hier sein, bis wir entscheiden, was mit Ihnen zu tun ist."

Ich sah mich um. Alles in der Zelle war dreckig – der Boden, die Laken auf dem Etagenbett, der mit dickem, grünem Schimmel bedeckte Brotbeutel, der am vergitterten Fenster hing, die Stehtoilette, die von menschlichen Exkrementen bedeckt war. Ich hatte keinen Appetit und konnte an Schlaf nicht einmal denken, aber ich wusste, dass ich trinken musste. Weil ich mir Sorgen machte, dass ich vom Leitungswasser krank werden könnte, bat ich den Wachmann um eine Flasche Wasser.

„Nein", antwortete er schroff und wandte sich zum Gehen. „Es ist Wochenende."

Ich war den ganzen Tag nicht alleine gewesen, nicht seitdem man mich aus der Betonzelle im Antiterrorzentrum herausgeholt hatte. Die Stille machte mir zu schaffen, und ich versuchte sie zu füllen, indem ich mich mental auf einige Tage in völliger Isolation vorbereitete. Ich hatte das schon einmal zu Beginn meiner Zeit in Harmandali erlebt, als ich keine Bücher hatte, keine Bibel, nichts. Aber das hier war anders. Der Stress war größer. Ich wurde terroristischer Verbrechen beschuldigt und in einem Hochsicherheitsgefängnis festgehalten.

Doch allein zu sein, war nicht das Schlimmstmögliche. Was wäre, wenn ich bei einigen echten Kriminellen landen würde? Wie würde ein Terrorist reagieren, wenn er herausfand, dass er eine Zelle mit mir teilt? Ich wusste, dass ich dort der einzige Amerikaner war, der einzige Christ und bestimmt der einzige Missionar. Ich hatte keine Ahnung, wie ich mich überhaupt auf eine solche Situation vorbereiten sollte. Ganz gleich, was ich tat, wusste ich, dass ich eine Zielscheibe werden könnte.

Ich suchte die saubersten der schmutzigen Laken, Kissen und Decken zusammen und bereitete mir ein Bett. Ich war körperlich völlig erschöpft, nachdem ich in der Nacht zuvor und an diesem schrecklichen Tag nicht geschlafen hatte, und trotzdem ging ich im Raum auf und ab. Auch wenn ich mich von Gott verraten fühlte, so wusste ich doch, dass ich keine andere Wahl hatte, als auf ihn zu schauen und zu versuchen, mich an ihm festzuhalten. Meine Gebete waren kurz, einfach und wiederholten sich ständig. Ich konnte nur immer wieder sagen: „Jesus, hilf mir."

Eine Stunde, nachdem ich eingeschlossen worden war, hörte ich, wie die vielen Türriegel und Schlösser geöffnet wurden. Der

Wachmann war mit einem Kollegen zurück. „Kommen Sie mit", sagte er, nachdem er meine Tür geöffnet hatte. „Der Direktor möchte Sie sehen."

Als ich sein Büro betrat, runzelte der Direktor die Stirn, als ob er wirklich versuchte, aus mir schlau zu werden.

„Warum sind Sie hier?", sagte er, nachdem ich eine Weile schweigend vor seinem Schreibtisch gestanden hatte.

„Ich bin ein Pastor. Ich habe nichts getan."

Das Stirnrunzeln verschwand und wurde durch ein vages Lächeln ersetzt. „Ist das so? Sie gehören zur FETÖ-Gruppe, nicht wahr?"

„Nein! Ich habe in meinem Leben noch nie einen Gülenisten getroffen."

Der Direktor sah auf ein Schriftstück auf seinem Schreibtisch. „Nun", seufzte er, „dafür sind Sie jedenfalls im Gefängnis. Ich werde Sie jetzt in eine andere Zelle schicken. Da ist eine in Block C."

Die Angst wallte in mir auf, deshalb sagte ich: „Sie müssen vorsichtig sein, mit wem Sie mich zusammenbringen. Manche Leute könnten mich wirklich ablehnen, weil ich bin, der ich bin."

„Keine Sorge. Sie werden nicht mit gewöhnlichen Kriminellen zusammengelegt. Die Leute, die man terroristischer Verbrechen beschuldigt, werden immer in Gruppen zusammengefasst."

Mit was für Leuten würde er mich zusammenbringen? Der Staatsanwalt hatte sowohl die FETÖ als auch die PKK erwähnt. Wenn er mich in eine PKK-Zelle schicken würde, wäre es eine rauere Meute – Männer, die jahrelang in den Bergen gekämpft haben. Was würden sie mit mir machen? Immerhin würde ich lernen, Kurdisch zu sprechen...

„Machen Sie sich keine Sorgen", sagte der Direktor mit ausdruckslosem Gesicht. „Ich bringe Sie bei einigen Gülenisten unter. Die sind alle harmlos. Die meisten von ihnen sind nur Schullehrer."

Minuten später stand ich vor einer weiteren massiven Metalltür und sah zu, wie einer der Wächter Riegel zurückzog, die so lang wie sein Arm waren, und mindestens drei separate Schlösser öffnete: einen dicken Riegel mit einem schweren Vorhängeschloss, einen Schließriegel und einen dritten separaten Mechanismus, um den Riegel in dem Stahlrahmen zu bewegen, der ein ähnliches Werkzeug erforderte, wie das zum Reifenwechseln. Es gab also keinen Ausweg aus dieser Zelle.

Und so betrat ich mit den größten Befürchtungen die Zelle. Sofort drehten sich elf Gesichter vom Fernseher an der Wand weg und hefteten ihre Augen auf mich. Sie saßen auf Plastikstühlen um zwei Plastiktische herum und aßen Sonnenblumenkerne.

„Ich habe einen neuen Freund für Sie", sagte der Hauptwachmann. „Jemand muss ihm helfen, ein Bett zu finden." Dann ging er wieder und die Türschlösser rasteten hinter mir ein.

Einer der Männer ergriff das Wort. „Wer sind Sie?"

„Haben Sie etwas gegessen?", sagte eine andere Stimme. „Wir haben Kekse, wenn Sie einen wollen."

„Trinken Sie einen Tee."

Ihre Gesichter waren interessiert, sogar freundlich. Sie sahen tatsächlich viel eher nach Lehrern als nach Terroristen aus.

Ich öffnete meinen Mund, um zu sprechen, brach aber in Tränen aus. Ich hatte seit dem Abschied von Norine meine Gefühle im Zaum gehalten, aber bei ihrer Begrüßung fiel meine innere Abwehr in sich zusammen.

Als ich später auf meinem Etagenbett lag – ein unteres Bett, das mir der jüngste Häftling überließ, nachdem ich ihm erzählt hatte, dass ich sechs Monate zuvor an der Halswirbelsäule operiert worden war – konnte ich das Klingen der Teegläser hören, während sie die Zuckerwürfel einrührten, und wie sie sich unterhielten, während der Fernseher lief. Ich konnte auch ihren Zigarettenrauch riechen, der bis in den Schlafbereich waberte.

Von dem recht freundlichen Empfang meiner Zellengenossen fühlte ich mich immer noch erleichtert, aber ich hatte auch schreckliche

Angst. Sakran war schlimmer als alles, was ich bisher erlebt hatte. Die Schlösser, die Gitter, das Verhalten der Wachen – es war unmöglich, die Tatsache zu ignorieren, dass ich jetzt in einem richtigen Gefängnis war.

Ich wurde wie ein echter Terrorist behandelt.

10
ZUSAMMENBRUCH

Sakran mag zwar groß sein, aber hinter der verschlossenen und verriegelten Tür würde man das nie erkennen. Jede Zelle ist eine in sich abgeschlossene zweistöckige Wohnung. Oben im Schlafbereich stehen Stockbetten, und unten können sich zehn Personen zu den Mahlzeiten um zwei kleine Plastiktische drängen. Es gibt für alle eine einzige Dusche, eine einzige Stehtoilette und eine einzige Tür, die sich zu einem Innenhof mit rund neun Meter hohen, von Stacheldraht bekrönten Wänden öffnet. Hier waschen die Häftlinge ihre Kleidung in einem Eimer und hängen sie zum Trocknen auf.

Sakran wurde so entworfen, um die Gefangenen von der Gesellschaft und voneinander fernzuhalten. Es gibt deshalb keine Gemeinschaftsräume, kein Tagesprogramm, keine Kantine für alle und keine Tageszeit, zu der man seine Zelle verlassen und sich bewegen kann.

Man ist rund um die Uhr eingesperrt. Einmal in der Woche darf man zehn Minuten lang telefonieren – obwohl das für politische Gefangene wie mich nur einmal alle zwei Wochen gestattet war. Einmal pro Woche darf man einen fünfunddreißigminütigen persönlichen Besuch empfangen, wobei man allerdings durch dickes Glas getrennt ist und über ein Telefon miteinander sprechen muss.

Und einmal alle zwei Monate hat man den Jackpot geknackt: Da ist ein offener Besuch gestattet, bei dem man endlich mit seinem Besucher in demselben Raum sitzen kann. Auch wenn die Gitterstäbe, die Enge der vollen Zelle und der Mangel an Sonnenlicht einem nichts ausmachen, wird einem garantiert die Tatsache einen

Tiefschlag versetzen, dass man nur sechsmal im Jahr die Hand seiner Frau halten darf.

Für einen Anwaltsbesuch wird einem jede Woche eine Stunde gewährt, aber jeder Augenblick des Treffens wird auf Video aufgezeichnet. Abgesehen davon ist man jede Minute eines jeden Tages in seiner Zelle gefangen. Man könnte Jahr um Jahr dort verbringen und niemals einen Gefangenen aus einer anderen Zelle treffen.

Wenn man Geld hat, verkauft einem das Gefängnis Artikel, die auf einer besonderen Liste stehen, wie Plastiktische und -stühle, Kühlschränke und Fernseher – wobei sie natürlich die empfangbaren Kanäle kontrollieren. Man kann zusätzliche Nahrungsmittel – wie die Kekse, die mir an meinem ersten Abend angeboten wurden – und bestimmte genehmigte Zeitungen kaufen. Außerdem muss jede Zelle für ihre eigenen Wasserhähne, Glühbirnen, Elektrizität, Trinkwasser, Plastikbesteck und -teller bezahlen. Das Gefängnis stellt den Raum und die Schlösser zur Verfügung; alles andere kostet Geld.

Wenn es Zeit ist, das Essen auszuteilen, kommen die Wachen paarweise an die Zellentür und schütten das Essen in die Gemeinschaftsschüsseln, die die Insassen durch die Luke in der Tür reichen.

Sakran bietet keine Rehabilitationsmaßnahmen. Was Sakran bietet, ist Isolation.

. . . .

Meine Ankunft an diesem Freitagabend hatte die Zahl der Insassen der für acht Personen ausgelegten Zelle auf zwölf erhöht. Und obwohl sie bereits überfüllt war, hießen meine Zellengenossen mich, die neue Person, mit der sie interagieren konnten, willkommen. Aber ich war dem Zusammenbruch nahe, und deshalb wollte ich nicht reden und mir keine Geschichten anhören. Aus diesem Grund konnte ich mich nicht wirklich in die Gemeinschaft einbringen und hatte gleichzeitig nichts, womit ich mich beschäftigen konnte. Ich hatte keine Bibel, keine Bücher, keine Gewissheit. Ich verbrachte die meiste Zeit dieses ersten Wochenendes weinend auf meinem Bett, verzweifelt und völlig verwirrt.

Hier und da habe ich Fragen gestellt, nach und nach die Regeln und Einschränkungen kennengelernt und festgestellt, wie schrecklich es an diesem Ort war. Ich erfuhr, dass der Besuchstag unserer Zelle am Montag war, und beschloss, so lange durchzuhalten, bis ich Norine sehen konnte. Ich war mir sicher, dass sie am Gefängnistor stehen und sich überlegen würde, wie sie zu mir hereinkommen konnte – ich musste sie einfach sehen.

Der Montag war auch der Tag, an dem meine Anwältin gegen meine Inhaftierung Berufung einlegen würde. Dies war eine gute Gelegenheit für die türkische Regierung, ihr Gesicht zu wahren. Ein Richter konnte meine Haftentlassung anordnen, auch wenn gleichzeitig die Untersuchung noch weiterging. Schließlich war nicht mal ein Verfahren gegen mich eröffnet worden, sondern nur inoffizielle Anschuldigungen.

Außerdem war am Montag der Zwölfte. Vielleicht – nur vielleicht – wollte sich Gott in letzter Minute doch noch bewegen.

Am Montag öffnete sich die Zellentür, und die Wachmänner gaben bekannt, dass es für die Leute an der Zeit sei, den wöchentlichen Besuch von ihren Familienmitgliedern zu empfangen. Also stand auch ich auf und marschierte zur Tür.

„Nein, Sie nicht", sagte der Wachmann und hielt seinen Arm vor meine Brust. „Sie haben keinen Besuch."

„Warum nicht? Sie alle treffen ihre Ehefrauen, warum kann ich meine nicht treffen?"

„Weil Sie ein Ausländer sind. Sie haben kein Besuchsrecht. Ihre Frau muss in Ankara einen Antrag auf Genehmigung stellen, und die werden darüber entscheiden."

Das war alles, was es zu sagen gab. Die Tür wurde zugeschlagen und verriegelt.

Eine Minute lang war ich einfach nur fassungslos, dann begann die Panik in mir aufzusteigen. Ich ging nach oben und setzte mich auf mein Bett, aber das half leider nicht. Stattdessen fühlte sich meine Brust mit jedem Atemzug enger an. Ich wollte fliehen, aber ich konnte nirgendwo hingehen, nur unten in den Hof.

Weil ich hoffte, dass mir das helfen würde, rannte ich wieder nach unten und durch die Tür unten in den Innenhof. Voller Angst schritt ich das Rechteck ab. Sieben Schritte. Drehen. Fünf Schritte. Drehen. Sieben Schritte. Drehen. Und dann blieb ich stehen. Ich stand vor der Wand, die sich so weit über mir erstreckte, dass ich nur einen winzigen rechteckigen Ausschnitt des Himmels sehen konnte. Ich befand mich auf dem Grund einer Grube.

Plötzlich stiegen anklagende Sätze aus dem tiefsten, dunkelsten, wütendsten Teil in mir auf: *Du hast mich verraten! Du hast mich ausgeliefert! Warum?! Wie konntest du das einem Sohn antun, der dich liebt, einem Sohn, der dir gehorcht hat? Kümmert es dich überhaupt, oder hast du mich ausgeliefert und bist einfach weggegangen? Hast du mich betrogen? Hast du mich angelogen?*

. . . .

Ins Gefängnis geworfen zu werden, war für mich eine unwahrscheinlich drastische und absolut unerwartete Veränderung gewesen. Weil es einfach noch keinem Missionar in der Türkei passiert war, hatte ich mich auch nie darauf vorbereitet. Ich konnte mit der Vielzahl von Fragen, die meinen Geist plagten, nicht umgehen. Und es gab niemanden, zu dem ich hätte gehen können.

Nicht zu meinen Zellengenossen, die Muslime waren und mich überhaupt nicht verstanden hätten – für sie war die Vorstellung unvorstellbar, dass ich Gott infrage stellen würde.

Nicht zu dem Gott, den ich liebte, den ich mit Papa ansprach. Er hatte mich ausgeliefert, damit mir übel mitgespielt wurde.

Nicht einmal zu Norine, die ich unbedingt sehen wollte. Ich brauchte sie, damit sie meine schrecklichen Gedanken hörte und mir die Wahrheit zusprach, damit sie mich davon überzeugte, dass ich mich irrte.

Ich konnte nur mit mir selbst reden – oder mit Gott. Es blieb mir einfach nichts anderes übrig, als mit ihm zu reden. Aber *warum* war er so schweigsam? Ich schrie ihn an, nicht laut, sondern in meinem Herzen: *Ich könnte genauso gut mit dieser Wand reden!*

Ich hörte nur Schweigen.

Meine Tränen machten mich blind. *Wo bist du, wenn ich dich am meisten brauche? Du hast mein Herz verwundet. Wie kann ich mich jemals davon erholen?*

Mein Glaube brach zusammen.

All die Fortschritte, die ich in meinen letzten Wochen in Harmandali gemacht hatte, in denen ich viele Male am Tag gebetet hatte, dass ich mich Gottes Plan ganz anvertrauen würde, waren verschwunden.

Irgendwann kamen die Wachleute, um die Hoftür abzuschließen – es war also 17 Uhr. Meine Uhr hatte in den frühen Morgenstunden des 12. Dezember aufgehört zu funktionieren. Als ich in der Nacht gesehen hatte, dass die Zeiger an der Zehn und an der Zwei eingefroren waren – was, wie ich sofort feststellte, zusammen zwölf ergab – spürte ich ein unheilvolles Frösteln in meinem Körper. Der Zwölfte war nun vorbei. Meine Berufung war offensichtlich abgelehnt worden. Ich war immer noch im Gefängnis. Sogar meine Uhr verspottete mich.

· · · · · · · · · · · · · ·

Ich fand bald heraus, dass alle meine Zellengenossen ebenfalls neu in Sakran waren. Sie erzählten mir, dass sie aus einem eiskalten, heruntergekommenen Gefängnis in den Bergen namens Buca dorthin verlegt worden waren. Für sie war Sakran eine Verbesserung.

Ich stellte auch fest, dass der Direktor nur einen Teil der Geschichte erzählt hatte, als er mir sagte, dass sie Lehrer waren. Einige von ihnen hatten an Schulen gearbeitet, die von der Gülen-Bewegung betrieben wurden, aber sechs meiner Zellengenossen hatten bei der Polizei gearbeitet, und zwei davon hatten sogar hohe Dienstgrade innegehabt.

Nach dem Putschversuch war die Stimmung in der Öffentlichkeit in der Türkei sehr angespannt gewesen und bei der Polizei und der Justiz war es sehr hektisch zugegangen. Nicht nur Erdogan hatte die Gelegenheit genutzt, politische Gegner wegzusperren, auch ehrgeizige Staatsanwälte, Richter und Polizisten hatten ihre Kollegen beschuldigt, Gülenisten zu sein, um ihren eigenen Rang zu sichern. Andere hatten es getan, um ihre eigene Haut zu retten.

Wer verhaftet wurde, hatte folgenden Handel angeboten bekommen: Sie sagen uns, wer mit Gülen zu tun hatte, und wir lassen Sie gehen – *wenn* Sie uns genügend Namen nennen. Deshalb hatten einige verzweifelte Männer alle ihre Kollegen aufgelistet, die dann zusammengetrieben und ins Gefängnis geworfen worden waren. Es waren keine Beweise notwendig – es reichte einfach aus, auf einer Liste zu stehen.

Einer meiner Zellengenossen war beschuldigt worden, vor zehn Jahren an einem Picknick mit Gülenisten teilgenommen zu haben – zu einer Zeit, als Erdogan noch selbst voll des Lobes für Gülen gewesen war. Wir hatten sogar gehört, dass der ehemalige Direktor von Sakran nun in seinem eigenen Gefängnis gefangen gehalten wurde. An einem Tag tat man seine Arbeit, verhaftete Verdächtige und half dabei, Verschwörer aufzuspüren, und am nächsten Tag konnte man von einem geheimen Zeugen ohne Vorlage von Beweisen der Illoyalität bezichtigt und vor einen Richter gezerrt werden.

Genau das ist einem anderen meiner Zellengenossen passiert. Er war vor einen Richter geführt worden, den er gut kannte und hatte ihm unter Beteuerung seiner Unschuld um seine Freiheit angebettelt.

Doch die Antwort des Richters darauf war nur gewesen: „Ich weiß, aber entweder Sie oder ich. Wenn ich Sie nicht ins Gefängnis schicke, werden sie mich an Ihrer Stelle dorthin schicken."

Ich hörte noch mehr solcher Geschichten. Bei einigen kannten die Männer die Identität des Kollegen, der ihnen absichtlich in den Rücken gefallen war, während andere nur mutmaßen konnten. Die Geschichte eines meiner Mitgefangenen, ein Mann in den Mittdreißigern namens Emin, war besonders krass. Seine Familie war wohlhabend und in der ganzen Türkei gut bekannt. Sein Vater kannte Erdogan persönlich, wurde aber beschuldigt, an der von ihm gegründeten Universität gülenistische Lehrer zu beschäftigen. Deshalb hatten sie zuerst den Vater verhaftet und dann hatten sie Emin beschuldigt, Geld nach Kasachstan gebracht zu haben, um dort gülenistische Schulen zu finanzieren.

Emin lächelte, als er mir erzählte, wie der Staatsanwalt die Daten aufgelistet hatte, an denen Emin angeblich in Kasachstan gewesen war. „Ich zeigte ihnen daraufhin meinen Pass und bewies damit, dass ich in den von ihnen angegebenen Zeiten nicht außer Landes war, aber sie sperrten mich trotzdem ein. Okan Batu hatte sich entschieden, meine Familie zu verfolgen und so passierte es auch."

„Okan Batu?", sagte ich und erinnerte mich an den wölfischen Staatsanwalt, der mich im Gerichtsgebäude mit abgrundtiefem Hass angestarrt hatte.

In der Zelle erhob sich ein angewidertes Brummen, aber es lag wenig Überraschung in ihren Stimmen. Ich ging jedoch nicht weiter auf diesen Namen ein, denn ich hatte viel Zeit gehabt, über meinen Fall nachzudenken und mir zu überlegen, wie alles vonstatten gegangen war: In einem ersten Schritt hatte ein Beamter in Ankara die Entscheidung getroffen, uns abzuschieben. Aber dann hat irgendjemand irgendwo auf einer höheren Ebene die Entscheidung getroffen: „Sperren wir ihn ein und sehen wir, wie wir das nutzen können." Ich war Amerikaner, Christ und Missionar – drei Kategorien, die mich zu einem attraktiven Ziel machten. So bin ich in Harmandali gelandet. Außerdem wollten sie ein Exempel an mir statuieren, um damit andere Missionare einzuschüchtern.

Aber jetzt hatte das, was mir angetan wurde, ein viel höheres Niveau erreicht. Es war Okan Batu gewesen, der meine Einweisung ins Gefängnis verlangt hatte. Dank Senator Corker wusste ich, dass mein Fall an die Spitze der türkischen Regierung gelangt war. Nur wenige Tage vor meiner Verhaftung hatten 17 Senatoren Erdogan um meine Freilassung gebeten. Mich nach Sakran zu schicken, war seine Antwort darauf.

Auch wenn Okan Batu letztlich nicht der Mann war, der dafür sorgte, dass ich im Gefängnis blieb, hielt ihn das nicht davon ab, mich in einem Traum zu schikanieren. Die Schlafprobleme, die mich in Harmandali zermürbt hatten, hielten auch in Sakran an. Wenn ich dann endlich einschlafen konnte, quälten mich häufig schreckliche Albträume, in denen ich von einer bösen Finsternis umgeben war.

Eines Nachts sah ich, wie Okan Batu aus dem Schatten herauskroch und auf mich zukam. Er setzte sich auf meine Brust und presste mit aller Kraft gegen sie. „Wir werden Sie monatelang hierbehalten", sagte er, und sein wölfischer Blick durchdrang mich. „Und dann werden wir Sie verurteilen."

Diese Träume bewirkten, dass ich mich, selbst wenn ich schlief, nicht erholen konnte. Ich war die ganze Zeit über erschöpft.

. . . .

Weil ich keine Kleider zum Wechseln hatte, hatte ich seit Tagen die gleichen stinkenden Kleider getragen – seitdem ich von Harmandali weggebracht worden war. Dieser Umstand war den anderen aufgefallen, deshalb lieh mir derselbe junge Mann, der mit mir das Bett getauscht hatte, einen Pullover und ein T-Shirt. Ein anderer Zellengenosse gab mir ein Handtuch, doch das hatte zur Folge, dass ich innerhalb weniger Tage einen sehr unangenehmen Pilzbefall an den Innenseiten der Oberschenkel entwickelt hatte, der auch noch wund wurde.

Ich konnte kaum gehen und schrieb an Norine: „Jetzt bin ich wirklich Hiob geworden."

Seit meiner Ankunft in Sakran hatte ich jeden Tag einen Brief an Norine geschrieben und ihr mein Herz ausgeschüttet. Ich durfte nur auf Türkisch schreiben, was einfach nicht dasselbe war. Dennoch half es mir zu wissen, dass Norine letzten Endes doch in der Lage sein würde, von meinen Schwierigkeiten zu lesen und darauf zu reagieren.

Ich musste unbedingt von ihr hören und herausfinden, was draußen vor sich ging. War denn überhaupt irgendetwas unternommen worden? Und ging es ihr gut? War sie überhaupt noch im Land? Wenn ich unsere Adresse auf einen Umschlag schrieb, befürchtete ich oftmals, dass ich an ein leeres Haus schreiben würde.

Eines Tages öffnete ein Wachmann die Luke in der Metalltür und rief meinen Namen.

Die Luke war extrem tief angebracht, etwa auf Hüfthöhe, sodass ich die Person auf der anderen Seite nur sehen konnte, wenn ich mich hinkniete und mir schier den Hals verrenkte. Als ich zu dem Wachmann aufblickte, sah ich, dass er ein Blatt Papier in der Hand hielt.

„Wir schicken Ihre Briefe nicht weiter. Wir betrachten sie als eine Bedrohung für die Sicherheit des Gefängnisses, deshalb beschlagnahmen wir sie."

Ich war wie gelähmt. „Was geht hier vor?"

„Sie haben in den Briefen an Ihre Frau über ‚den Herrn' geschrieben und darüber, dass Sie seine Hilfe brauchen. Sie beziehen sich offensichtlich auf Fethullah Gülen. Sie senden geheime Botschaften."

„Nein", sagte ich und versuchte, ruhig zu klingen. „Ich spreche nicht von Gülen. Ich schreibe über Gott."

Er gab mir das Blatt Papier. „Unterschreiben Sie dies. Das Gefängnis hat wegen Ihrer Briefe ein Gerichtsverfahren gegen Sie eröffnet."

Sobald ich den Zettel zurückgegeben hatte, schlug die Luke zu. Diskussion beendet. Das war absurd, aber sie meinten es ernst.

In den kommenden Tagen erfuhr ich, wie abgeschnitten ich tatsächlich war. Ich wollte die Angelegenheit mit den Briefen meiner Anwältin sagen, aber mir wurde nicht gestattet, sie anzurufen, und das Gefängnis wollte sich auch nicht mit ihr in Verbindung setzen. Ich hätte nur einen Brief schreiben und hoffen können, dass er irgendwann abgeschickt würde. Aber in der Zwischenzeit würde mein Fall voranschreiten, mit oder ohne Verteidigung.

Ich bekam Angst, während ich auf Neuigkeiten vom Gericht wartete, denn am ersten Tag in Sakran hatte mir das Gefängnis ein Blatt mit einer Liste aller möglichen Bestrafungen gegeben. So konnte mir das Gefängnis monatelang jeglichen Kontakt nach draußen versagen, wie beispielsweise Besuche. Und sie konnten mich in Einzelhaft stecken. So ungemütlich, überfüllt und laut die Zelle auch war, so war sie doch besser als die Folter des Alleinseins.

Der erste Richter, der den Fall im Zusammenhang mit meinen Briefen prüfte, sagte: „Dieser Mann schreibt offensichtlich Liebesbriefe an seine Frau", und warf sie weg. Daraufhin legte der Gefängnisdirektor bei einem höheren Gericht Berufung ein, das das Urteil aufhob und behauptete, dass meine Bemerkungen gegenüber Norine tatsächlich eine Bedrohung für die Sicherheit des Gefängnisses darstellten und dass ich ein schlechtes Beispiel für andere Gefangene sei.

Von da an wurden alle Briefe, die ich schrieb, von der Staatsanwaltschaft geprüft. Und das war auch bei allen Briefen der Fall, die Norine an mich geschickt hat.

. . . .

Meine Briefe waren jedoch nicht die einzige Ursache für Kontroversen. Am Montag nach meinem ersten Wochenende in Sakran wurde ich beschuldigt, einen USB-Stick in das Gefängnis schmuggeln zu wollen. Sie hatten einen USB-Stick in meinem Rucksack gefunden, als sie endlich meine Sachen durchsucht hatten. Der Stick war in meinem Rucksack gewesen, als ich am 7. Oktober auf die Polizeiwache gegangen war, aber ich hatte seit meiner Ankunft im Gefängnis keinen Zugriff auf meinen Rucksack gehabt – er war die ganze Zeit über im Besitz der Polizei gewesen. Wie hätte ich den Stick also einschmuggeln können? Aber sie eröffneten trotzdem ein Verfahren gegen mich und sagten dann, dass auf dem Speicherstick Beweise versteckt seien.

Es schien mir, als wollten sie auf Biegen und Brechen Vorwände finden, um mich zu bestrafen. Ich hatte nichts getan, ich war unschuldig, und man beschuldigte mich immer wieder verschiedener Vergehen, die zu noch schlimmeren Haftbedingungen im Gefängnis führen konnten.

So kam es, dass ich Gott infrage stellte: *In Harmandali hast du mir Freundlichkeit erwiesen, indem du im Angesicht meiner Feinde einige Dinge für mich bereitgestellt hast. Jetzt ist mir das alles weggenommen worden. Und jede Entscheidung im Gefängnis fällt gegen mich aus – es wird immer schlimmer und schlimmer. Wo bist du bei alledem?!*
Ich fühlte mich völlig verlassen.

. . . .

Zwei Tage vor Weihnachten erhielt ich meine erste Post. Es war unser letztes Familienfoto, das vor einem Jahr an Weihnachten aufgenommen worden war.

Norine hatte es gesondert geschickt, ohne jede schriftliche Mitteilung, in der Hoffnung, dass es leichter durchkommen würde. Sobald ich es in Händen hielt, brach ich in unstillbares Weinen aus, denn damit wurde mir noch einmal umso deutlicher bewusst, dass ich an Weihnachten nicht zu Hause sein würde.

Der Tag nach Weihnachten war dann ein offener Besuchstag. Jeder Gefangene würde mit seiner Familie in demselben Raum sein, nur ich nicht.

Inzwischen hatte ich Norine fast drei Wochen lang nicht mehr gesehen. Ich war vollkommen isoliert, und die Verzweiflung in mir nahm immer mehr zu. Meine Briefe waren beschlagnahmt worden, es kamen keine Briefe zu mir durch, und mir wurde der Anruf versagt, den die anderen Männer alle zwei Wochen zugestanden bekamen. Darüber hinaus war ich auch noch durch meine Kultur, meine Lebenserfahrung, meine Nationalität und vor allem durch meinen Glauben isoliert. Außerdem hatte das Gefängnis zwei neue Gerichtsverfahren gegen mich eröffnet, und ich wusste, dass die Regierung der Türkei auf höchster Ebene gegen mich war. Kein Wunder, dass ich von dem Gefühl der geistlichen Finsternis überwältigt war.

Neben diesen realen Schikanen trieben mich außerdem zwei Ängste an den Rand der Verzweiflung. Zum einen hatte ich Angst, ich würde verrückt werden. Emin hatte mir einen auf Türkisch übersetzten Sherlock-Holmes-Roman geliehen, doch nachdem ich ein Kapitel davon gelesen hatte, wusste ich nicht mehr, wo ich war und was eigentlich real war. Auch fiel es mir oft schwer, zwischen Albtraum und der Realität des Gefängnisses zu unterscheiden. Erst wenn ich die Gitterstäbe sah, wusste ich wieder, wo ich war.

Es gab Zeiten, in denen ich das Gefühl hatte, in den Wahnsinn abzukippen, und ich musste mich anstrengen, mich auf die andere Seite zurückzuziehen. Ich schmeckte den Wahnsinn, und ich hatte Angst, mich dorthin zu begeben und nicht mehr zurückkommen zu können.

Aber noch erschreckender war die Angst, dass ich meinen Glauben verlieren könnte. Ich hatte nicht den Wunsch, mich von meinem Glauben loszusagen – tatsächlich klammerte ich mich verzweifelt an ihn –, aber ich hatte Angst, dass ich mit all meinen Fragen, Zweifeln und der Isolation von jedem, der mich hätte ermutigen und korrigieren können, versagen und mich abwenden würde.

Die Worte Jesu kamen mir in den Sinn – dass es besser sei, die Hand abzuschlagen und in den Himmel zu kommen, wenn man durch die Hand sündigt, als beide Hände zu behalten und in die Hölle zu kommen. Wäre es nicht besser, mich umzubringen, um damit sicherzustellen, dass ich meinen Glauben nicht verliere? In meinem verdrehten Denken ergab das Sinn.

Als die anderen Männer in meiner Zelle am 26. Dezember abmarschierten, um ihre Familien zu treffen, war ich der Einzige, der in der Zelle zurückgelassen wurde. Ich ging stattdessen hinaus in den Hof, wo ich die Leine testete. Ja, die Wäscheleine war stark genug, um mein Gewicht zu halten.

Ich war bereit, in den Himmel zu gehen.

11
DAS GRAUSAMSTE FLÜSTERN

Es tröstete mich zu wissen, dass ich diesem Albtraum entkommen konnte. Und dieses Wissen verringerte meine Verzweiflung um gerade so viel, dass es mir beim Durchhalten half.

Zwei Tage, nachdem ich die Wäscheleine getestet hatte, war ich wieder auf dem Hof und ging wie immer umher, als meine Zellengenossen anfingen, meinen Namen zu rufen. „Sie haben Besuch! Es ist Ihre Frau!"

Seit meiner Ankunft in Sakran waren drei Wochen vergangen, und ich hatte ununterbrochen an Norine gedacht. Ich hatte mich schon gefragt, wie lange es dauern würde, bis sie mich sehen durfte. Zu wissen, dass sie es endlich nach Sakran geschafft hatte und dass sie jetzt hier war, um mich zu sehen, machte mich fast schon euphorisch. Ich rannte zu meinem Bett, schnappte meine Zahnbürste und machte mich auf den Weg ins Bad.

„Was machen Sie da?", fragte Emin. „Die ziehen Ihnen das bereits von Ihrer Zeit ab. Gehen Sie einfach!"

In dem Augenblick, in dem ich in den Raum geführt wurde, in dem Norine auf mich wartete, brach ich zusammen. Nicht nur Norine, sondern auch meine Mutter hatte die Erlaubnis erhalten, mich zu besuchen. Der Wachmann hatte mir auf dem Weg von der Zelle dorthin gesagt, dass dies ein offener Besuch sei. Das bedeutete, dass mir erlaubt war, mich auf Englisch zu unterhalten. Aber in den ersten fünf Minuten konnte ich nur schluchzen.

„Hey, mein Liebster", sagte Norine, während sie mich sanft in ihren Armen schaukelte. „Es ist in Ordnung. Ich bin hier. Ich habe dich gefunden, nicht wahr?"

Wir saßen nebeneinander an einem Tisch in einer Ecke des Raumes, während uns drei Wachmänner beobachteten. Norine und ich haben einander während des gesamten Besuchs umarmt.

Als ich endlich wieder sprechen konnte, bemühte ich mich, die geistliche Krise zu erklären, die mich zu ersticken drohte.

„Norine, ich bin Hiob", sagte ich. „Ich bin Hiob. Gott hat mich dem Satan ausgeliefert."

Ich war unrasiert, verzweifelt und aufgelöst.

Meine Mutter war besorgt. Für sie schlug ich einen gefährlichen Weg ein, indem ich Gott die Schuld gab: „Weißt du, Andrew, es war ein Fehler, dass ich dir in Harmandali gesagt habe, du wärest Gottes Gefangener. Tatsächlich bist du ein Gefangener *für* Gott."

Ich wusste, was sie da machte. Sie versuchte, mir eine neue Perspektive auf das, was mir passierte, zu geben. Aber ich war nicht bereit, dies vollständig auf die Christenverfolgung zu schieben. Vielmehr war ich davon überzeugt, dass Gott geplant hatte, mich zu befreien. Aber er hatte seine Meinung geändert, um irgendeinen Zweck zu erfüllen – was genau, wusste ich nicht. Und das bedeutete, dass letztlich er derjenige war, der mich im Gefängnis hielt. Letzten Endes war er mein Kerkermeister.

Norine erklärte, wie sie vom ersten Tag an versucht hatte, mich zu erreichen, und sogar schon am allerersten Samstag zu mir gefahren war. Aber an diesem Ort gab es nichts zu biegen noch zu beugen. Um an diesem Tag eingelassen werden zu können, hatten sie mehrere Sicherheitskontrollen und eine gründliche Durchsuchung durchlaufen. Selbst ihre Iris war zweimal gescannt worden. Meine Mutter hatte noch nicht einmal ein Taschentuch behalten dürfen. Die hohen Mauern, die Sicherheitsvorkehrungen, die eisernen Gitter – das war alles absolut einschüchternd.

„Ich hoffe, dass wir diese Woche endlich telefonieren können. Da unser Haustelefon und mein Mobiltelefon auf deinen Namen registriert waren, wollte das Gefängnis diese Nummern nicht genehmigen. Ich musste mir erst eine neue Nummer besorgen und sie auf meinen Namen registrieren lassen und dann den ganzen Papierkram einsenden. Ich habe fortwährend daran gearbeitet."

Ich war mir sicher, dass sie das hatte. Ich wusste, dass Norine weiter für mich kämpfen würde. Aber ich wusste auch, dass wir beide hier machtlos waren.

. . . .

Mein Albtraum über Okan Batu hatte mich beunruhigt, aber es gab noch einen anderen Traum, von dem ich Norine unbedingt erzählen wollte.

Es war einer dieser Träume, bei denen man eher etwas empfindet als etwas geschehen sieht. Darin hatte ich den Eindruck gehabt, dass die Türkei, der Iran und Russland sich zu einem Bündnis zusammenschlossen. Dieses war so finster, dass ich schweißgebadet aufwachte und nach Luft schnappte. Das schien unlogisch zu sein, da die Türkei und der Iran in der Geschichte stets Feinde gewesen waren. Was Russland betraf, so hatte die Türkei ein Jahr zuvor einen seiner Jets abgeschossen, und die beiden Länder standen auf entgegengesetzten Seiten des Syrienkonflikts.

Dann ermordete drei Tage nach meinem Traum ein türkischer Polizeibeamter, der nicht im Dienst war, auf einer Kunstausstellung in Ankara den russischen Botschafter. Ich dachte, das würde sie auseinandertreiben. Aber als die Geschichte in den kommenden Tagen die Nachrichten beherrschte, wurde klar, dass der Vorfall Erdogan und Putin einander nur nähergebracht hatte.

Der Traum machte mir Angst. „Norine, du musst mich hier rausholen, bevor diese Allianz tatsächlich Wahrheit wird."

Ich wollte, dass sie die Dringlichkeit verstand, die ich empfand. Wenn sich die Türkei von ihren westlichen Verbündeten abwenden und sich dem zuwenden würde, was ich gesehen hatte, wären das schlechte Nachrichten. Und es wären sehr schlechte Nachrichten für mich.

„Die Zeit ist um", sagte plötzlich einer der Wachmänner.

„Wird es noch einmal drei Wochen dauern, bis ich dich wiedersehe?", sagte ich mit Panik in der Stimme.

Norine sprach ganz sanft: „Ich weiß nicht, wann ich dich wiedersehen werde."

Ich verstand.

Die beiden hatten alles getan, um mich in dieser kurzen Zeit zu ermutigen, aber ich brauchte etwas, woran ich mich festhalten konnte, einen Hoffnungsschimmer, egal wie vage und substanzlos er auch sein mochte. Ich stellte die eine Frage, die seit meiner Ankunft in Sakran immer größer und größer geworden war: „Werde ich an diesem Ort alt werden und sterben?"

Ich konnte hören, wie Norines Atem in ihrer Kehle stockte.

. . . .

Einige Tage später, an meinem 49. Geburtstag, wurde es in der Zelle schlimmer. Am Nachmittag öffnete sich die Tür, und ein Mann kam herein, der ein paar Müllsäcke mit seinem Hab und Gut bei sich trug. Wenige Minuten später öffnete sich die Tür erneut, und ein weiterer Häftling wurde bei uns abgeliefert. Danach kam noch einer, und am Ende des Tages waren aus zwölf achtzehn Männer geworden, und das in einer Zelle für acht Personen. Obwohl viele Kriminelle tatsächlich freigelassen worden waren, um Platz für die FETÖ-Häftlinge zu schaffen, gab es immer noch nicht genug Platz für die große Zahl der Verhafteten. Und neue Gefängnisse konnten nicht schnell genug gebaut werden.

Die Etagenbetten füllten sich. Deshalb erhielten die letzten vier, die angekommen waren, eine Matratze und wurden angewiesen, sich einen Schlafplatz auf dem Boden zu suchen. Die 60 Zentimeter große Lücke zwischen meinem Bett und dem meines Nachbarn wurde zur Heimat eines Militärpolizisten in den Zwanzigern. Es war von Anfang an klar, dass er mich zwar tolerierte, aber nicht mochte, was meinen Stress noch verstärkt hat. Wenn wir beide in unseren Betten lagen, waren unsere Gesichter am Ende oft nur Zentimeter auseinander.

Ich war froh, ein Bett zu haben, denn es war der einzige Ort, an den ich mich zurückziehen konnte. Jeden Nachmittag zog ich ein Blatt Papier heraus und schrieb einen Brief an Norine, in dem ich vor ihr meine Ängste ausschüttete.

Ich schrieb immer wieder dasselbe: „Bin ich ein Petrus oder ein Jakobus?" Sie waren zwei der engsten Jünger Jesu: Petrus wurde aus dem Gefängnis entlassen, Jakobus nicht.

So wie ich ihr immer wieder dieselben Fragen stellte, musste ich auch immer wieder die gleichen Zusicherungen von Norine hören.

Eine der schmerzlichsten Sorgen, die ich hatte, galt ihr. Und meine Träume waren da keine Hilfe. In vielen von ihnen war ich mit Norine zusammen, aber dann verschwand sie plötzlich. Oder sie befand sich an einem Ort, an dem ich sie sehen, aber nicht erreichen konnte. Manchmal schien es ihr egal zu sein. Und wenn ich aufwachte, waren die Gefühle immer noch präsent, dass sie weit weg war oder mich zurückgelassen hatte. Ich musste mir immer wieder sagen: *Das ist nur ein Traum! Das ist nicht wirklich Norine!*

Ich wusste, dass sie treu bleiben würde, aber ich fragte mich auch, ob sie wohl in ihr normales Leben zurückkehren würde. Besonders schwierig waren die Sonntage. Der Sonntag war seit so vielen Jahren der Höhepunkt meiner Woche gewesen, und es war der eine Tag, an dem ich wusste, wo sie sein und was sie zu einer bestimmten Zeit tun würde. Ich wusste, wann sie die Wohnung verlassen, wann unser Gottesdienst beginnen und wann er enden würde. Ich stellte mir vor, dass alle nach der Zusammenkunft essen gehen würden, wie ich es schon so oft mit ihnen getan hatte. War sie bei ihnen, hatte sie Spaß, genoss sie das Leben?

In unserem ganzen gemeinsamen Leben hatte Norine mir nie einen Grund gegeben, an ihr zu zweifeln. An ihrem schlimmsten Tag, als sie aus Isikkent entlassen wurde, kämpfte sie darum, bei mir zu bleiben. Ich wusste, dass sie mich liebt; ich habe es immer gewusst. Und selbst in dieser Zelle wusste ich, dass meine Ängste unbegründet waren, aber ich hatte sie trotzdem. Sie ist meine engste Vertraute, die Person auf der Welt, mit der ich am liebsten zusammen sein möchte. Ich habe nie zu viel Zeit mit ihr verbracht und niemals Zeit ohne sie gebraucht. Wir haben alles zusammen gemacht.

Deshalb war das Flüstern, das ich in den finstersten Momenten vernahm, das grausamste Flüstern von allen. Darin vermisste Norine mich nicht, war zur Tagesordnung zurückgekehrt oder würde bald zurückkehren und vergaß mich schließlich. Ich wusste, es war nicht echt, aber es war trotzdem demoralisierend.

Als wir endlich ein Telefongespräch führen durften und ich ihr von meinen Ängsten erzählte, sagte sie genau das, was ich hören musste: „Andrew, ich kann und will kein normales Leben ohne dich führen. Würdest du anders denken, wenn unsere Situation umgekehrt wäre? Es ist mir eine Ehre, das mit dir zusammen durchzustehen. Mein Liebster, ich warte auf dich. Wir werden *gemeinsam* in unser normales Leben zurückkehren."

Ich war getröstet. Das mag jetzt erbärmlich klingen, aber ich sagte: „Ich muss das ganz oft hören. Sag es mir immer wieder."

Dann stellte ich ihr die größte aller Fragen: „Hast du Hoffnung? Werde ich hier rauskommen?"

Noch bevor sie ein Wort gesagt hatte, fühlte ich mich, als ob mein Inneres von einem Schraubstock zerquetscht worden wäre. Ihr Schweigen dauerte nur ein oder zwei Sekunden, aber ich konnte merken, dass sie ihre Worte sorgfältig abwägte.

„Ich weiß es nicht", sagte sie leise. „Ich bin nicht Gott."

Daraufhin war die Panik heftiger denn je und ich hatte das Gefühl, als müsste ich die Wände mit meinen bloßen Händen aufbrechen: „Du musst mich hier rausholen, Norine. Du musst mich rausholen."

„Beruhige dich, mein Liebster."

Nach diesem Satz wurde unser Gespräch unterbrochen. Wir hatten die Zehn-Minuten-Marke erreicht, und ich folgte den Wachmännern zurück in die Zelle. Schweigend bahnte ich mir den Weg durch die Menge und hinaus in die kalte Luft des Hofes.

Ich war am Boden zerstört und konnte die Situation kaum mehr aushalten. Wenn Norine keine Hoffnung hatte, dass ich aus diesem Gefängnis herauskommen würde, dann konnte ich genauso gut aufgeben.

Ich erinnerte mich an die Geschichten, die ich im Laufe der Jahre von chinesischen Christen gehört hatte, die vom Staat verfolgt wurden. In jeder Geschichte, in der sie in grausamen Gefängnissen eingesperrt waren, schienen sie so fröhlich zu sein. Sie litten für ihren Glauben, doch irgendwie ließen sie die Verfolgung wie ein Vorrecht aussehen. Es war inspirierend. Ich wollte sein wie sie, doch das war ich nicht.

Wie konnte ich durch das Gefängnis so gebrochen werden? Was stimmte nicht mit mir? Ich sagte immer wieder: „Gott, du hast dir den falschen Mann ausgesucht." Warum brachte er mich an diesen Ort? Hier fing ich an zu glauben, dass es schwieriger sei, für Gott zu leben, als für ihn zu sterben.

• • • • • • • • • • • • • •

Am 20. Januar 2017 wurde ich erneut daran erinnert, wie sehr mir alles entglitt. Ausnahmsweise sah ich gerade in der Zelle fern, als einige Nachrichten aus den USA über die Amtseinführung von Präsident Donald Trump gesendet wurden.

Norine hatte wochenlang versucht, jemanden aus dem Team des designierten Präsidenten zu erreichen, und unsere größte Hoffnung war bisher Franklin Graham gewesen. Er ist in derselben Kirchengemeinde in North Carolina aufgewachsen, die auch meine Familie besuchte. Erstaunlicherweise war Franklin eingeladen worden, an der Zeremonie teilzunehmen, und wir hatten gehört, dass er meinen Fall bei Trump zur Sprache bringen würde, wenn er die Gelegenheit dazu bekäme.

So sah ich zu, wie er in der Nähe von Präsident Trump stand und für ihn betete. Er war so nah, und ich flehte Gott an, dass er die beiden Männer miteinander reden lässt.

Danach zerronnen die Tage, und nichts änderte sich.

. . . .

Das Leben in Block T4 C ging weiter und zwar entsetzlich langsam. Erol war der Erste aus unserer Zelle, der zur Verhandlung ins Gericht gebracht wurde. Das war eine große Sache, denn alle anderen waren schon seit Monaten inhaftiert, ohne dass sich in ihren Fällen etwas bewegt hätte. Es gab keine Anklagen, keine Verhandlungstermine und es war kein Ende in Sicht.

Erol war ein stiller und sanftmütiger Mann, der für die Forstverwaltung gearbeitet hatte. Wenn seine Frau ihren vierjährigen Sohn zu den offenen Besuchen mitbrachte, erzählte sie dem Jungen, dass sein Vater in diesem Gebäude arbeiten würde, und sie bat die Wachmänner, mitzuspielen. Es war sehr traurig.

Erol war aus einem einfachen Grund verhaftet worden: Er hatte ByLock, eine App für die sichere Übermittlung von Kurznachrichten, die frei verfügbar war, auf seinem Telefon. Das wurde für Erol zum Verhängnis, denn einige der Leute, die den Putsch geplant hatten, hatten ByLock zur Kommunikation verwendet. Als die Regierung das entdeckt hatte, hackte sie den Server und begann jeden zu verhaften, der das Programm benutzte.

An dem Tag, an dem Erol zum dritten Mal vor Gericht erscheinen musste, waren alle in der Zelle angespannt, obwohl alle übereinstimmten, dass die ByLock-Vorwürfe absurd waren. Bevor Erol die Zelle verließ, legte einer der ehemaligen hochrangigen Polizisten genau dar, warum er als freier Mann zurückkehren würde. „Es ist keine strafbare Handlung bewiesen, und es gibt keine Verbindung zu den Putschisten. Es ist einfach nicht möglich, Sie zu verurteilen – die Gerichte werden es nicht zulassen."

Seine Worte ergaben Sinn, sie klangen logisch. Aber dies war die Türkei nach dem Putsch. Logik zählte nicht viel.

Erol verließ zwar nervös, aber dem Anschein nach mit vorsichtigem Optimismus die Zelle. Anschließend verbrachte ein Großteil der Männer den Rest des Tages damit, sich nervös zu unterhalten und ihre Gebete zu verrichten. Sie diskutierten ihre Fälle, und ich fand heraus, dass mindestens sechs andere in der Zelle ebenfalls mit ByLock auf ihren Telefonen aufgegriffen worden waren.

Ein anderer war verhaftet worden, weil er ein Konto bei der *Asya Bank* hatte, einer Bank, die mit der Gülenistenbewegung in Verbindung stand. Allein die Tatsache, dass jemand dort ein Konto hatte, reichte aus, damit er in Sakran landete, auch wenn bei der Eröffnung der ersten Filiale niemand anders als Erdogan selbst das Band gehalten hatte, als es zerschnitten wurde.

Im Laufe der Zeit hörte ich, wie sich die Gespräche meiner Zellengenossen auf ein neues Thema verlegten.

„Wenn ich hier rauskomme, werden sie mir unglaublich viel Geld als Entschädigung schulden."

„O ja, 620 Euro pro Monat!"

„Außerdem kann man auf entgangenen Verdienst und Schadenersatz klagen."

„Ich habe von einem gehört, der 90.000 Euro bekommen hat. Kann man das glauben?"

„Ich kaufe mir dann ein Sommerhaus."

„Hey, Andrew. Sie können die wirklich verklagen. Ein Amerikaner, der monatelang so eingesperrt war? Die werden Ihnen viel schulden!"

Ich lächelte nur und nickte.

Keiner von ihnen hatte auch nur die Möglichkeit, Klage zu erheben. Als der Abend kam, stieg die Vorfreude auf Erols Rückkehr. Doch sobald er hereinkam, änderte sich die Atmosphäre.

Erol saß am Tisch, sein Gesicht ganz bleich, seine Stimme zittrig und schwach: „Ich bat den Richter, meine Kurznachrichten zu prüfen und sich anzusehen, dass es sich um ganz normale Dinge handelt, die man seiner Familie und seinen Freunden schickt. Nichts davon wies irgendwie auf den Putsch hin. Nichts davon wies überhaupt auf irgendetwas hin. Aber der Richter sagte, dass allein der Besitz der App bedeutete, dass ich Angehöriger der FETÖ sei. Dann verurteilte er mich zu zehn Jahren."

Wir saßen schweigend da.

Das nahmen nicht nur die anderen schwer, die ByLock auf ihren Telefonen gehabt hatten. Uns allen ging es so. In diesem Augenblick wussten wir alle, dass dieses Justizsystem weder fair noch unabhängig war.

Es gab keinen Ausweg.

12
DER HÖLLENSCHLUND

Wenn man in einem Land eingesperrt ist, dessen Rechtssystem korrupt und dessen richterliche Unabhängigkeit nicht mehr ist als ein frommer Wunsch, ist man Menschen ausgeliefert. Und die haben weit mehr Macht als man selbst. Zu den wenigen verbleibenden Hoffnungen zählt dann, dass irgendjemand irgendwo seinen Einfluss geltend machen kann, um einem zu helfen.

Nicht lange, nachdem ich nach Sakran gebracht worden war, brachten einige Freunde Norine mit Mustafa in Kontakt. Der türkische Geschäftsmann bot seine Hilfe an. Er erklärte, dass sein Anwalt sowohl meinen Ankläger als auch den Richter, der mich ins Gefängnis geschickt hatte, kannte. Und er war sehr zuversichtlich, dass er in Zusammenarbeit mit seinem Anwalt erreichen konnte, dass mein Fall abgewiesen und ich in ein Flugzeug nach Hause gesetzt werden würde. Wir brauchten nur 35.000 Dollar für die Anwaltskosten zu zahlen.

Das war eine Menge Geld – Geld, das wir nicht auf unserem Bankkonto hatten, sondern von Freunden und Familie leihen mussten. Also stellte Norine zunächst einmal Nachforschungen über Mustafa an. Er kannte viele Menschen in den USA und nahm auch seit Jahren am Nationalen Gebetsfrühstück teil. Bewegte er sich tatsächlich in den Kreisen, die er Norine gegenüber genannt hatte? Dann würde er ihrer Meinung nach seine Beziehungen in den USA sicher nicht wegen einer für ihn nur kleinen Summe beschädigen wollen.

Also beschloss sie, das Geld aufzutreiben und es ihm zu geben. Sie konnte jedoch nur 25.000 Dollar zusammenbringen und es ihm telegrafisch überweisen. Doch nach ein paar Tagen machte sie sich immer mehr Sorgen, denn Mustafa behauptete, das Geld sei nicht angekommen. Als sie dann einen offiziellen Antrag auf Rückruf dieser Überweisung stellte, antwortete die Bank, das Geld sei auf das angegebene Konto eingezahlt worden, und der Kontoinhaber würde sich weigern, es zurückzugeben. Mustafa hatte uns betrogen.

Ich wusste von Emin, dass so etwas auch anderen passiert sei, weil skrupellose Leute Menschen in Not ausnutzten. Das passierte in der Zeit, als Norines Besuchsanträge nicht genehmigt wurden, sodass sie die Entscheidung allein treffen musste. Ich ärgerte mich nicht so sehr über den Geldverlust – ich war viel mehr wütend auf die Person, die meine Frau manipuliert und betrogen hat. Aber sie hatte das alles getan, nur um mich aus dem Gefängnis zu holen. Diese Zahlung war aus Liebe zu mir erfolgt.

Nach einer Weile wurden die Besuche von Norine jedoch zum Glück häufiger genehmigt. Ich konnte nie im Voraus wissen, ob sie die Besuchserlaubnis erhalten hatte. Deshalb wartete ich jedes Mal unruhig in der Nähe der Tür, wenn die Wache durch den Schlitz die Namen für die erste Gruppe aufrief. Wenn mein Name nicht aufgerufen wurde, wartete und hoffte ich auf die zweite Gruppe. Obwohl für jede Zelle fünfzig Minuten vorgesehen waren, wurden diese durch die Wegezeit zum und vom Besuchsbereich um fünfzehn Minuten verkürzt.

Es lief immer folgendermaßen ab: Die Tür klappte auf und die erste Gruppe von zehn Gefangenen ging hinaus und stellte sich in einer Reihe auf. Nachdem wir unsere Schuhe ausgezogen hatten, wurden wir durchsucht und folgten dann einem Wachmann in einer Reihe durch mehrere Sicherheitstüren. Sobald wir in dem Besuchsbereich angekommen waren, hechtete ich zu der Kabine, in der Norine wartete, und legte meine Hand an ihre – durch dickes Glas getrennt. Norine betete für mich: „Ich segne dich im Namen des Herrn. Ich spreche dir Hoffnung zu."

Bevor Norine mich besuchte, bat sie Gott jedes Mal im Voraus um etwas, wofür sie konkret mit mir beten und worüber sie mit mir sprechen konnte. Dann erhob sie buchstäblich ihr Haupt, wenn sie sich mit dieser bewussten Haltung dem Gefängnistor näherte: *Ich bin eine Tochter des Königs, und ich bin hier, um einen Sohn des Königs zu sehen.*

Während ich im Gefängnis war, nahm meine Angst, dass ich vergessen werden würde, zu. Ich machte mir auch Sorgen, dass die Menschen aufhören würden, für mich zu beten und sich der nächsten Krise zuwenden würden, aber Norine erzählte mir jede Woche von neuen Orten, an denen für mich gebetet würde: „Die Iraner beten für dich. In China wurden eine Million Broschüren über dich gedruckt. Die Deutsche Evangelische Allianz hat gerade einen Fasten- und Gebetstag für dich abgehalten. Christen in Spanien, Korea, Madagaskar, Ungarn, Mexiko und im Libanon beten. Ich kann gar nicht den Überblick über alle Länder behalten. Unsere Freundin Leyla isst sonntags als Opfer für dich keine Desserts mehr, und du weißt ja, wie sehr sie Süßigkeiten liebt. Und David fastet weiterhin Kaffee, bis du entlassen wirst."

Ich fühlte mich all dieser Gebete nicht würdig. Wie konnten Chinesen und Iraner für mich beten, wenn so viele ihrer eigenen Leute im Gefängnis waren? Gleichzeitig war ich zutiefst dankbar dafür, dass Brüder und Schwestern, die ich nie kennengelernt hatte, für mich kämpften.

Doch nicht nur auf geistlicher Ebene wurde ich ermutigt, auch von diplomatischer Seite gab es bald ermutigende Neuigkeiten. Wir hatten gehofft, dass die neue Regierung zu unseren Gunsten aktiv tätig werden würde. Und Norine hörte im Februar, dass Vizepräsident Mike Pence und Außenminister Rex Tillerson mit ihren türkischen Amtskollegen über mich gesprochen hatten. Außerdem hatten sich 78 Senatoren und Kongressabgeordnete den überparteilichen Bemühungen angeschlossen, Ankara zu meiner Freilassung zu drängen. Zu wissen, dass sich nun Menschen auf höchster Ebene für mich einsetzten, war ein bedeutender Impuls.

Die Frage war jedoch, ob die Türkei gut darauf reagieren würde. Denn als Außenminister John Kerry mit seinem türkischen Amtskollegen über mich gesprochen hatte, war er abgewiesen worden. Und als ein Senator meinen Fall gegenüber dem türkischen Botschafter in den USA ansprach, hatte der sich von ihm abgewandt und war ohne ein Wort weggegangen. Diese schroffe Haltung spiegelte sich ebenfalls in der Art und Weise wider, wie unsere Konsulatsbeamten behandelt wurden, wenn sie mich in Sakran besuchten.

Eine andere Antwort auf die vielen Gebete erreichte mich eher auf Umwegen. Jemand, der jemanden kannte, der wieder jemanden kannte, hatte mit einem Berater des türkischen Ministerpräsidenten sprechen können. Und so kam es, dass Norine eines Tages einen Telefonanruf von Adnan Bey, einem der Gefängnisdirektoren, erhielt. Darin erlaubte er ihr, mir beim nächsten Besuchstermin ein paar Bücher mitzubringen. Er hatte sich zuvor sehr abweisend verhalten, sodass dies eine deutliche Veränderung darstellte.

Zuerst waren nur türkische Bücher erlaubt, aber innerhalb kurzer Zeit wurden auch englische Bücher gestattet. Diese waren für mich richtige Lebensretter: eine Bibel, christliche Bücher, Romane, einige Geschichtsbücher. Jetzt hatte ich etwas, das mir half, die langen Stunden auszufüllen, denn ein Tag im Gefängnis fühlte sich an wie zehn in Freiheit – so langsam gingen sie vorbei. Darüber hinaus war es ein großer Trost, eine Bibel zu haben, und sei es nur, um sie in meinen Händen zu halten.

. . . .

Zu meinem neuen Tagesablauf gehörte nun das Spazierengehen, sobald der Hof morgens aufgeschlossen war, am Nachmittag der Versuch, einen Mittagsschlaf zu halten, und am Abend das Schreiben und Lesen von Briefen und Büchern. So kam es, dass ich eines Nachmittags einen ungewöhnlichen Traum hatte. Ich sah meinen Namen auf ein Blatt Papier geschrieben und neben meinem Namen stand die Zahl 68. Im Traum selbst verstand ich plötzlich, dass dies die Anzahl der Tage bis zu meiner Freilassung war. Danach wachte ich auf und gleich begann ich zu zählen. *Achtundsechzig Tage sind es bis zum 22. Mai. Konnte das möglich sein?* Auf jeden Fall wollte ich das im Hinterkopf behalten.

In all meinem Schmerz und meiner Enttäuschung hatte ich nicht aufgehört, mit Gott zu sprechen. Zwar hatte ich ihn beschuldigt, mich zu betrügen, aber ich hatte dafür auch um Vergebung gebeten. Und so verbrachte ich jeden Tag Stunden über Stunden damit, mit Gott zu reden – wenn ich draußen im Hof umherlief, wenn ich auf meinem Bett lag und versuchte, mir die Zeit zu vertreiben, abends, wenn ich versuchte einzuschlafen, und immer, wenn ich nachts wach wurde. Auf diese Weise bekam ich ganz langsam den Eindruck, dass Gott antwortete.

Weil ich Norine unbedingt bei mir in der Türkei brauchte, konnte sie sich in den Staaten nicht persönlich für meine Freilassung einsetzen. Aber als sie hörte, dass der neue Außenminister Rex Tillerson nach Ankara kommen und mit Präsident Erdogan sprechen würde, bemühte sie sich sehr, ein Treffen mit ihm zu vereinbaren. In dieser Woche bat ich Gott immer und immer wieder, dies für Norine zu ermöglichen.

Mehrmals kam mir in dieser Zeit dabei der Gedanke: *Er wird sich mit Norine treffen. Weil du auf meiner Tagesordnung stehst, werde ich dich auf seine Tagesordnung setzen.*

Als ich sie dann bei unserem nächsten Montagsbesuch sah, sagte ich ihr, was ich glaubte, gehört zu haben. Daraufhin bat Norine über Senator James Lankford und Phil Kosnett, den Geschäftsträger der Botschaft, um ein Treffen mit dem Außenminister. Aber schon am Dienstag kamen beide mit der gleichen Antwort zurück: Es wird kein Treffen geben, und so hätte es keinen Sinn, nach Ankara zu fahren.

Aber weil ich Norine von Gottes Antwort auf meine Gebete erzählt hatte, fuhr sie trotzdem hin und wartete auf eine Gelegenheit für ein Gespräch. Zu diesem Zeitpunkt lag ich in Sakran auf meinem Bett, betete und bat Gott, dieses Treffen doch tatsächlich zu ermöglichen. Wenn es nicht geschah, würde das außerdem für mich bedeuten, dass ich Gott nicht wirklich zu mir sprechen hörte.

Um 16 Uhr blitzte plötzlich in meinem Kopf der Gedanke auf: *„Es ist geschehen."* Was? Was war geschehen? War Tillerson abgereist? War alles vorbei?

Am nächsten Tag brachte mir meine Anwältin folgende Nachricht von Norine: „Um 16 Uhr habe ich einen Anruf erhalten, in dem mir gesagt wurde, ich solle mich mit Tillerson in seinem Hotel treffen."

Gott hatte mich auf Tillersons Tagesordnung gesetzt. *Er hat tatsächlich zu mir gesprochen!*

Norine traf sich mit Außenminister Tillerson an einem Donnerstag, und am Freitag traf ich mich mit meiner Anwältin Suna. Zuvor waren sie und Norine bei der Staatsanwaltschaft vorbeigegangen, und zum ersten Mal überhaupt sah Suna optimistisch aus. Sie lächelte sogar.

„Außenminister Tillerson hat Sie bei Präsident Erdogan erwähnt, der daraufhin sagte, dass er von Ihrem Fall wisse. Und – hören Sie sich das an, Andrew – Erdogan sagte Tillerson gegenüber, dass eine formelle Anklage kurz vor der Verkündung steht. Außerdem sagte der Staatsanwalt, dass er in den nächsten zwei Wochen alles abschließen wird. Er habe der Polizei mitgeteilt, dass sie nur noch eine Woche Zeit haben, um die gesammelten Beweise vorzulegen, und wenn dann etwas fehlen würde, würde es leider zu spät sein. Er meinte, dass er dann alles bewerten würde, was die Polizei vorlegt, und wenn sich daraus dann kein Fall ergeben würde, würde er die Sache fallen lassen, und Sie werden freigelassen."

Ich ließ ihre Worte sacken, ich sog sie regelrecht in mich auf. Zum ersten Mal seit Monaten konnte ich spüren, wie Hoffnung in mir aufstieg.

Daraufhin vergingen einige Wochen und nichts geschah. Also ging Norine erneut zum Staatsanwalt, doch der wich ihr aus.

Und als Suna wieder zu Besuch kam, lächelte sie nicht mehr: „Ich will nicht, dass Sie sich noch Hoffnungen machen, Andrew."

„Machen Sie sich darüber bitte keine Sorgen, Suna."

„Der Staatsanwalt ist zurückgerudert und hat gesagt, dass es ein Video von Ihnen gibt, das er als Beweismittel werten wird."

„Was denn für ein Video? Beweis wofür?"

„Das weiß ich nicht. Ihre Akten sind leider versiegelt."

Ich war enttäuscht, und ich war auch besorgt. An oberster Stelle musste sich wieder etwas verändert haben, und ich war mir ziemlich sicher, dass es ein politisches Kalkül war, das mich im Gefängnis hielt. Die Türkei stand kurz vor einem Referendum über Erdogan, der zu einem Präsidentschaftssystem wechseln wollte, das ihm auch per Gesetz die Macht geben würde, die er in der Praxis bereits übernommen hatte. Im besten Fall würde mein Fall während dieses Referendums auf Eis gelegt werden.

· · · · · · · · · · · · · ·

Im Anschluss an Erdogans Triumph im April lud Präsident Trump ihn zu einem Gipfel am 16. Mai nach Washington ein. Von den diesem Gipfel vorausgehenden Treffen gab es gute Nachrichten. Aufgrund von Informationen, die CeCe, unsere Anwältin am *American Center for Law and Justice* (ACLJ), erhalten hatte, hatte sie Norine sogar vorgeschlagen, dass sie die Hochzeit unserer Tochter Jacqueline für Juni planen könne. Ich würde sie wohl bald zum Altar führen können.

Trotz dieser guten Entwicklung war ich immer noch besorgt, aber als Norine mir sagte, dass mein Name auf die Tagesordnung des

Gipfels gesetzt worden war – dass die Präsidenten Trump und Erdogan selbst über mich sprechen würden –, erlaubte ich mir, Hoffnung zu hegen. Bestimmt würden sie über meinen Fall sprechen. Und es würde Erdogan nichts kosten, mich als Geste des guten Willens freizulassen, da er wusste, dass ich unschuldig war.

Zwischen der Nachricht von dem Gipfel und der Erinnerung an meinen Traum, der auf den 22. Mai als Datum meiner Freilassung hinwies, unternahm ich einen Schritt des Glaubens. Ich war unsicher, und ich war auch sehr besorgt, aber ich schickte meine Winterkleidung nach Hause und sortierte meine Sachen in diejenigen, die ich mitnehmen und diejenigen, die ich im Gefängnis zurücklassen würde.

Alles sah prinzipiell gut aus, aber einige Dinge, die ein Zeichen für den Zynismus der türkischen Regierung waren, beunruhigten mich dann doch.

So fragte der Staatsanwalt am Wochenende des 1. Mai – einem Feiertagswochenende – Norine nach dem Passwort für mein Mobiltelefon. Sie hatten mir am 7. Oktober mein Telefon abgenommen und jetzt erst, acht Monate später, beschlossen sie, es zu untersuchen. Sie haben nach etwas – nach irgendetwas – gesucht, bevor die Delegation in die USA reiste.

Außerdem hatte Außenminister Mevlut Cavusoglu bei den Vortreffen der US-Delegation gesagt: „Wir wollten Brunson ja vor zwei Wochen entlassen, aber er sagte, dass er bleiben wolle." Das war absurd. Schließlich hatte ich mehrmals geschrieben und um meine Rückkehr in die USA gebeten.

Also eilte meine Anwältin sofort zu mir. Sie ließ mich eine Erklärung unterschreiben, die glasklar besagte, dass ich die Türkei verlassen möchte. Aber es hatte schon genug Schlaglöcher auf dieser Straße gegeben, um mich wissen zu lassen, dass meine Abreise auf keinen Fall glatt verlaufen würde.

Am Tag des Gipfeltreffens klebten alle meine Zellengenossen vor dem Fernseher, als die Ereignisse aus Washington übertragen wurden, doch ich konnte nicht zusehen. Ich verbrachte deshalb den Tag damit, dass ich verzweifelt fastete und betete. Am Abend hörte ich dann den Nachrichtensprecher den Beginn des Gipfeltreffens zwischen Präsident Erdogan und Präsident Trump im Oval Office verkündigen. Es dauerte gerade mal 23 Minuten.

Ich lag anschließend auf meinem Bett und weinte. Ich konnte mir nicht vorstellen, dass in so kurzer Zeit mein Name hatte zur Sprache gebracht werden können. Alles wies für mich darauf hin, dass jede Gelegenheit, die sich mir zur Freilassung geboten hatte, gerade zunichtegemacht worden war.

Ich verbrachte den ganzen nächsten Morgen auf dem Hof und hoffte, dass es zwischen den beiden Politikern irgendwie doch ein Gespräch über mich gegeben hatte. Und ein paar Stunden danach geschah es.

Einige meiner Zellengenossen begannen, meinen Namen zu rufen. „Kommen Sie schnell rein, Andrew. Sie reden im Fernsehen über Sie!"

Die Kommentatoren erzählten, dass Präsident Trump mich nicht nur einmal erwähnt hätte, sondern in ihrem kurzen Gespräch drei Mal nach mir gefragt hatte.

„Das ist wirklich erstaunlich", sagte der eine Kommentator. „All die großen Themen, die sie besprechen müssen, und das ist das Thema, das Trump dreimal zur Sprache bringt? Wer ist dieser Pastor überhaupt?" Und die anderen Nachrichtenkanäle erzählten dieselbe Geschichte.

Einige meiner Zellenkameraden gratulierten mir. „Andrew, Ihr Präsident hat nach Ihnen gefragt. Jetzt wird es nicht mehr lange dauern. Vielleicht morgen oder höchstens in ein paar Wochen werden sie einen Weg finden, Sie gehen zu lassen, ohne ihr Gesicht zu verlieren."

Ich war nicht nur verblüfft, ich war erfreut. Es war eine Sache, dass Präsident Trump mich bei solch einem kurzen Treffen überhaupt zur Sprache brachte. Aber drei Mal? Mehr hätte ich nicht verlangen können.

Vor einigen Monaten hatte ich grübelnd zu Norine gesagt: „Wenn tatsächlich zwei Präsidenten über mich sprechen werden, wird es vielleicht ein Wunder sein." Schließlich ist es überaus schwierig, zum US-Präsidenten vorzudringen. Und wenn man zu ihm vordringen kann, wird er dann Interesse zeigen? Und wenn er Interesse zeigt, wird er sich später noch daran erinnern? Und wenn er sich daran erinnert, wird er tatsächlich etwas in diesem Fall unternehmen?

Sie hatten wirklich über mich gesprochen. Hier war mein Wunder. Und so ließ ich es einige Augenblicke lang zu, dass ich mich fragte, wie lange es wohl dauern würde, bis ich wieder zu Hause wäre.

Aber ein Nachrichtensprecher hatte eine andere Meinung dazu. Er machte seinen eigenen Vorschlag, wie man mit mir umgehen sollte: „Wissen Sie, wie ich es formulieren würde, wenn ich eine Zeitungsüberschrift verfassen müsste? Ich würde schreiben: ‚Gebt uns den Imam und nehmt den Pastor.'"

Ich spürte, wie mir der Boden unter meinen Füßen weggezogen wurde. Der Imam war Fethullah Gülen, Staatsfeind Nummer eins der Türkei, und der Mann, den Erdogan für die Leitung des gescheiterten Putschversuchs verantwortlich machte. Er lebte derzeit in Pennsylvania, und Erdogan wollte, dass man ihn in die Türkei zurückschickte.

Am nächsten Tag ging ich wieder im Hof umher, als ich erneut meine Mitgefangenen rufen hörte. „Andrew, Sie sind wieder im Fernsehen."

Der Außenminister sprach über mich auf einem nationalen Nachrichtenkanal. Er sah nicht einfach nur ernst aus, er sah wütend aus. „Dieser Pastor Brunson ist ein Terrorist", spie Cavusoglu aus. „Er steht mit der FETÖ in Verbindung. Er steht auch mit der PKK in Verbindung. Wir haben den Amerikanern seine Akte mit allen Beweisen gegen ihn übergeben. Dieser Fall wird vor Gericht weitergeführt."

Ich war niedergeschmettert. Einer der obersten Regierungsbeamten – Erdogans Sprecher – erklärte öffentlich, dass ich mich des

Terrorismus schuldig gemacht hätte. Kein Gericht in der Türkei würde mich jetzt noch gehen lassen.

Wenige Stunden später wurden uns die Zeitungen gebracht. Ich wollte nicht hinsehen, aber ich wusste, dass ich es musste. Und tatsächlich zog sich eine Schlagzeile über die gesamte Titelseite: *Gebt uns den Imam – nehmt den Pastor.*

Der Höllenschlund hatte sich geöffnet.

TEIL VIER

13
DER HAI

Tagelang feierten die Medien meine Geschichte, beschuldigten mich, ein Terrorist zu sein, und nannten mich „Spionagepastor". Es war, als wären sie hungrige Wölfe und ich ein verletztes Lamm. Was mich wirklich erschreckte, war das Wissen, dass die Regierung diesen Ansturm orchestrierte. Sie hatten den Medien die Richtung gezeigt, in die sie gehen sollten, und die Wölfe freigelassen.

Später hörte ich von jemandem, der tatsächlich bei dem Gipfeltreffen dabei gewesen war, als Präsident Trump nach mir fragte: „Ich habe Erdogan beobachtet, und ich sah, wie sich sein Gesichtsausdruck veränderte, als der Präsident um Ihre Rückkehr bat. Weil ich ihn direkt ansehen konnte, sah ich, wie sich sein Gesicht verändert hat! Es sah aus, als würde er sich gerade ausrechnen, dass er mehr Geld für Sie verlangen könnte."

Das war also seine Antwort an Trump. Ich war am Boden zerstört.

Nachdem das Gipfeltreffen für die Medien langweilig geworden war, gruben sie die Geschichte über den Bewaffneten aus, der in unsere Kirche gestürmt war und versucht hatte, mich zu erschießen. Sie verkündeten, dass ich meinen Angreifer besiegen konnte, indem ich auf das zurückgriff, was sie lächerlicherweise als meine fortgeschrittene CIA-Ausbildung bezeichneten, und begannen mich nun „Rambo-Pastor" zu nennen.

Ein anderer Bericht erklärte, dass die Polizei unsere Wohnung durchsucht hätte – was nicht der Fall war – und ein Versteck mit Trainingshandbüchern der Spezialeinheiten gefunden hätte, die bewiesen, dass ich ein US-Militäroffizier war, der heimlich eine Reihe von US-Spezialeinheiten in der Türkei befehligte.

Als sich die Geschichte hinzog, wurden die Behauptungen immer wilder. Ich wurde beschuldigt, an der Organisation des Putschversuchs mitgewirkt zu haben, und dann, dass ich als CIA-Agent für die Türkei und sogar für die gesamte Nahost-Region verantwortlich wäre. Wieder andere berichteten, es sei eine Tatsache, dass man mir sogar den Posten des CIA-Direktors angeboten hätte, wenn ich Erdogan beim Staatsstreich erfolgreich zu Fall gebracht hätte.

Eigentlich hätte ich diese vielen Geschichten lustig finden können, wenn sie es nicht todernst gemeint hätten, und das wiederum hat mich in Angst und Schrecken versetzt. Jeden Morgen war ich draußen, sobald die Wachen die Tür zum Hof öffneten, und ging immer wieder die sieben Schritte auf fünf Schritte ab. Ich tat dies in der Hoffnung, dass ich, wenn ich tagsüber genug liefe, müde würde und nachts die Chance hätte, etwas Schlaf zu finden. Ich wollte unbedingt schlafen.

Aber eigentlich hatte ich auch keine andere Wahl, denn ich konnte nicht einmal für die kürzeste Zeit stillstehen geschweige denn mich hinsetzen. Sobald ich nicht mehr in Bewegung war, begann in mir Panik aufzusteigen, die mich an den Rand des Wahnsinns trieb und mich dazu brachte, mir mit den bloßen Fingernägeln einen Weg aus meiner Zelle hinaus zu kratzen. Ich ging ständig umher, und in all den Monaten, in denen ich in Sakran war, habe ich mich nur ein Dutzend Mal zum Essen hingesetzt. Ich war wie ein Hai: ständig wachsam, ständig in Bewegung. Nur auf diese Weise gelang es mir zu überleben.

Trotz der schroffen Reaktion von Erdogan klammerte ich mich weiter an den Hoffnungsschimmer, dass noch immer etwas geschehen *konnte*. Denn der 22. Mai, der 68. Tag, den ich im März in meinem Traum gesehen hatte, war noch einige Tage entfernt. In der darauffolgenden Nacht hatte ich einen Traum, in dem ich ein wunderschönes

Lied hörte, mit einem ausgeklügelten Arrangement und einer Stimmlage, wie ich sie noch nie zuvor gehört hatte – als ob ein Chor von Engeln singen würde. Die Musik beeindruckte mich so sehr, dass ich, als ich aus dem Schlaf erwachte, den Refrain mitsang: *Halleluja, die Ketten sind zerbrochen, halleluja.* Dieses Lied kam eindeutig von Gott, denn ich selbst hätte mir das nicht ausdenken können. Nach dieser abscheulichen Schlammschlacht in den Medien dachte ich genau das Gegenteil von dem, was ich da sang: dass ich für immer gefangen bleiben würde. Das war lebendige Hoffnung, die direkt aus dem Himmel zu mir herabfloss. Gewiss wollte Gott mich beruhigen.

. . . .

Am Morgen des 22. Mai erzählte mir mein Freund Kaya, er habe gerade geträumt, dass ich entlassen werde und dass es schnell gehen würde. Dies sollte mein Tag der Befreiung sein, aber als ich Norine ein paar Stunden später bei unserem Besuch sah, gab es leider nichts zu feiern. Sie versuchte, mich zu ermutigen, noch nicht aufzugeben. Hinter den Kulissen könnte sich ihrer Meinung nach immer noch einiges abspielen, und wir sollten dem eine oder zwei Wochen Zeit geben. Aber ich begann zu zerbrechen.

Ich wusste, dass ich viel lieber im Himmel sein würde, als jahrelang in einem türkischen Gefängnis in der schrecklichen Isolation und dem bedrückenden geistlichen Umfeld zu bleiben. Deshalb war ich nun entschlossen, meiner Angelegenheit noch mehr Gewicht zu verleihen.

„Norine", sagte ich, wobei sich meine Augenlieder fast zu schwer anfühlten, um sie offen zu halten, „ich werde in den Hungerstreik treten, wenn bis Anfang Juni nichts passiert ist."

Ich hatte das sehr genau durchdacht. So ein Hungerstreik wäre nicht so unmittelbar und unumkehrbar wie ein Strick und gäbe den

Behörden genug Zeit, über meine Freilassung zu entscheiden. Und wenn sich nichts änderte, dann war ich bereit zu gehen.

Norine schaute mich an, schüttelte den Kopf und sagte: „Tu das nicht, mein Liebster. Bitte warte damit."

Kurze Zeit nach diesem Gespräch bat ich darum, den Gefängnisarzt zu sprechen. Ich wusste, dass ich seit dem letzten Oktober abgenommen hatte. Und ich wollte wissen, in welcher Verfassung ich war, bevor ich in den Hungerstreik trat. Aber als ich auf der Waage stand und sah, wo sich der Zeiger einpendelte, war ich geschockt. Ich hatte seit der Verhaftung über 22 Kilo abgenommen. Wenn ich mit dem Essen ganz aufhören würde, würde ich wahrscheinlich keinen Monat überleben, und das wäre vermutlich nicht genug Zeit, dass Behörden reagieren konnten.

Diese Tatsache hat mich ernüchtert, aber sie hat meine Perspektive nicht geändert. Und tatsächlich fühlte ich mich dadurch noch schlechter, denn damit war mir ein weiterer Ausweg verschlossen worden.

Als ich in Harmandali gewesen war, war ich absolut tief abgestürzt. Ich hatte mich von Gott verraten gefühlt, weil meine Erwartung, dass ich am 12. Dezember freigelassen würde, nicht erfüllt worden war. In den letzten Monaten war ich dann langsam wieder aus dieser Grube herausgekrochen. Auch weil ich angenommen hatte, dass Gott mir versprochen hätte, bereits während des Fastenmonats Ramadan nicht mehr im Gefängnis zu sein und sogar im Sommer zur Hochzeit von Jacqueline zu Hause sein würde. Und dann war da auch noch der Traum von den 68 Tagen gewesen – war der nicht von Gott gekommen? Warum hatte Gott zugelassen, dass ich – erneut – so betrogen wurde? Ich konnte spüren, wie mir alles entglitt, und ich fühlte mich wie in Zeitlupe.

Aber die Achterbahnfahrt war noch nicht vorbei. Nachdem sie am 22. Mai wieder nach Hause gegangen war, erhielt Norine einen Telefonanruf, in dem ihr mitgeteilt wurde, dass tatsächlich eine Einigung erzielt worden sei. Die Präsidenten würden sie in einigen Tagen auf einem NATO-Gipfel mit einem Handschlag besiegeln.

„Packen Sie Ihre Koffer", wurde ihr am nächsten Tag gesagt. „Und sorgen Sie dafür, dass Sie auch ein paar Kleider für Andrew eingepackt haben."

Ich war verblüfft, als sie mir all das erzählte. Ich war nicht getäuscht worden. *Mein Traum war richtig gewesen.* Wer außer Gott konnte das erreicht haben? Wer sonst konnte die Ereignisse so arrangieren, dass sich genau an dem vorhergesagten Tag – 68 Tage später – zwei Regierungen bewegen würden?

Doch zwei Tage später brachen die Türken das Abkommen wieder und der Handel war vom Tisch.

. . . .

Mein ganzes Leben lang hatte ich geglaubt, dass Gott allmächtig ist, dass sich das Universum auf nur einen Fingerzeig von ihm komplett auf den Kopf stellen würde. Und ich glaubte das noch immer, aber das Einzige, an das ich denken konnte, war, dass Gott irgendwie ausgebremst worden war. Er hatte geplant, mich aus dem Gefängnis rauszuholen – hatte er nicht alles so arrangiert, dass es eine Vereinbarung der Politiker gab? Hatte er mir nicht ein entsprechendes Zeichen gegeben? Aber in letzter Minute hatte er seinen Plan aus irgendeinem Grund dann doch nicht durchsetzen können.

Es gab nur eine Schlussfolgerung, zu der ich in diesem Moment kommen konnte: Gott hatte sich selbst begrenzt und sein Plan war deshalb gescheitert. Entweder das, oder er hatte seine Meinung geändert. Was wäre schlimmer – dass er seine Meinung geändert hatte oder dass er ausgebremst wurde? Beide Möglichkeiten erschreckten mich zutiefst.

Ich wollte über die Zusammenhänge noch nicht einmal nachdenken, aber gleichzeitig konnte ich ihnen nicht entkommen. Wenn Gott beschlossen hatte, mich hierzulassen, oder wenn er mich nicht retten konnte, welche Hoffnung hatte ich dann, jemals wieder in Freiheit zu gelangen? Ich stürzte in die größte Glaubenskrise und in die größten Zweifel, die ich in meinem Leben erfahren hatte. Dabei war ich nicht wütend auf Gott und ich habe ihn auch nicht angeschrien, wie ich es noch im Dezember getan hatte. Ich war einfach fassungslos, benommen und durch und durch zerbrochen.

Und ich dachte wieder über das Wäscheseil im Hof nach. Obwohl ich wusste, dass es eine beschämende Niederlage sein würde, und obwohl ich auch wusste, dass es überhaupt nicht das war, was Gott für mich wollte, konnte ich dem Gedanken an Selbstmord nicht entfliehen.

Als ich eines Tages auf meinem Bett lag, wimmerte ich in halbherzigem Trotz: „Gott, mein Ruf ist mir egal. Und um deinen Ruf kannst du dich selbst kümmern. Schließlich bist du es, der mich hier im Gefängnis hält."

Ich war im freien Fall. Und der Himmel war nur eine Wäscheseillänge entfernt.

. . . .

Wieder einmal saß ich Norine getrennt durch das Drahtglas gegenüber. Ich hörte ihr zu, wie sie versuchte, mich zu ermutigen.

„Versprich mir, dass du dir diese Woche nicht wehtun wirst, mein Liebster. Das musst du mir versprechen."

Ich lehnte meinen Kopf gegen das Glas und presste meine Hand dorthin an die Scheibe, wohin sie ihre auf der anderen Seite gelegt hatte. Ich war in jeder Hinsicht unbeschreiblich müde.

„Andrew, ich spreche *Leben* über dich aus. Du wirst leben und nicht sterben. Unsere Kinder brauchen einen Vater!" Sie fuhr fort: „Andrew, es gibt so viele Menschen, so viele Kinder, die für dich beten. Gott legt dich ihnen aufs Herz. Sie erinnern ihre Eltern ständig daran, für dich zu beten, und sie essen erst ihre Mahlzeit, wenn sie für dich gebetet haben. Ich habe gerade erst von einem kleinen autistischen Jungen gehört, der dich nie vergisst. Einige von ihnen haben Süßigkeiten gefastet oder verzichten auf ihre Handyspiele. Weißt du, wie treu die Gebete der Kinder sind und wie viel Glaube in ihnen steckt? Das ist nicht der vorrangige Grund, aber es wäre wirklich ein Schlag für all diese Menschen, wenn du dir etwas antun würdest."

Ich hörte, was sie sagte. Und ich versprach ihr, mir in dieser Woche nichts anzutun.

Als ihr Besuch vorbei war, bat ich die Wachen, mich direkt zum Gefängnisdirektor zu bringen. Sie taten das auch tatsächlich und setzten mich auf einen Stuhl vor seinem Schreibtisch.

Sobald ich dort saß, brach ich zusammen, schluchzte in meine Hände und mein Körper zitterte heftig. „Ich kann damit nicht umgehen", sagte ich. „Ich habe ständig Panik und schlafe nicht. Ich habe über 20 Kilo verloren und nun acht Monate lang um Selbstbeherrschung gekämpft, doch jetzt ich kann einfach nicht mehr. Ich brauche Hilfe – ich brauche Medikamente."

Damals, als ich in Sakran ankam, hatte ich Angst gehabt, dass der Direktor mich als Problem betrachten, aus der Zelle entfernen und in Einzelhaft stecken würde. Diese Angst hatte mich verändert, indem der monatelange Stress meinen Körper mit Adrenalin überflutet hatte. Inzwischen hatte das so lange angehalten, dass mein Nervenkostüm völlig abgenutzt war.

Mittlerweile überkamen mich die Panikattacken wie Wellen, ohne dass ein bestimmter Auslöser nötig war. Ich habe nicht die Panik gewählt – sie stürzte einfach über mich herein. Und Panik, die mit Verzweiflung vermischt wird, ist eine tödliche Kombination. Deshalb konnte ich mir selbst nicht mehr vertrauen.

Der Gefängnisdirektor lehnte sich zu mir herüber und brachte ein halbes Lächeln zustande: „In Ordnung. Wir bringen Sie zu einem Psychiater."

Aber ich war noch nicht fertig: „Es ist so heiß in der Zelle, dass ich nicht schlafen kann und ständig schweißgebadet bin. Mein Körper ist abgenutzt – ich breche gerade zusammen. Kann ich bitte einen Ventilator an meinem Bett haben?"

Ich hatte zuvor versucht, einen Ventilator aus dem Gefängnisladen zu kaufen – er stand auf deren Liste, also hätte es möglich sein müssen –, aber meine Anfragen waren ignoriert worden. Der Direktor sagte zu einer Wache: „Schauen Sie im Lagerbereich nach – suchen Sie einen Ventilator und ein Verlängerungskabel und stellen Sie sicher, dass beides zu ihm gelangt."

Und tatsächlich, am Nachmittag bekam ich den Ventilator.

Das brachte mir sofort etwas Erleichterung. Ich stellte ihn auf mein Bett und ließ mich direkt davon anblasen. Die Türken haben bekanntermaßen Angst, sich bei jedem Luftzug zu erkälten. Einige der Männer in der Zelle begannen sich zu beschweren, dass der Ventilator sie alle krank machen würde. Also versuchte ich, ihn so auszurichten, dass es diejenigen, die sich beschwerten, nicht mehr störte, und war erleichtert, als die Personen, die meinem Bett am nächsten waren, mich baten, ihn zu ihnen zu drehen. Die Hitze hatte über ihre anfänglichen Befürchtungen gesiegt.

Die übliche Wartezeit auf einen Termin bei einer Psychiaterin betrug einige Monate – sie kam einmal pro Woche ins Gefängnis, und es gab etwa 10.000 Gefangene. Weil sich der Direktor Sorgen um mich gemacht haben muss, wurde ich auf die Liste für einen sofortigen Besuch gesetzt. Doch leider tauchte die Psychiaterin in dieser Woche einfach nicht auf. Stattdessen wurde ich zum Gefängnisarzt gebracht. Er hatte jedoch keinerlei Interesse an meinen Bitten um Medikamente.

„Ich will Ihnen nicht mehr zuhören", sagte er und wedelte mit der Hand, als würde er eine Mücke wegschlagen. „Bringen Sie ihn weg." Dann zögerte er: „Aber geben Sie ihm zuvor noch eine Valiumspritze."

Weil ich noch nie zuvor Valium genommen hatte, überraschte mich die Geschwindigkeit, mit der es wirkte. Innerhalb einer Minute sackte ich auf meinem Stuhl zusammen, und ich konnte nur wieder in meine Zelle zurückkehren, weil mich zwei Wachmänner hochhielten und halb mitschleppten.

Es fühlte sich großartig an. Meine Panik war wie weggewischt, als ob sie jemand anderem gehören würde. Und ich nahm sogar meine Hofgänge wieder auf und stolperte die nächsten paar Stunden dort wie ein Zombie umher.

Sosehr ich das Gefühl mochte, wie das Valium in meinem Körper wirkte, sosehr wollte ich mehr davon, als es nachließ. Die Panik kehrte zurück, und das Zittern fing wieder an. Als die Wachen das nächste Mal zur Tür kamen, kniete ich an der Luke und flehte sie um Hilfe an.

Am nächsten Nachmittag wurde ich wieder in die Klinik gebracht und erhielt eine weitere Valiumspritze. Ich verbrachte die Stunden bis zum Abend in einem Gefühl der Taubheit und einer Art Erleichterung. Dann ließ die Droge allmählich nach und die Panik konnte sich durchfressen und mich wieder packen.

. . . .

Am 5. Juni durfte Norine mich endlich wieder einmal ohne die trennende Scheibe zwischen uns besuchen. Es war ihr Geburtstag, und wir saßen nebeneinander auf einer Bank. Ich hatte einen Saftkarton und Kekse mitgebracht, damit wir gemeinsam das Abendmahl feiern konnten. Doch während ich Norine ansah, merkte ich, wie tief Sorge und Schmerz in ihr Gesicht eingegraben waren. Dazu trug sicher auch mein unaufhörliches Zittern bei, das auch dadurch nicht besser wurde, dass ich meine Arme um meine Brust schlang.

„Norine", sagte ich, während ich meine Fingerspitzen zwischen meine Rippen legte, „ich traue mir selbst nicht mehr. Ich kann nicht versprechen, dass ich mir nicht doch noch etwas antun werde. Ich brauche Hilfe. Deshalb versuche ich auch, Medikamente zu bekommen."

Nach einer Woche täglicher Valiumspritzen konnte ich endlich die Gefängnispsychiaterin aufsuchen. Die Medikamente, die sie mir verschrieb – Xanax gegen meine Angstzustände, Antidepressiva und etwas anderes, das mir beim Schlafen half –, begannen schnell zu wirken. Ich fühlte mich ruhiger. Zwar konnte ich immer noch spüren, wie die Angst unter der Oberfläche brodelte, aber meistens überwand sie die Xanax-Barriere nicht.

Bei Norines nächstem Besuch war sie erleichtert, mich in einem besseren Zustand zu sehen. Ich spürte sogar, wie sich auf meinem Gesicht ein Lächeln bildete. Und als ich sie fragte, wie es ihr ginge, sah sie überrascht aus.

Monatelang hatte ich all meine Energie und Konzentration nur darauf verwendet, die Panik zu bekämpfen, die mich innerlich auffraß. Aber jetzt, da die Medikamente die Angst zurückhielten, konnte ich leichter über mich hinausschauen. In den letzten paar Nächten hatte ich immer wieder das Foto betrachtet, das wir während Norines Besuch an ihrem Geburtstag aufgenommen hatten. Sie war für mich auch zu diesem Zeitpunkt die einzige und schönste Frau auf der Welt, aber auf diesem Bild konnte ich auch ihre Müdigkeit und ihren Schmerz sehen. Ich wusste, dass sie sich mit mir in dem uns beide verzehrenden Feuer befand. Nun brach mir das Herz auch wegen ihr.

Und mein Herz brach auch wegen unserer Kinder. Ich weinte, als ich an die Zeit dachte, die ich mit ihnen verpasste. Seit neun Monaten hatte ich ihre Stimmen nicht mehr gehört, und ich wusste, dass das auch für sie sehr schwer war. Besonders Blaise hatte Schwierigkeiten damit, und ich sehnte mich danach, für ihn da zu sein.

Bei diesem letzten Besuch hörte ich auch zum ersten Mal, dass Jacqueline einige Monate zuvor in einer standesamtlichen Zeremonie

Kevin geheiratet hatte. Norine wusste, dass ich das gutheiße, hatte mir diese Neuigkeit aber vorenthalten, weil sie dachte, es würde mich traurig machen. Aber ein Trost war es mir, dass sie mit der kirchlichen Hochzeit auf mich warteten.

Von Norine hörte ich auch, dass sie aus großer Angst um mein Leben immer wieder folgendes Gebet betete: „Herr, wenn du nicht etwas tust, wird Andrew sich das Leben nehmen. Ich habe gebetet, was ich nur beten konnte, andere beten mit, was kann ich tun? *Du musst etwas tun.*"

Während sie mir davon berichtete, weinte sie zum ersten Mal, seitdem ich in Sakran war. Es fiel mir so schwer, sie weinen zu sehen und nichts tun zu können.

Nachdem ich nun medikamentös eingestellt war, ebbte die schlimmste Panik ab, und damit wurde auch die Intensität meiner Selbstmordgedanken geringer. Ich befand mich zwar immer noch in einer täglichen Achterbahnfahrt der Gefühle, aber die Höhen und Tiefen waren weniger extrem.

Hunderte Male am Tag hauchte ich das Gebet vor mich hin: „Gott, ich habe keine Kraft mehr. Ich kann nur auf deine Gnade warten. Ich kann mich nicht festhalten, du musst mich festhalten."

Gleichzeitig begann ich, gegen die dunklen Gedanken anzukämpfen, die mich an den Abgrund getrieben hatten. Dabei half mir auch der Satz: „Andrew, der in Christus geborgen ist, wählt das Leben." Ich sagte ihn jedes Mal, wenn ich an Selbstmord dachte. Norine hatte mir regelrecht befohlen, ihn immer wieder zu wiederholen.

Das Xanax konnte es jedoch leider nicht leisten, mit der Trauer tief in mir umzugehen. Ich wollte unbedingt leben – aber nicht so. Trotzdem plante ich nicht mehr, mich umzubringen, das hatte ich mittlerweile entschieden. Aber ich bat Gott weiterhin darum, es für mich zu tun: *Entweder schickst du mich nach Hause oder du bringst mich in den Himmel.* Dies tat ich jedoch nicht aus Groll oder Wut gegen Gott, sondern weil ich einfach nicht mehr weiterwusste.

So rannten an dem Tag, an dem ein Erdbeben das Sakran-Gefängnis traf, die meisten Männer in den Hof. Ich aber blieb auf meinem Bett liegen und wartete darauf, dass das Gebäude auf mich fallen würde. Es war mir einfach egal.

Während dieser Zeit begann in mir ein regelrechtes Tauziehen und spitzte sich zu. Der eine Andrew begann zu beten: „Da ich sowieso leide, soll es wenigstens nicht umsonst sein; vollende das Werk, das du in mir tun willst."

Und der andere Andrew antwortete darauf: „Wen interessiert das? Befreie mich, sei es, indem du mich zu meiner Familie zurückbringst, oder dass ich in den Himmel gehe; ich kann das alles hier nicht mehr ertragen."

Diese beiden Andrews befanden sich täglich in einem Ringkampf miteinander. Und während der eine mit Gott rang, versuchte der andere, sich mit ihm zu arrangieren.

14
EIN SCHMELZOFEN DER ÄNGSTE

Soweit ich es beurteilen konnte, war ich der einzige Mann in der Zelle, der mit seinem Gott rang. Die anderen konnten meine Qualen, meine Zweifel, mein Rufen zu Gott nicht nachvollziehen. Ich sah ihn immer noch als Vater an, weshalb die Stille und Distanz, die ich von ihm erfuhr, für mich zutiefst verwirrend waren.

Für meine 21 Zellenkameraden lagen die Dinge jedoch anders. Als Muslime teilten sie meine Erwartung nicht, dass Gott mich mit seiner Gegenwart trösten würde. Auch nicht, dass er seine Liebe dadurch zeigen würde, dass er mich im Gefängnis seine Stimme hören ließe. Sie waren an Allahs Schweigen gewöhnt. Außerdem glaubten sie, dass dies ihr von Allah verordnetes Schicksal sei und es ihnen beim Jüngsten Gericht Gunst einbringen würde, wenn sie selbst in dieser Zeit der Prüfung seinen Regeln folgten. Und so verdoppelten sie ihre Bemühungen, indem sie sich in die Rituale ihrer Religion stürzten. Sie waren alle ernsthafte Muslime, die sich leidenschaftlich für die Einhaltung der Gesetze des Islams einsetzten. Die meisten von ihnen waren es bereits in Freiheit gewesen, und diejenigen, die es nicht gewesen waren, wurden es im Gefängnis.

Als ich zum ersten Mal in unserer Acht-Mann-Zelle ankam, war sie überfüllt, aber zumindest war es meinen elf muslimischen Zellengenossen möglich, ihre Matten oben im Schlafbereich auszulegen und zur selben Zeit gemeinsam zu beten. Jeder von ihnen wollte unbedingt das Gefängnis verlassen und glaubte, dass der beste Weg dazu war, alle ihre Gebete zu verrichten. So könnten sie Allah dazu bewegen, in ihrem Namen zu intervenieren. Als noch weitere Gefangene dazukamen und die Zelle weit über ihre Kapazität belegt wurde, blieb nur die Möglichkeit, dass die Männer sich in ihren Gebetszeiten abwechselten. Und so wurde das, was als eine dreißigminütige Gebetssitzung fünfmal am Tag begann, zu einem intensiven Nonstop-Gebetsgottesdienst.

Doch leider reichte es ihnen bald nicht mehr, dass sie fünfmal am Tag die üblichen Gebete sprachen. Es genügte ihnen auch nicht, zusätzliche Gebete zu sprechen. Also verlängerten sie ihre Gebetszeiten mit Gesangszeiten, in denen sie die verschiedenen Namen Allahs rezitierten. Fast im selben Moment, in dem eine Gruppe damit fertig war, begann eine andere. Mehrmals am Tag bildeten sich diese Gruppen, die miteinander den Koran sangen. Sieben oder acht Männer saßen im Kreis und übernahmen abwechselnd die Führung der Gesänge, wobei sie alle auf Arabisch rezitierten.

Nur relativ wenige Türken können den Koran auf Arabisch lesen, aber jeder in unserer Zelle war dazu fähig – und diejenigen, die es bis dahin nicht gekonnt hatten, lernten es fleißig. Wenn also einmal kein Gebet oder Sprechgesang stattfand, wurde die Möglichkeit dazu genutzt, dass einer der Männer die anderen im Koran unterrichtete. Und als wäre das nicht schon genug, schlug irgendwann einer der Männer vor, einmal pro Woche den gesamten Koran laut vorzulesen. Diese Aufgabe wurde dann auf alle in der Zelle verteilt.

Hinzu kam, dass viele meiner Mitgefangenen ihre eigenen persönlichen Rituale hatten. Dazu gehörte das vierzehnmalige Rezitieren eines bestimmten Kapitels des Korans pro Tag über einen Monat hinweg. Oder das zehntausendmalige Wiederholen einiger bestimmter Gebete, wo sie gingen und standen, weil sie gehört hatten, dass dies zu einer Entlassung aus dem Gefängnis führen würde. Weil tagsüber einige meiner Zellengenossen fasteten und deshalb über Tag schliefen, setzten sich diese Männer mitten in der Nacht nach unten und studierten den Koran. Es gab also kaum eine Stunde, weder tagsüber noch nachts, in der nicht irgendeine religiöse Aktivität in meiner Zelle stattfand.

Ich versuchte, es zu ignorieren, aber weder drinnen noch draußen gab es ein Entkommen vor dem ständigen Geräuschpegel, den die Menschen durch ihre arabischen Gebete und geistlichen Diskussionen auf Türkisch verursachten.

Eines frühen Abends hörte ich schweigend zu, als das Gespräch auf Jesus kam. Einige der Männer hatten mir bereits gesagt, dass ich der erste Christ sei, dem sie je begegnet waren. Nun sprachen sie ausführlich über die Fehler des Christentums.

„Die Bibel ist verändert worden", sagte einer. „Jesus ist nicht am Kreuz gestorben. Es gibt auf jeder Seite Widersprüche. Die Christen werden das nie zugeben, aber das ganze Buch wurde im Laufe der Jahre verändert."

„Die Christen glauben, dass Jesus, Gott und Maria allesamt Götter sind. Und sie leugnen, dass Abraham, David und Jesus alle Muslime waren."

„Okay!", murmelte ich vor mich hin, und als ich von meinem Bett aufstand und nach unten ging, sagte ich: „Wollen Sie wissen, was ein Christ glaubt? Darf ich es Ihnen sagen?"

Sie saßen schweigend da und starrten mich an.

Also machte ich weiter. Ich versuchte, ihnen den Jesus der Bibel so zu erklären, dass sie ihn verstehen würden. Außerdem legte ich ihnen die Unterschiede zwischen Islam und Christentum dar und achtete darauf, nichts über Mohammed zu sagen, was einen von ihnen beleidigen könnte.

Sie hörten tatsächlich alle zu. Einige von ihnen waren wirklich neugierig, ein paar von ihnen schauten schweigend zu, manche wirkten unglücklich und einige blickten finster drein. Nach ein paar Stunden merkte ich dann, dass ich genug gesagt hatte.

Dieses Erlebnis war ein Wendepunkt in der Zelle, denn nun wussten sie genau, wo ich stand, und dass es mir mit meinem Glauben ernst war. Einige von ihnen versuchten anschließend, mich dazu zu bewegen, zum Islam überzutreten. Außerdem tauchten von diesem Zeitpunkt an immer, wenn jemand kam und mir Fragen stellte, zwei oder drei der anderen auf und begannen, mit mir zu streiten, wodurch das Gespräch zu einem langen Diskurs über die Herrlichkeit des Islam wurde.

Irgendwann war ich es leid. Deshalb nahm ich, wenn ich gebeten wurde, noch einmal etwas zu erklären, mein türkisches Exemplar der Bibel zur Hand und sagte: „Bitte, lesen Sie das hier zuerst. Danach können wir reden."

Wenn es dann anschließend echte Neugier oder Interesse gab, antwortete ich gerne darauf.

Abgesehen von Yilmaz, einem älteren Mann in dem Bett neben mir, der die ganze Bibel von vorne bis hinten gelesen hat, wollten die meisten von ihnen das Buch nicht einmal anfassen. Aber die meisten von ihnen akzeptierten das Gebet für sie. Wenn jemand krank war, legte ich meine Hand auf ihn und betete um Heilung. So hatte zum Beispiel einer der Männer, die unfreundlich gewesen waren, ein altes Problem mit seinem Bein, und er ließ mich mehrmals für ihn beten. Im Gegenzug hörte ich manchmal, wie mein Name beim täglichen Befreiungsgebet erwähnt wurde.

. . . .

Der Rhythmus der Gebetskreise und das ständige Dröhnen arabischer Gesänge zermürbten mich. Es war, als würde man in einer Moschee leben – aber mit mehr religiöser Aktivität als in einer Moschee und viel intensiver. *La ilaha illalah, la ilaha illalah …* Ich hatte den Satz „Es gibt keinen Gott außer Allah" so viele Male psalmodiert und gesungen gehört, dass er in meinem Kopf bei Tag und Nacht in einer Endlosschleife spielte. Manchmal dachte ich, in einer Einzelzelle wäre es besser, nur um von dieser Atmosphäre, die so schwer auf mir lastete, Erleichterung zu bekommen. Andererseits fand ich es toll, wie sie sich gegenseitig unterstützen konnten. Doch es weckte in mir die Sehnsucht nach der Gesellschaft eines Mitchristen in der Zelle – jemanden, mit dem ich beten konnte, jemanden, der mich ermutigen konnte, jemanden, der mir die Wahrheit zusprechen konnte, wenn meine Zweifel zu schreien begannen. Norine war meine Rettungsleine, aber ich sah sie nur 35 Minuten pro Woche. Die restliche Zeit über war ich allein, so allein in meinem Glauben.

Zu meinem großen Bedauern hatte ich vor einiger Zeit Emin verloren. Die anderen Männer in der Zelle waren allesamt im öffentlichen Dienst beschäftigt gewesen oder kleine Ladenbesitzer. Nur wenige von ihnen waren jemals zuvor außerhalb der Türkei gewesen. Emin aber, der aus einer sehr wohlhabenden Familie stammte, hatte Zeit im Westen verbracht und die USA mehrmals besucht. Von allen in der Zelle einsitzenden Männern hatte er die Unterschiede zwischen meinem Hintergrund und dem der anderen am besten verstanden. Und in den ersten Tagen in Sakran war er derjenige gewesen, der mir geholfen hatte, mich in der Zelle und ihren besonderen Gesetzmäßigkeiten zurechtzufinden.

Doch Emin war im Februar freigelassen worden. Ich freute mich für ihn, war aber traurig, ihn gehen zu sehen. Als er gegangen war, fühlte ich mich noch stärker allein. Schlimmer war jedoch die Tatsache, dass ich niemanden mehr hatte, der mir helfen konnte, meinen türkischen Zellengenossen mein „seltsames" amerikanisches Verhalten und Denken zu erklären. Emins Reichtum und seine gesellschaftliche Stellung hatten bedeutet, dass die anderen auf ihn hörten. Mit seinem Weggang hatte ich meinen Beschützer verloren.

. . . .

Ebenso wie nach stundenlangem Beten, Singen und Koranstudium strebten meine Zellengenossen auch nach zeremonieller Reinheit. Sie hatten strenge und detaillierte Regeln zu befolgen, damit ihre Gebete auch erhört wurden. Neben der korrekten Waschung vor dem Gebet versuchten sie auch, alles zu vermeiden, was sie verunreinigen und geistlich unrein machen konnte. Die meisten Männer in der Zelle ließen mich gerne in Ruhe und ignorierten mich, aber für einige von ihnen war ich als Nichtmuslim eine Bedrohung.

Ihr Unmut über mein Verhalten begann mit dem Essen. Manchmal riss ich morgens beim Appell ein Stück Brot vom Ende des Laibes ab, um es mit etwas Käse zu essen, bevor ich ins Bett zurückkehrte. Anschließend warf ich dann hin und wieder das letzte Stückchen Kruste weg, das ich nicht aufgegessen hatte. Eines Morgens beschloss einer der Männer, der immer ein Auge auf mich hatte, mich deshalb anzugreifen.

„Was Sie machen, ist eine Sünde, Andrew."

Ich ignorierte seine Bemerkung und ging zurück ins Bett, denn ich wusste, dass er mich auf dem Kieker hatte. Schließlich gab es an jedem Tag vom Gefängnis frisches Brot, und am Ende eines jeden Tages warfen die Menschen in dieser Zelle still und leise alle Brotreste weg.

Am nächsten Tag sagte er dasselbe. Wieder ignorierte ich es und ging zurück ins Bett.

Als er mich das dritte Mal dabei erwischte, wie ich ein kleines Stückchen Kruste in den Müll warf, wandte er sich an alle anderen Männer, die sich zur morgendlichen Zählung durch die Wachen versammelt hatten.

„Das bisschen Brot würde ich niemals wegwerfen", sagte er, wobei andere zustimmend nickten. „Das ist eine Sünde, und Sie müssen damit aufhören."

„Für Sie mag es eine Sünde sein", sagte ich, „aber für mich ist es keine. Lassen Sie mich in Ruhe." Ich musste eine Grenze ziehen.

Daraufhin zog er sich etwas zurück, aber innerhalb weniger Wochen kam ein neues Thema auf. Wir aßen unsere Salate und einige andere Dinge auf die normale türkische Art und Weise aus großen Gemeinschaftsschüsseln, jeder tauchte seinen Löffel ein und aß direkt daraus. Irgendwann bemerkte ich, dass die Leute es vermieden, Essen von der Ecke zu nehmen, von der ich mit meinem Löffel genommen hatte. Schließlich geschah das Unvermeidliche, und mir wurde gesagt, dass ich nicht mehr aus ihren Schüsseln essen dürfe und dass sie mir etwas gesondert servieren würden.

„Gut", sagte ich, denn eigentlich war ich ganz froh, von meinem eigenen Teller essen zu können, aber der Grund für den Ausschluss gefiel mir nicht.

In unserer Zelle gab es viele unterschiedliche Einstellungen. Die meisten Gefangenen ließen mich in Ruhe, und einige wenige halfen mir und waren sogar fürsorglich. Ein Expolizist bot mir zum Beispiel immer ein heißes Zimtgetränk an, wenn er seinen nächtlichen Tee trank. Ein freundlicher Lehrer, der ein Koranexperte war, schnitt mir die Haare mit der Haarschneidemaschine, deren Kauf unserer Zelle erlaubt worden war. Und Kaya, ein ehemaliger hochrangiger Polizist, blieb oft an meinem Bett stehen, um mir ein ermutigendes Wort zu sagen. Aber es gab auch einige andere, die mich mit Misstrauen behandelten, und mit der Zeit steckte ihre Haltung andere an. Sie sahen mich als unrein an und ließen mich das spüren.

Viele der Männer verbrachten den Abend bis spät in die Nacht unten vor dem Fernseher. Einige ihrer Lieblingssendungen – jede bis zu vier Stunden lang – waren Geschichtsdramen. In diesen wurden die Christen als die bösen Angreifer dargestellt, die immer wieder schreckliche Taten gegen edle türkische Muslime verübten. Die Christen in den Geschichten waren Lügner, hinterhältig und verräterisch. Während unserer Jahre in der Türkei hatten wir gute Beziehungen zu den meisten Türken aufgebaut – wir liebten sie, und auf persönlicher Ebene waren sie uns gegenüber herzlich und einladend. Aber ich war mir einer unterschwelligen Feindseligkeit gegenüber den Christen sehr wohl bewusst. Abgesehen davon hatten Umfragen in der Türkei

viele Jahre lang ein tief verwurzeltes antiamerikanisches Gefühl aufgezeigt, und es nahm zu.

Ich fühlte mich immer mehr ausgeschlossen und isoliert.

Wenn jemand harte Worte zu mir sagte, entschuldigte ich mich
normalerweise und schwieg. Ich versuchte, für mich zu bleiben und
Dinge zu vermeiden, von denen ich wusste, dass sie sie stören würden. Das ging so weit, dass ich wie auf Eiern umherging.

Im späten Frühjahr schrieb ich deshalb an Norine: „Ich spreche
vielleicht zehn Sätze pro Tag und versuche, unsichtbar zu sein."

. . . .

So angespannt die Atmosphäre auch während der ersten Monate in
Sakran gewesen war, so wurde sie noch angespannter, als Ende Mai
der Ramadan begann. In dieser Zeit gaben sich meine Gefährten bis
spät in die Nacht hinein dem Gebet hin. Das einzig Positive daran
war, dass ich, weil sie alle tagsüber schliefen, den Hof weitgehend
ungestört betreten konnte.

Während sich der Monat des Gebets und des Fastens hinzog, begannen die Temperaturen zu steigen. An den meisten Tagen war es
über 37 Grad warm. Und an dem Tag, an dem die Temperatur bis auf
46 Grad stieg, war es in der Zelle heiß wie in einem Ofen. Die einzigen Fenster öffneten sich auf den Innenhof hinaus, der von allen
Seiten mit Beton umgeben war. Und neben uns befanden sich nur
weitere Zellenreihen, die genau wie unsere in der Sonne brieten. In
unserer luftleeren Zelle, die seit einiger Zeit mit mehr als 20 schwit-
zenden Körpern vollgestopft war, wurde die Hitze regelrecht erdrückend. Irgendwann stellte ich fest, dass ich diese Hitze nur aushalten
konnte, wenn ich mich bis auf die Unterhose auszog und mich auf die
Decke legte. Doch das kam bei einigen gar nicht gut an.

Mein Bett stand am oberen Ende der Treppe, sodass jeder, der
hinauf- oder hinunterging, direkt an mir vorbeigehen musste. Und

so kam es, dass mir eines Tages, nicht lange vor Ende des Ramadans, einer der Männer sagte, dass ich mich bedecken müsse.

„Wenn wir auf dem Weg zu unseren Gebeten an Ihnen vorbeigehen, sehen wir Sie. Sie lenken uns ab, und wir verlieren dadurch unsere zeremonielle Reinheit."

Ich hätte am liebsten laut gelacht, sagte aber nur: „Warum sollten Sie von mir abgelenkt werden?"

„Ein Mann sollte sich von oberhalb des Bauchnabels bis zu den Knien bedecken, Andrew. Sie müssen lange Hosen und ein Oberteil tragen."

Weil ich sogar nackt mein Bett und die Kissen durchschwitzte und einen Hitzeausschlag auf meinen Armen hatte, antwortete ich respektvoll, rückte aber nicht von meinem Standpunkt ab: „Ich schlage vor, Sie sehen mich nicht an, wenn Sie an mir vorbeigehen. Es ist sehr heiß, deshalb möchte ich keine langen Hosen tragen. Außerdem bin ich kein Muslim, sodass ich nicht verpflichtet bin, Ihre Kleidervorschriften zu befolgen."

Das Gespräch erstarb bald darauf, aber die Spannung blieb.

Als einige Tage später etliche der Männer schlechte Nachrichten über ihre Fälle erhalten hatten, unterhielten sie sich lebhaft im Hof. Ich lief wie immer auf und ab, als mich einer von ihnen anschrie: „Sie sind fertig für heute. Sie dürfen nicht mehr herumgehen. Stopp!"

Ich hörte nicht auf. „Ich bin Ihnen nicht im Weg. Warum geben Sie mir Befehle? Was geht hier vor?"

„Ich werde Ihnen sehr wohl Befehle geben", spie er aus. „Sie sind ein *hayvan!*"

Ich blieb abrupt stehen.

Jemanden als *hayvan* – ein Tier – zu bezeichnen, ist in der Türkei eine schwere Beleidigung. Und es haben sich schon Leute für geringere Beleidigungen gegenseitig umgebracht. Doch der Typ hörte nicht auf, wiederholte das Wort immer wieder und sagte mir, ich sei schmutzig und unrein.

Weil er seine Arme wild hin und her schwenkte, während er schrie, und seine Augen hervortraten, war ich davon überzeugt, dass er mich angreifen würde. Ich schaute die anderen an und fragte mich, ob sie sich ihm anschließen oder ihn zurückhalten würden, aber alle schwiegen.

Ich fühlte mich aufgrund dieses Angriffs so zerbrechlich, dass ich mich auf mein Bett zurückzog – den einzigen sicheren Ort, den ich hatte. Das Gefühl der Isolation wurde immer stärker, sodass ich zu weinen begann und spürte, wie tiefe Schluchzer aus meiner Brust hervorquollen. Ich versuchte, die Augen zu schließen und die Gefühle der Einsamkeit und Verzweiflung zu ignorieren, aber das nützte nichts. Ich war schwach und wehrlos, nicht nur körperlich, sondern auch emotional.

In dieser Nacht hielten meine Mitgefangenen eine Besprechung über mich ab. Anschließend entschuldigte sich der Mann, der mich ein Tier genannt hatte erst, nachdem er von den anderen dazu aufgefordert worden war und hielt mir dann einen Vortrag über meine Charakterschwächen.

„Sie sind ein sehr egoistischer Mensch, Andrew. Sie glauben, dass Sie Forderungen stellen und die Dinge auf Ihre eigene Weise regeln können. Das gilt aber nicht mehr. Es ist vorbei. Sie werden tun, was wir Ihnen sagen."

Ich habe jedes seiner Worte gehört, aber ich dachte nicht daran, etwas an meinem Verhalten zu verändern oder der Gruppe gegenüber gefügiger und entgegenkommender zu werden. Ich konnte nur daran denken, dass es noch viel schlimmer werden könnte. Die verbalen Angriffe würden vielleicht irgendwann aufhören und sie würden mich stattdessen körperlich angreifen. Wenn sich einige der Leute in der Zelle dazu entschließen würden, wäre ich ihnen völlig ausgeliefert.

15

DAS TAL DER VERDORRTEN GEBEINE

Die steigende Spannung in der Zelle verstärkte besonders eine Sorge, die mir auf der Seele brannte. Als der Außenminister im Mai im Fernsehen gesprochen und mich beschuldigt hatte, sowohl die FETÖ als auch die PKK zu unterstützen, malte er mir damit eine Zielscheibe auf.

Es war eine Sache zu hören, wie meine Ankläger Geschichten über mich als Gülenisten erfanden. Meine Zellengenossen wussten alle sehr gut, dass dies nicht wahr sein konnte, zumal einige von ihnen mit Gülen in Verbindung standen. Und weil dies eine islamistische Bewegung war, war nach dem, was sie mittlerweile über meine Arbeit wussten, klar, dass sie im völligen Widerspruch zu ihrer stand.

Aber in den vergangenen Jahren hatte unsere Arbeit mit Flüchtlingen Norine und mich mit vielen syrischen Kurden in Kontakt gebracht. Die Türken sind für Verschwörungstheorien sehr offen und die Medien waren voll von Geschichten über mich als Unterstützer der PKK und als Spion. So hätte es mich sehr überrascht, wenn keiner meiner Zellengenossen anfangen hätte, an mir zu zweifeln.

Als wir 2014 mit den syrischen Flüchtlingen zu arbeiten begannen, wussten wir, dass wir ein Risiko eingehen. Es war uns klar, dass es uns Probleme bereiten, zu mehr Kontrolle durch unser Ministerium führen und möglicherweise missverstanden werden konnte. Denn viele der Flüchtlinge waren zufällig Kurden. Aber wir sahen in dieser Arbeit auch eine ungewöhnliche Gelegenheit.

Syrien war ein verschlossenes muslimisches Land und größtenteils unzugänglich gewesen. Aber jetzt war eine Flutwelle aus mehreren Millionen Syrern in die Türkei geschwappt, die auf der Flucht vor den Kämpfen in ihrem Land waren. Wir wollten uns diese Öffnung nicht entgehen lassen, um die Flüchtlinge mit unserem Glauben zu erreichen. Damals nahmen wir an, dass eine Abschiebung in die USA das Schlimmste wäre, was die Regierung uns antun würde.

Im Jahr 2014 reisten wir nach Gaziantep, das ist eine türkische Stadt nahe der syrischen Grenze. Dort leiteten wir eine Konferenz für etwa 20 Christen, die von Syrien und vom Irak aus die Reise angetreten hatten. Einige waren an der Grenze festgehalten und geschlagen worden, krochen aber schließlich durch Abflussrohre über die Grenze. Andere waren sogar durch ein Minenfeld gelaufen, um dorthin zu gelangen. Ihr geistlicher Hunger hat mich zutiefst bewegt, aber noch mehr beeindruckte mich, dass sie nach dieser einwöchigen Konferenz wieder über die Grenze an sehr schwierige und gefährliche Orte zurückkehrten, um anderen zu dienen. Wenn sie bereit waren, solche Risiken einzugehen, nur um eine Fortbildung zu erhalten, dann war es doch selbstverständlich, dass auch ich bereit war, ein gewisses Risiko einzugehen.

Als die Flüchtlingskrise einige Monate später einsetzte, begannen wir sowohl in Izmir als auch an der syrischen Grenze zu arbeiten. In den folgenden zwei Jahren kehrte ich noch oft in das Grenzgebiet zurück, wobei mich Norine mehrere Male begleitete. Es bewegte mein Herz jedes Mal, Menschen zu begegnen, die unter so schrecklichen Umständen so viel verloren hatten.

Mit einem Team, das Kurdisch und Arabisch sprechen konnte, gaben wir ihnen Essen und Unterstützung. Wir sprachen offen über unseren Glauben, boten Bibelstudien für Interessierte an, und als einige der neuen Christen sich schließlich entschieden, nach Syrien zurückzukehren, taten wir, was wir konnten, um sie gut ausgerüstet zurückzuschicken. In Izmir gründete unser Team eine Flüchtlingsgemeinde, in der einige Menschen Christen wurden und sich taufen ließen. Unmittelbar vor unserer Verhaftung hatten wir uns gerade mit etwa 70 Flüchtlingen zu Einkehrtagen versammelt.

Ich habe niemals mit der PKK sympathisiert. Und unser Ziel war bis zu meiner Verhaftung das, was es schon immer gewesen ist – den Menschen von Jesus zu erzählen, das ist alles. Aber die Regierung warf nun alle kurdischen Flüchtlinge mit der PKK in einen Topf, und ich wusste, dass es Fotos von mir mit kurdischen Flüchtlingen gab. Angesichts des politischen Klimas in der Türkei und in Anbetracht all der Lügen, die über mich verbreitet wurden, wusste ich, dass unsere Arbeit dazu benutzt werden konnte, mir zu schaden. Deshalb konnte ich nicht sicher sein, dass mich jeder in der Zelle für unschuldig halten würde. Vielleicht war ich paranoid, aber ich war nicht mehr ganz so zuversichtlich, dass ich in dieser Zelle sicher war.

. . . .

Immer wenn ich die Möglichkeit bekam, las ich Bücher über andere Menschen, die aufgrund ihres Glaubens im Gefängnis saßen. Ich hoffte, in ihnen Hilfen zu finden, wie ich besser mit meiner Situation umgehen konnte. Da war Kenneth Bae in Nordkorea, der mit seiner Situation im Reinen zu sein schien. Bruder Yun in China sagte, er erlebe jeden Tag Freude. Und obwohl Dan Baumann im Iran einen Selbstmordversuch unternommen hatte, berichtete er später begeistert von einer Vision der Schönheit Jesu. Und es gab viele Russen, die die miserablen Gefängnisse in Sibirien geduldig ertragen haben.

Das alles war leider *nicht* meine Erfahrung.

„Gott hat sich den falschen Mann ausgesucht", sagte ich Norine mehr als einmal.

„Nein", antwortet sie dann. „Ich bin sicher, dass er sich den richtigen Mann ausgesucht hat. Das war kein Versehen."

Ich wusste, dass ich mich mit all denen, von denen ich las, nicht messen konnte. Aber dann begann ich zu entdecken, dass sich auch einige der großen Christen, die ich bewunderte, schwergetan hatten. Adoniram Judson hatte daran gedacht, von einer Brücke zu springen, als er zwischen zwei Gefängnissen in Burma verlegt wurde. Haralan Popov in Bulgarien und Helen Roseveare im Kongo – an verschiedenen Orten, aber beide mit der Waffe am Kopf – hatten ihre Peiniger darum gebeten, den Abzug zu drücken.

Bevor ich im Gefängnis gelandet war, hatte ich eigentlich kaum über ihre Verzweiflung nachgedacht. Aber jetzt konnte ich auf eine neue Art und Weise Elia, Hiob und Jeremia verstehen, die alle wegen ihrer Schwierigkeiten sterben wollten. Obwohl ich mich nicht in die gleiche Liga wie die anderen einordnen würde, war ich erleichtert und seltsam ermutigt, dass ich nicht der Einzige war, der zu kämpfen hatte.

Trotzdem hatte ich damit zu kämpfen, mich selbst zu motivieren und meine täglichen Abläufe und Übungen aufrechtzuerhalten. Von Anfang an hatte ich auf Drängen von Norine in Sakran einige Gymnastikübungen gemacht. Ich hatte ein paar kleine Wasserflaschen gefüllt und sie als Hanteln benutzt, um nach der Operation meine Nackenmuskeln zu stärken. Ich machte Liegestütze an der Wand und ging mindestens vier Stunden am Tag umher. Das Laufen geschah nicht, um in Form zu bleiben, sondern weil ich die Zeit füllen, mich zum Schlafen müde machen und die Panik gering halten musste. Während dieser Zeit sprach ich ständig mit Gott.

Aber als sich der Höllenschlund öffnete und der Handel nicht zustande kam, war alles zum Stillstand gekommen: Ich gab meine Gymnastik auf. Ich las weniger in meiner Bibel. Ich betete weniger. Ich hörte auf, jeden Tag Briefe an Norine zu schreiben. Und ich hörte auf, in mein Tagebuch zu schreiben.

Der Spaziergang war das Letzte, was mir blieb.

. . . .

Als der Ramadan vorüber war und meine Zellengenossen nicht mehr den größten Teil des Tages über schliefen, wurde unsere Beziehung noch schlechter, denn ich war nicht mehr der Einzige, der den Hof nutzen wollte. Meine Zellengenossen wollten im Schatten sitzen und sich dort stundenlang unterhalten. Sie machten mir deutlich, dass sie nicht wollten, dass ich auf und ab gehe, während sie dort saßen: „Andrew, Sie können nicht mehr rausgehen."

„Was? Kann ich nicht einfach in der Sonne laufen, während Sie im Schatten sitzen?"

„Nein. Sie sind hier fertig. Wir wollen Sie nicht mehr umhergehen sehen."

Meine Medikamente verhinderten, dass meine Panik überhandnahm, aber ich konnte immer noch fühlen, wie sie in mir entstand und aufwallte. Wenn man mir den Zugang zum Hof nicht mehr erlaubte, wäre ich praktisch auf mein Bett beschränkt gewesen. Ich wäre quasi in einem Gefängnis gefangen, das nicht größer war als meine Matratze.

Ich versuchte die Männer zu überzeugen, es sich noch einmal zu überlegen, aber sie weigerten sich. Ich bat die Gefängnispsychologin um einen Termin und legte ihr meinen Fall dar, in der Hoffnung, dass ich vielleicht für ein paar Stunden am Tag einen anderen Hof alleine nutzen konnte. Doch das Beste, was sie vorschlagen konnte, war meine Verlegung in eine Einzelzelle.

„Und wenn Sie in Einzelhaft sind, haben Sie nur eine Stunde am Tag Zugang zu einem Hof."

Also hatte ich keine andere Wahl, als zu bleiben. Meine Welt war auf mich, mein Bett und meinen Ventilator reduziert worden. Und selbst der war nicht sicher, denn einer der Männer meinte: „Andrew, wir werden Ihnen Ihren Ventilator wegnehmen."

Ich antwortete jedoch nicht auf diese Drohung. Stattdessen machte ich mein T-Shirt unter dem Wasserhahn nass und lag eine Stunde lang so da, während die Brise mich abkühlte. Dann stand ich auf und machte mein T-Shirt wieder nass. Stunde um Stunde lag ich da und las.

Ich hatte gerade gelesen, dass viele Menschen in Zeiten der Anfechtung geraten, es aber nicht hindurchschaffen. Ich stellte mir das Tal der Anfechtungen bildlich vor, übersät mit vertrockneten Gebeinen, den Skeletten derer, die versagt hatten. Ich war so nah dran, dort zu landen und deshalb betete ich mit letzter Kraft: *Bitte, Gott, hilf mir, es gut zu beenden!*

„Andrew!" Ich versuchte die Stimmen zu ignorieren, die meinen Namen riefen, stattdessen konzentrierte ich mich auf den Ventilator – das Geräusch der Rotorflügel in der Luft, das Gefühl der Brise auf meiner Haut. Mittlerweile war mein T-Shirt fast trocken. Ich würde es bald wieder nass machen müssen.

„Andrew! Kommen Sie hier runter."

Dieses Mal hatte eine Wache gerufen, nicht einer meiner Zellengenossen. Langsam zog ich mich aus meinem Bett empor und ging vorsichtig die Treppe hinunter.

Einer der Hauptwachmänner stand an der Tür. „Ihre Verlegung ist durchgekommen."

Ich sah ihn verwirrt an, denn ich hatte mit niemandem über eine Verlegung gesprochen. Ich wollte keine Verlegung. Verlegungen waren immer eine schlechte Nachricht.

„Ich verstehe nicht", sagte ich. „Was meinen Sie?"

„Wir verlegen Sie. Sie gehen nach Buca."

TEIL FÜNF

16
HOCHSICHERHEIT

Ich stand im Büro des stellvertretenden Gefängnisdirektors und atmete langsam ein und aus, als ich darum bat, in Sakran bleiben zu dürfen. Ich erinnerte mich nur zu gut an all die Geschichten, die meine Zellengenossen über Buca erzählt hatten. Ich wollte unbedingt vermeiden, dorthin gebracht zu werden. Ich wusste, dass ich nicht in der Verfassung war, in ein veraltetes Gefängnis voller PKK-Kämpfer verlegt zu werden, wo das Wasser ein halbes Jahr lang zu kalt war, um sich damit zu waschen. Dort verbrachte man die Tage damit, sich unter irgendwelchen Decken, die man sich mühsam zusammensuchen musste, zusammenzukauern.

Als ich mit meinem Bittgesuch fertig war, breitete der Gefängnisdirektor seine Hände aus und zuckte nur mit den Achseln: „Es ist bereits entschieden. Sie müssen gehen."

Sofort kam die alte Angst wieder in mir hoch. „Aber was ist, wenn es dort überfüllt ist? Was ist, wenn ich in eine überbelegte Zelle wie diese hier gesteckt werde und es kein Bett für mich gibt? Wenn ich auf einer Matratze auf dem Boden schlafen muss, muss ich sie tagsüber zusammenrollen. Und wie verbringe ich dann meine Zeit, wenn ich nicht nach draußen gehen kann? Oder meine Medikamente? Was ist, wenn sie mir dort meine Medikamente nicht geben wollen?"

Die Worte sprudelten nur so aus mir heraus. Ich war so anfechtbar, dass mich jede größere Änderung meines Tagesablaufs über den Abgrund hinaustrieb und in Panik stürzte.

„Es gibt keine Diskussion, Andrew. Sie werden verlegt."

Zurück in der Zelle fing ich gleich an, meinen Besitz einzusammeln. Und sobald bekannt wurde, dass ich gehen würde, begannen die Männer, die auf dem Boden schliefen, sich miteinander darüber zu unterhalten, wer mein Bett bekommen sollte. Ein paar derer, die von Anfang an die Zelle mit mir geteilt und mich gut behandelt hatten, sagten, sie seien traurig, mich gehen zu sehen. Sie halfen mir, meine Sachen in Müllsäcke zu werfen, während die Wachen in der Tür warteten. Als ich zur Tür ging, umarmte ich zum Abschied noch schnell jeden meiner 20 Zellengenossen – auch diejenigen, die mich kritisiert und als unrein behandelt hatten.

Kaya war ein freundlicher Mann, der während meiner Anfangszeit in Sakran bei mir die Anzeichen für Selbstmord gesehen und dafür gesorgt hatte, dass ich nicht allein gelassen wurde. Er legte seine Hand beruhigend auf meine Schulter und sagte: „Andrew, wenn sie mir die Chance gäben, nach Buca zu gehen, würde ich hier im Nu verschwinden. Es ist viel besser."

Ich wusste, dass er sein Bestes tat, um mich zu ermutigen, und ich schätzte das sehr, aber es gab keine einzige Zelle in meinem Körper, die ihm glauben konnte.

. . . .

Irgendwann zwischen der Abfahrt von Sakran und der Fahrt durch die Hügel östlich von Izmir hatte ich eine Offenbarung. Und obwohl sie mir nicht die Angst nahm vor dem, was vor mir lag, hat sie doch etwas in mir verändert.

Während der gesamten Fahrt versuchte ich, die Maschinenpistolen zu ignorieren, die die mich bewachenden Militärpolizisten auf dem Schoß liegen hatten. Stattdessen starrte ich aus dem zerkratzten Fenster des Transporters. Es war Nachmittag, als wir Sakran verließen, und als wir in Izmir ankamen, waren die Straßen voller Menschen, die sich nach der Arbeit auf dem Weg nach Hause befanden.

Nach Hause.

Zuerst traf mich dieser Gedanke wie ein Stich. Ich war so weit weg von zu Hause, zu machtlos, um dorthin zu gelangen. Meine Frau, meine Kinder hatten sich noch nie so weit weg angefühlt. Doch dann durchbrach ein kleiner Lichtstrahl meine Traurigkeit. Ich sah einen Mann, der in einem weißen VW Golf an mir vorbeifuhr. Er bemerkte nicht, dass ein Mensch in dem Transporter an ihm vorbeigefahren wurde, denn wie alle anderen auf der Straße war er auf die Fahrt nach Hause zu seiner Familie konzentriert.

Vor ihm lagen Jahre der Freiheit. Vor mir lag Buca. Ich wusste nicht, ob ich jemals wieder frei sein würde, um bei meiner Familie zu sein, doch er traf seine schon in wenigen Minuten. Aber während ich nichts über seine Geschichte wusste, wusste ich etwas über meine: Ich kannte Jesus. Ich mochte jetzt ein Gefangener sein, aber ich hatte die Verheißung des ewigen Lebens, die Garantie der letztendlichen Freiheit.

Mein Leben hatte einen Sinn.

Mein Leben war nicht leer.

Mein Leiden war nicht das Ende meiner Geschichte.

· · · · · · · · · · · · · ·

Als wir in Buca ankamen, merkte ich, dass wir in den Bergen waren. Auch dort war es heiß, aber nicht so heiß wie in Sakran. Immerhin dafür konnte ich dankbar sein. Ich konnte auch feststellen, dass die Männer in meiner alten Zelle recht gehabt hatten. Sakran war ein ausladendes, modernes Hochtechnologiegefängnis. Buca war älter und schlichter.

Die Ankunftsroutine war ähnlich wie in Sakran. Ich wurde den Wachleuten übergeben, in einen Nebenraum gebracht und durchsucht. Der stellvertretende Gefängnisdirektor war ein hochgewachsener, grauhaariger Mann. Man sah ihm zwar an, dass er die

Verantwortung für dieses Gefängnis ernst nahm, aber er schien entspannter zu sein als die Direktoren, die ich in Sakran getroffen hatte.

Er strich mit den Händen über meine Besitztümer, die vor mir auf dem Tisch lagen – die Bücher und die Kleidung, die man mir in der Zelle zu behalten erlaubt hatte, sowie die verschiedenen Gegenstände, die mir die Behörden in den letzten Monaten vorenthalten hatten wie meine Brieftasche, meine Ausweise und meinen Pass. Es war seltsam, diese verbotenen Gegenstände zu sehen. Mit jeder Verlegung fühlten sie sich immer weniger an, als wären sie meine.

Als ich in Sakran war, hatte Norine hart dafür gekämpft, dass ich eine Bibel und andere Bücher auf Englisch haben durfte. Es hatte Monate gedauert, aber schließlich hatte es jemand geschafft, die Zustimmung von Ankara zu erhalten. Ich fragte mich, wie lange es in Buca dauern würde, bis ich sie wiederhaben durfte.

„Bitte", sagte ich. „Wenn ich zunächst in Einzelhaft komme, könnte ich dann meine Bibel und ein weiteres Buch mitnehmen? Es ist für mich schwer, allein zu sein, wenn es nichts zu lesen gibt."

Der Gefängnisdirektor trat vom Tisch zurück und wog meine Bitte ab, wobei er sich dafür eine Menge Zeit ließ. Schließlich sagte er: „Okay."

Ich nahm voller Glück meine Bibel sowie das größte Buch in die Hand, das ich finden konnte, einen faustdicken Roman von Tom Clancy.

Der Direktor entließ mich, und ich ging schweigend hinter den Wachen zu meiner Zelle. Diese war ähnlich aufgebaut wie die Zelle in Sakran, da beide ihre eigenen Höfe hatten, aber es gab einen großen Unterschied: Buca war ein Hochsicherheitsgefängnis. Die Logik dahinter war folgende: In einem Gefängnis voller Menschen, die der Terrorvergehen und der schlimmsten Verbrechen beschuldigt wurden, lag das größte Risiko nicht so sehr in der Flucht. Es lag stattdessen in der Gewalt oder darin, dass die Häftlinge ihre vom Staat unerwünschte Ideologie unter den Mitgefangenen verbreiteten. Je gefährlicher oder wertvoller ein Gefangener war, desto weniger Gefangene sollte er um sich haben. In Buca waren die Zellen für drei Personen vorgesehen, und diese Zahl wurde auch im Gegensatz zu Sakran eingehalten, wo 20 oder mehr Häftlinge in jede Zelle gezwängt wurden.

„Sie werden eine Weile hierbleiben", sagte der Wachmann, als er mich in meine neue Zelle führte. Dabei fiel mir auf, dass die beiden, die mich in meine Zelle begleiteten, etwas entspannter wirkten. Ganz im Gegensatz zu Sakran, wo das Wachpersonal ständig angespannt und schroff wirkte.

Als sich die Tür hinter mir schloss und von den Wachmännern verriegelt worden war, spürte ich, wie die Stille schwer auf mir lastete, denn ich war alleine in der Zelle. Sakran war geschäftig und laut, nicht nur in der Zelle, sondern auch draußen auf den Gängen, wo die Wachen den ganzen Tag und die ganze Nacht hindurch kamen und gingen. Buca war anders. Außer dem fernen Surren eines Generators gab es nichts zu hören.

Mein Aufenthalt in dieser Zelle sollte jedoch nicht lange dauern, denn innerhalb einer Stunde wurde meine Tür wieder aufgerissen. „Wir verlegen Sie", sagte einer der Wärter fast lächelnd. „Wir haben mit Sakran telefoniert und man hat uns von Ihnen erzählt. Sie haben uns erklärt, dass man Sie nicht alleinlassen dürfe. Schnappen Sie sich jetzt Ihre Sachen, wir stecken Sie zu jemand anderem in eine Zelle."

Auf dem Weg dorthin wurde ich mit jedem Schritt nervöser. Obwohl ich wusste, dass es besser war, mit jemandem zusammen zu sein als in Einzelhaft, quälte mich mein Verstand damit, bei wem ich wohl untergebracht werden sollte. Würde er ein Hardliner sein, der an meinem Glauben Anstoß nehmen würde? Oder ein aggressiver Nationalist, der auf einen Amerikaner wütend wäre, besonders auf einen, der beschuldigt wurde, ein Spion zu sein?

Der Wärter schloss meine neue Zelle auf, und ich trat ein. Der Mann, der darin saß, sah harmlos aus wie ein türkischer Nachbar, der schnell alles, was er gerade tut, stehen und liegen lässt und sich mit seinem Gast zum Tee hinsetzt. Er begrüßte mich mit einem halben Lächeln, während er mein Gesicht studierte.

„Ich kenne Sie", sagte er, als die Wärter gegangen waren. „Ich habe Ihre Geschichte im Fernsehen gesehen."

Ich wartete stumm auf sein Urteil.

„Willkommen! Ich bin Ramazan. Soll ich Sie lieber Rambo-Pastor oder einfach nur Andrew nennen?"

In den nächsten Tagen lernte ich Ramazan besser kennen. Er war ein Anwalt, der einige Aufträge für die Asya Bank abgewickelt hatte, die mit Fethullah Gülen in Verbindung stand. Er hatte außerdem die App ByLock auf seinem Telefon gehabt, sodass es nach Angaben der Behörden mehr als genug Gründe gab, ihn als Hochsicherheitsgefangenen zu betrachten und ihn ohne Gerichtsverfahren mehr als ein Jahr festzuhalten. Meine Zellengenossen in Sakran waren über ihre Anschuldigungen wütend und versuchten verzweifelt, ihre Freiheit wiederzuerlangen. Ramazan dagegen hatte in vielerlei Hinsicht akzeptiert, dass er seine Situation nicht ändern konnte, also wartete er einfach ab.

Ich mochte Ramazan, aber ich war immer noch nervös, denn mein Umzug hatte mich psychisch erschüttert und brachte meinen ohnehin schon angeknacksten geistlichen Zustand aus dem Gleichgewicht. Ich hatte das Gefühl, keinen sicheren Anker mehr zu haben – so als ob Gott wollte, dass ich in einer Position bin, in der alles völlig finster und unbekannt ist. Zwar sah ich, dass meine Situation in der Zelle in Buca besser war als in Sakran, aber ich hatte Angst, dass es für mich in einem Hochsicherheitsgefängnis irgendwann Ärger geben würde. Ich befürchtete, dass sie mich strenger behandeln und zum Beispiel die Besuche von Norine einschränken würden. Oder dass meine Verlegung ein unheilvolles Zeichen dafür war, dass die Regierung ihre Anstrengungen verdoppeln und sich neue, ernstere Anklagen gegen mich ausdenken würde.

Im Zuge meiner Aufnahme wurde ich auch zur Gefängnispsychologin gebracht. Während unseres Gesprächs sagte ich ihr, dass ich sehr gestresst sei, weil meine Frau nicht wusste, dass ich verlegt worden war. Sie nahm einen Stift in die Hand und forderte mich auf: „Geben Sie mir ihre Nummer, ich rufe sie nachher an. Ich werde sie wissen lassen, dass Sie hier sind."

Ein paar Stunden später war ich überrascht, als eine Wache in unsere Zelle kam, nur um mir zu sagen, dass Norine kontaktiert worden war. Das Wissen, dass ich sie irgendwann sehen würde, beruhigte mich. In Sakran hatten sie uns ständig im Ungewissen gelassen.

Aber dann wurde ich zum Gefängnispsychiater gebracht, dem ich gleich von meinen Medikamenten erzählte und wie sehr sie mir geholfen haben. Das Gespräch lief recht gut, bis unsere Sitzung zu Ende ging, dann meinte er: „Diese Medikamente, die sie Ihnen verabreicht haben, brauchen Sie nicht. Ich bin sicher, dass Sie ohne sie auskommen können."

Ich wies das sofort ausdrücklich zurück. „Nein", sagte ich. „Das kann ich absolut nicht. Ich hatte viele Panikattacken und war extrem selbstmordgefährdet, bevor ich sie zu nehmen begann. Seitdem ich die Medikamente nehme, geht es mir viel besser. Aufhören ist für mich keine Option."

Er nickte den Wachen zu, damit sie mich wegbrachten und sagte: „Ich denke, es wird Ihnen hier gut gehen. Wir werden damit anfangen, Ihre Dosis zu reduzieren."

Zurück in der Zelle, versuchte ich die Angst vor dem Verlust meiner Medikamente zurückzudrängen. Denn ich hatte gelernt, dass ich im Gefängnis nichts tun konnte, um jemandem draußen davon zu berichten. Ganz gleich, wie dringend mein Bedarf sein mochte. Zunächst brauchte ich Besuch. Ich musste geduldig sein und warten, bis jemand auftauchte.

. . . .

Am nächsten Tag, früher als ich erwartet hatte, wurde ich aus der Zelle geholt, um meine Anwältin zu treffen. Suna war besorgt, als ich ihr von dem Psychiater erzählte, und versprach, es Norine zu sagen, damit sie sich an die Botschaft wenden konnte.

„Ich mache mir Sorgen", sagte ich und versuchte, meine Stimme ruhig zu halten. „Das ist nicht die Art von Ort, von dem man jemanden entlässt. Hierher schickt man jemanden, wenn man ihn jahrelang vergessen will. Dieser Ort ist härter als Sakran."

Suna schüttelte den Kopf. „Nein, Andrew. Wir denken, dass diese Verlegung positiv für Sie ist. Sie haben Sie wahrscheinlich zu Ihrer eigenen Sicherheit versetzt."

„Wie kann das eine gute Nachricht für mich sein?"

„Die wissen sehr genau, dass es Konsequenzen hat, wenn Ihnen etwas Unvorhergesehenes zustößt. Sie sind jetzt für die Regierung wertvoller geworden. Vielleicht hat man Sie hierher verlegt, damit Sie in Sicherheit sind."

Ich war mir da nicht so sicher. Aber als Norine zwei Tage später zu Besuch kam, brachte sie mir die gleiche Botschaft wie Suna. Sie erzählte mir, dass in Buca die Besuchspolitik viel besser sei, dass wir nämlich eine volle Stunde zusammen haben würden statt der üblichen 35 Minuten in Sakran.

„Wir glauben, dass es hier für dich besser wird, mein Liebster", sagte sie vorsichtig.

Vielleicht hatte sie recht. Buca mochte ein Hochsicherheitsgefängnis sein, aber ich begann den Unterschied zwischen der Intensität der überfüllten Zelle in Sakran und dem Leben nur mit Ramazan zu spüren. Jetzt konnte ich die meiste Zeit allein und in der Stille sein und gleichzeitig war noch eine weitere Person in der Nähe, die mich von der Angst vor der Einsamkeit bewahrte.

Ich hatte aber immer noch meine Zweifel. „Warum sollte Gott mich an einen besseren Ort verlegen? Was, wenn ich hierhergeschickt wurde, weil Gott wusste, dass ich langfristig nicht an einem Ort wie

Sakran überleben konnte? Was war, wenn er mich für eine lange Haftstrafe vorgesehen hatte?"

Ich wollte mich von Norines und Sunas Optimismus ermutigen lassen, aber ich hatte mir schon zuvor erlaubt, Hoffnung hinter Gittern zu finden und bislang war sie immer enttäuscht worden.

17

EINE NEUE RICHTUNG

Ich war als gebrochener Mann in Buca angekommen, aber jetzt tat ich etwas, das meinem Leben eine neue Richtung gab.

Mir war zwar klar, dass ich nicht viel für meine Freiheit tun konnte, aber ich konnte um meinen Glauben kämpfen. Wenn ich geistlich nicht überleben würde, wusste ich, dass ich alles verlieren würde. Ich hatte bis dahin so viele Stunden damit verbracht, auf dem Hof umherzugehen oder auf meinem Bett zu liegen und Gott anzuklagen. Dabei war ich gleichzeitig auch verwirrt und wütend und fühlte mich von ihm nicht richtig behandelt. Aber nun traf ich eine feierliche Entscheidung und verkündete sie Gott mit einem beinahe trotzigen Unterton: *Was immer du tust oder nicht tust, ich werde dir folgen.*

Diese Entscheidung wurde zur Grundlage meiner Erklärung an Gott, und ich fügte ihr noch etwas hinzu.

Wenn du nicht mit mir sprichst, werde ich dir folgen.

Wenn du mich deine Gegenwart nicht spüren lässt, werde ich dir folgen.

Wenn du deine Sanftmut oder Freundlichkeit nicht zeigst, werde ich dir folgen.

Wenn du zulässt, dass man mich betrügt, werde ich dir folgen.

Wenn du mich im Gefängnis lässt, werde ich dir folgen!

Ich machte mir keine Illusionen, dass ich es ohne Gottes Hilfe schaffen konnte. Deshalb war ich zutiefst entschlossen durchzuhalten.

Und ich traf eine weitere Entscheidung: *Ich werde nicht aufgeben! Ich mag Angst haben, ich mag schwach sein, ich mag gebrochen sein, aber ich werde durchhalten.*

Ich werde auf Jesus schauen, nicht von ihm weg. Ich werde zu Jesus laufen oder, falls nötig, zu Jesus kriechen.

....

In den letzten Monaten hatte ich durch den Aufenthalt in verschiedenen Gefängnissen gelernt, dass jedes innerhalb bestimmter Parameter seine eigenen Regeln aufstellt. Einer der wichtigsten Unterschiede zu Sakran war, dass ich in Buca nicht auf Türkisch schreiben musste. Sie hatten einen Wärter, der Englisch lesen konnte, und er war damit beauftragt, meine gesamte ein- und ausgehende Post zu kontrollieren. Das bedeutete, dass andere mir nun schreiben konnten, und als Bonus konnte mir Robert vom Konsulat bei seinen Besuchen getippte Notizen mitbringen. Das Gefängnis überprüfte sie, und die Wache brachte sie mir dann meistens noch innerhalb desselben Tages. Es war jedes Mal wie ein Schatz. Ich überflog schnell die Seiten, die Norine für mich zusammengestellt hatte, und las sie dann langsam über zwei oder drei Tage hinweg erneut, damit ich sie besser auskosten konnte.

Das Wichtigste von allem war, dass ich nun meinen Kindern auf Englisch schreiben konnte. Während meiner Zeit in Sakran war ich absolut verzweifelt gewesen, dass ich meiner Familie fast nichts zu geben hatte. Aber in Buca wies mich Norine darauf hin, dass unsere Kinder unbedingt von mir hören mussten. Also begann ich, mich diesbezüglich anzustrengen. Denn ich musste ein Vater für meine wunderbaren Kinder sein, auch wenn ich sie nicht sehen konnte und so vieles in ihrem Leben verpasste.

Weil ich nicht wusste, wann ich wieder mit ihnen vereint sein würde, begann ich an das Vermächtnis zu denken, das ich ihnen hinterlassen wollte. Meine Briefe boten mir nun die Gelegenheit, sie zu ermutigen, ihnen meinen Segen zu geben und meine Liebe zu schenken. Ich schrieb über die Dinge, die ich ihnen vermitteln wollte, zum Beispiel wie sie das, was mir in den letzten Monaten passiert war, deuten sollten, wie sie auf mein Leiden reagieren sollten und welche Hoffnungen ich für ihr Leben hatte.

Während ich in Sakran war, hatte Jacqueline zu Norine gesagt, dass sie uns im Sommer besuchen wolle, wenn ich nicht bald freigelassen würde. Doch wir waren um ihre Sicherheit besorgt, denn die türkische Regierung hatte schon hin und wieder die unschuldigen Kinder oder alten Eltern inhaftierter Männer festgesetzt, um sie als Druckmittel einzusetzen. Aber obwohl sie Angst hatte, wollte Jacqueline trotzdem kommen.

Ich überlegte, dass die Tatsache, dass ihr Mann Kevin beim US-Militär war, die Türkei davon abhalten würde, sie zu verhaften. Und wir hatten auch ein gutes Gefühl dabei, dass Blaise kam. Wir hielten es für unwahrscheinlich, dass sie einem minderjährigen Kind in einem Fall mit diesem hohen Bekanntheitsgrad etwas antun würden, aber Jordan sagten wir, dass er in den USA bleiben solle. Schließlich kauften wir Flugtickets für Jacqueline und Blaise, weil wir von Ankara die Erlaubnis erhalten hatten, dass sie zu meinem nächsten offenen Besuch kommen konnten.

Doch zwei Wochen vor meinem offenen Besuch in Sakran wurde ich nach Buca verlegt. Deshalb befürchteten wir, dass wir unsere Besuchsmöglichkeit verlieren würden, weil Buca derartige Besuche in den ungeraden statt in den geraden Monaten erlaubte. Aber wir hatten Glück und der Gefängnisdirektor stimmte dem Besuch zu. Und so kam zwei Wochen nach meiner Verlegung endlich der Tag des Besuchs.

Ich hatte gemischte Gefühle. Natürlich sehnte ich mich danach, meine Kinder zu sehen und sie zu umarmen, aber ich wollte nicht, dass sie mich in einem so desolaten Zustand sahen.

Die Wärter holten mich in meiner Zelle ab. Aber anstatt mich in den Raum zu bringen, der normalerweise für Besuche benutzt wurde, führten sie mich in den Raum, den sie für meine Treffen mit Suna verwendeten. Darin gab es einen großen Tisch, der den kleinen Raum in zwei Hälften teilte. Und es gab Schaumstoffpolster an den Wänden, um das Echo zu reduzieren und die Aufzeichnung des Gesprächs zu verbessern.

Ich blieb stehen und weigerte mich, ihn zu betreten. „Der Direktor hat mir gesagt, dass ich einen offenen Besuch bekommen kann. Ich gehe nicht in diesen Raum!"

Einer der Wärter winkte mir ungehalten mit einem Klemmbrett zu: „Das ist der Raum, den Sie benutzen."

„Aber ich möchte sie umarmen können. Ich möchte mit dem Direktor sprechen."

Die Wache starrte mich mit kalter Verachtung an: „Nein, das ist alles, was Sie bekommen." Damit schob er mich hinein.

Norine war bereits da und stritt vehement mit der Wache auf ihrer Seite des Raumes über dasselbe. Es war fast ein Jahr her, dass ich Jacqueline und Blaise zum letzten Mal gesehen hatte und so eilte ich auf sie zu und versuchte, über den Schreibtisch zu greifen, um sie zu umarmen, aber das war sehr unangenehm. Schließlich beschloss ich, die Regeln großzügig auszulegen. Ich sprang auf den Schreibtisch, schwang meine Beine zur Seite und ließ sie zu mir auf den Tisch kommen. Ich wusste, dass die Wachen durch das Fenster zuschauen und dass sie vielleicht wütend werden konnten, aber ich habe es trotzdem getan. Das Einzige, was zählte, war, dass ich zumindest eine Zeit lang neben meinen beiden Kindern sitzen, sie fest umarmen und spüren konnte, wie sich ihre Schluchzer mit meinen vereinten.

Ich fühlte mich wieder wie ein Vater.

. . . .

Nach diesem Besuch konnte ich drei ganze Tage kaum mein Bett verlassen. Ich ließ in Gedanken jede Minute davon erneut vor meinem inneren Auge abspielen, wie wir einander immer wieder gesagt hatten, dass wir uns lieben. Und die letzten Worte von Blaise: „Ich liebe dich. Halte durch, Papa", waren mir regelrecht ins Gedächtnis gebrannt. Ich konnte sie immer noch hören, sie immer noch fühlen.

Ich war so froh, Jacqueline und Blaise gesehen zu haben, aber ich fühlte mich auch absolut hilflos. Und ich spürte, wie die mir nur allzu vertraute Verzweiflung wieder in mich eindrang, und die alten Fragen über Gott wieder hochkamen.

War Gottes Plan vereitelt worden? Wenn ja, hat er sich so sehr eingeschränkt, dass er mich nicht retten kann? Und wenn er nicht vereitelt worden war – was war dann geschehen? Warum hatte er zugelassen, dass ich so getäuscht wurde – wenn ich getäuscht wurde? Warum hat er mir jegliches Gefühl seiner Anwesenheit vorenthalten? Warum hat er zugelassen, dass ich vollständig zerbrochen werde?

Diese Fragen haben wieder einmal meine Beziehung zu Gott erstickt. Dabei hatte ich mich nicht etwa dafür entschieden, bei ihnen zu verweilen – sie waren einfach da, wollten nicht gehen, hatten die Oberhand, und ich konnte ihnen nicht entkommen. Und sie hielten mich davon ab, Wahrheit und Ermutigung zu empfangen, sei es direkt von Gott, aus der Bibel, von Norine oder aus irgendeiner anderen Quelle.

Ich hatte einmal ein Buch von Dan Baumann gelesen. Er erklärte darin, wie er nach einer großen Enttäuschung mit Gott gelitten hatte. Deshalb schloss er seine Fragen in einer imaginären Kiste weg. Ich beschloss, dasselbe zu tun. Ich stellte mir einen modernen Hightech-Tresor vor, der an der Vorderseite sowohl einen Handscanner als auch einen Drehgriff hat. Gott und ich waren die Einzigen, die ihn öffnen konnten. Ich nahm jede meiner Fragen und Zweifel und legte sie bewusst in diesen Tresor.

„Gott", betete ich, während ich mir vorstellte, wie ich die Tür abschloss. „Ich schließe diese Fragen weg. Ich werde sie nicht mehr stellen und ich werde keine Antworten verlangen. Ich verstehe es nicht, ich bin verwirrt und ich bin verletzt. Aber diese Fragen und Zweifel werden bis zu einem späteren Zeitpunkt in diesem Tresor bleiben. Du kannst ihn öffnen, wenn du willst, aber ich lasse ihn verriegelt. Ich brauche die Antworten nicht zu wissen, um meine Beziehung zu dir fortzusetzen."

Von diesem Zeitpunkt an verbannte ich, wann immer mir eine dieser Fragen wieder in den Sinn kam, sie erneut in den verschlossenen Tresor.

. . . .

Oben in den Bergen war es zwar kühler als damals in Sakran, aber ich hatte in Buca keinen Ventilator. Meine Laken waren oft durchtränkt von meinem Schweiß, und ich bekam Hitzeausschläge an Hals, Brust, Bauch und an den Innenseiten der Arme. In Sakran hatte mich die Intensität der überfüllten Zelle selbst mit Medikamenten nervös gemacht und mir den Schlaf geraubt. Doch nun war die nervöse Energie einer Lethargie gewichen, und ich döste bis zu zehn Stunden am Tag vor mich hin.

An jedem Tag freute ich mich auf den Abend, wenn die Luft abzukühlen begann. Ich wusste, dass ich bald in der Lage sein würde, dem Stress, der mich umgab, bis zu einem gewissen Grad zu entkommen, indem ich in den Schlaf gleiten würde. Dies war meine friedlichste Zeit. Es war auch der Zeitpunkt, an dem ich mich am stärksten fühlte und sagen konnte: „Ja, Jesus, ich bin bereit, für dich zu leiden." Aber ich wusste, dass ich am Morgen aufwachen und erneut die Angst spüren würde. Dass die Monotonie des Lebens hinter Gittern erneut mein Herz belasten würde.

Ich wusste, dass ich wieder zu kämpfen beginnen musste, um mich erneut auf Gott zu konzentrieren. Dies wollte ich den ganzen

Tag über bewusst durchhalten. Und so versuchte ich, meine Zeit – von morgens bis abends, wann immer ich wach war – so sehr auf Gott fokussiert wie möglich zu gestalten.

. . . .

Ramazan und ich lagen eines Morgens auf unseren Betten, als der Schlitz in der Tür aufsprang.

„Packen Sie Ihre Sachen zusammen, Andrew. Wir verlegen Sie", sagte einer der Wächter. „Es gibt eine neue Richtlinie, die besagt, dass Ausländer nur mit Ausländern eine Zelle teilen dürfen. Wir verlegen Sie also zu einem Deutschen."

„Nein! Bitte nicht!", sagte ich und stand auf. „Ich mag Ramazan, ich habe mich gerade erst an ihn gewöhnt. Ich will nicht noch einmal von vorne anfangen. Und ich spreche kein Deutsch!"

Als ich mit dem Protestieren fertig war, stimmten sie zu, den Direktor zu fragen. Der schickte sie zurück, um mir zu sagen, dass er bereit sei, einen Kompromiss einzugehen und den Deutschen zu Ramazan und mir zu verlegen. So kam es, dass sich noch vor Ende des Tages die Zellentür öffnete, und zu uns gesellte sich Nejat – ein Bär von einem Mann, knapp zwei Meter groß und mit einer donnernden Stimme.

Nejat war in der Türkei geboren und aufgewachsen, hatte aber in Deutschland Ingenieurwesen studiert. Er war ein Geschäftsmann, der die deutsche Staatsbürgerschaft angenommen hatte. Und wie wir beide wurde er beschuldigt, Fethullah Gülen zu unterstützen. Aber im Gegensatz zu so vielen anderen gab Nejat zu, dass er an den Treffen teilgenommen hatte, obwohl er – zu Recht – darauf bestand, dass er nichts Illegales getan hatte.

Ich mochte Nejat. Er war weit gereist und lebte in einer westlichen Kultur, sodass ich für ihn kein Objekt der Neugierde war. Zugleich war er sehr entschieden in seinem Glauben. Fast sofort nach der Ankunft von Nejat bemerkte ich eine Veränderung in Ramazan. Sofort wurde er lebendiger, breitete seinen Gebetsteppich vor dem Morgengrauen aus und kniete neben Nejat, wobei er lauter betete, als ich ihn zuvor hatte beten hören. In meinem frühmorgendlichen benebelten Zustand dachte ich dann oft an einige meiner Freunde, die ich im Gefängnis am liebsten bei mir gehabt hätte. Ich vermisste es so sehr, mit anderen Christen zusammen zu sein, und das bewirkte in mir eine neue Wertschätzung für die Gemeinde.

Zuerst fragte ich mich, ob sich nun die Zelle ebenso wie in Sakran verändern und ich noch mehr zum Außenseiter werden würde. Und als Ramazan mich daran erinnerte, nirgendwo vor seiner Matte sein Blickfeld zu kreuzen, während er betete, dachte ich: *Oh, na ja…*

„Das ist falsch", brüllte Nejat daraufhin. „Der Bereich *auf* meinem Gebetsteppich ist der heilige Raum, nicht der Raum *davor*."

Nejat beschränkte sich jedoch nicht nur darauf, Ramazan zu korrigieren und zu ermutigen. Er richtete seine Aufmerksamkeit auch häufig auf mich, und seine tiefe Stimme rollte durch die Zelle, während er mir seine Meinung zu meiner misslichen Lage mitteilte.

„Sie müssen aufhören, sich zu stressen, Andrew. Hören Sie damit auf, über die Nachrichten nachzudenken und jede neue Sache, die passiert, herausfinden zu wollen. Hören Sie damit auf, sich über die Politik und das, was gerade geschieht, Gedanken zu machen. Es spielt keine Rolle, was Trump sagt, und es spielt keine Rolle, was Erdogan sagt. Wenn Gott sagt, dass Sie freigelassen werden, werden Sie freigelassen. Bis zu diesem Tag gehen Sie nirgendwo hin, also denken Sie nicht einmal daran, was irgendjemand macht!"

Seine Worte waren genau das, was ich brauchte. „Wissen Sie, Nejat", sagte ich ihm ein paarmal, „Sie würden einen besseren Christen abgeben als ich."

Er wischte meine Worte mit seiner großen Hand beiseite: „Wir werden beide angefochten, Andrew. Und Gott hat das Sagen. Das ist alles, was es zu sagen gibt."

Wenn Nejat und Ramazan gerade nicht beteten, saßen sie oft vor dem Fernseher. Ich war nicht der Schachspieler, den sich Ramazan erhofft hatte. Und meine Medikamente, die ich weiterhin nahm, ließen mich zwischen Stress und Trägheit leben. Deshalb hatte ich einfach nicht genug Interesse und Konzentration, um Fernsehdramen auf Türkisch zu verfolgen. Außerdem war es schmerzlich, sich normales Leben anzuschauen in dem Wissen, dass es ohne mich weiterging. Manchmal sahen sie sich eine Fernsehsendung über Leute an, die in North Carolina ein neues Haus suchten, also in der Nähe meiner Heimat. Doch nicht nur die vertraute Umgebung machte mich traurig, sondern auch, dass Norine und ich früher solche Sendungen gerne zusammen angeschaut hatten. Alle Energie, die ich hatte, steckte ich deshalb in die eine Sache, von der ich wusste, dass sie für mich lebenswichtig war: Gott zu bedrängen.

Norine und ich stellten einen Plan auf. Als Familie konzentrierten wir unsere Gebete an jedem Tag der Woche besonders auf eine Person, angefangen mit dem Jüngsten – Blaise am Montag, dann Jacqueline, Jordan, Kevin und am Freitag Norine. Da wir in drei Ländern verstreut waren, bestimmten wir eine gemeinsame Zeit, zu der wir alle beteten – genau um 20 Uhr türkischer Zeit. Auf diese Weise versuchten wir, die Familie zusammenzubringen. Darüber hinaus begann ich, an zwei Tagen der Woche zu fasten – einen Tag für die Kinder und einen Tag für Norine, weil sie ganz alleine eine so schwere Last trug. Ich vereinbarte mit ihr außerdem einen täglichen Bibelleseplan, und an jedem Abend setzte ich mich auf mein Bett und öffnete in meiner Bibel die Psalmen. Obwohl wir voneinander getrennt waren, fühlte ich mich ihr näher in dem Wissen, dass wir gerade dasselbe lasen.

Inzwischen hatte die türkische Regierung ihr einjähriges Visum annulliert, und sie durfte nur noch Dreimonatsvisa beantragen. Deshalb hielten wir jedes Mal den Atem an, wenn sie eine Verlängerung beantragte. Als unser Hochzeitstag näher rückte, kam mir erneut in den Sinn, wie dankbar ich für meine Frau war. Deshalb schrieb ich ihr:

Ich habe heute besonders an unseren bevorstehenden Hochzeits-
tag gedacht, an den Tag, an dem ich „im Lotto gewonnen" und
dich geheiratet habe. Danke für 28 Jahre – besonders für dieses
letzte, das schwierigste von allen. Ich glaube, ich wäre jetzt nicht
mehr am Leben, wenn du mir nicht all die Ermutigung, die Wahr-
heit, die gelegentliche Korrektur (die ich dir niemals verübelt habe,
das solltest du wissen) und immer wieder Erinnerungen an deine
Liebe zu mir geschenkt hättest. Danke für deine treue Liebe, dass
du für mich gekämpft, auf mich gewartet und mit mir gelitten
hast.

Das Gitarrespielen war ein weiterer positiver Schritt in eine neue Richtung, den ich in Buca gegangen bin. Bei ihrem ersten Besuch in dem neuen Gefängnis war Norine überrascht, dass „klassische Gitarre" auf der Liste der genehmigten Gegenstände stand – zusammen mit Kanarienvögeln! –, und so machte sie sich sofort auf die Suche nach einer solchen. Ich erfuhr erst davon, als der Wärter am nächsten Tag in meiner Zelle auftauchte.

„Hier, Andrew", sagte er und hielt eine Gitarre hoch. „Ihre Frau hat Ihnen das hier gebracht."

Mit dieser Gitarre ermutigte mich Norine, jeden Abend auf ihr zu spielen. Ich hatte jahrelang den Lobpreis mit meiner Gitarre geleitet. Das schien jetzt unendlich weit weg zu sein, und mir war nicht nach Singen zumute. Aber ich machte weiter, aus Selbstdisziplin. Ich war entschlossen, einen Teil von mir zurückzufordern, der schon lange vor meiner Gefangenschaft existiert hatte, und auch mit meinem zerbrochenen Herzen anzubeten.

Das Ungewöhnlichste von allem war, dass ich mit dem Tanzen begann. Ich hatte über Richard Wurmbrand gelesen, einen rumänischen

Pastor, der unter dem kommunistischen Regime 14 Jahre lang gefangen gehalten und gefoltert worden war. Er nahm die Worte Jesu „Freut euch an jenem Tage und tanzt" (Lukas 6,23 LUT) als direkten Befehl und entschied, sich trotz der Schrecken, die er erlebte, in seiner Zelle durch Tanzen zu freuen.

Ich beschloss, dasselbe zu tun, obwohl ich dabei keinerlei Freude empfand, denn mein Körper war schwach und mein Geist traurig, aber Wurmbrands Geschichte hatte etwas, das mich in seinen Bann zog. Sie hat mir auch gezeigt, wie weit ich von den Worten Jesu entfernt war, der ausdrücklich gesagt hatte, dass wir uns freuen sollen, wenn wir verfolgt werden. Also beschloss ich, so zu tanzen, wie Wurmbrand getanzt hatte und sprang jeden Tag mindestens fünf Minuten lang im Hof herum. Egal, wie wenig Lust ich dazu hatte, wie heiß die Sonne oder wie kalt der Regen war: Ich tanzte. Es war ein Akt des Willens.

Norine sagte mir: „Ich bin mir sicher, wenn du aufstehst, um zu tanzen, ist der Hof voller Engel, die dir folgen." Und ich weiß, dass es Gott freute.

Doch was Ramazan und Nejat betraf, so sahen sie mich nur kritisch von der Seite an.

. . . .

Am 24. August, sechs Wochen, nachdem ich nach Buca verlegt worden war, kamen die Wachen an meine Tür und sagten mir, dass ich mich fertig machen solle. Weil Norine an diesem Tag zu unserem wöchentlichen Besuch ins Gefängnis kommen sollte, nahm ich an, dass sie bereits da wäre, obwohl noch mindestens eine Stunde Zeit war.

Ich schaute sie verwirrt an und fragte: „Meine Frau ist schon hier?"

„Nein, Sie haben in zehn Minuten einen Gerichtstermin. Gehen wir."

Also folgte ich ihnen in einen kleinen Raum, in dem in einer Übertragungskabine eine Videokamera und ein Fernsehbildschirm aufgestellt waren. Ich konnte den Richter sehen, und sobald ich mich setzte, begann er mit dem Verfahren.

Ich unterbrach ihn jedoch direkt und erklärte: „Sir, ich werde mich ohne meinen Anwalt an nichts beteiligen."

Der Richter hielt inne und starrte mich an: „Dann werden wir Ihnen eben einen Anwalt zuweisen."

Zu Beginn meiner Gefangenschaft hätte ich nachgegeben. Ich hätte dem Vorschlag zugestimmt und gehofft, dass ich mir ihren guten Willen verdienen konnte, wenn ich mich nicht zur Wehr setze. Aber ich war mit all dem fertig.

„Nein", sagte ich. „Ich will *meine* Anwältin."

Der Richter sah verärgert aus und ordnete an, dass ich in meine Zelle zurückgebracht werde.

Innerhalb einer Stunde wurde ich erneut in den Videoraum geführt.

„Verzeihen Sie", sagte ich dem Wachmann, bevor er die Tür schloss. „Meine Frau kommt mich heute besuchen, und das möchte ich nicht verpassen. Können Sie sie bitte warten lassen, wenn ich dann noch nicht fertig bin?"

Dieses Mal konnte ich auch meine Anwältin Suna auf dem Bildschirm sehen. Sie wirkte bedrängt, und der Richter führte das Verfahren schneller als je zuvor durch, sodass das Ganze seltsam und überstürzt wirkte.

„Andrew Brunson, es gibt neue Anklagen gegen Sie: den Versuch, die Regierung zu stürzen. Den Versuch, die verfassungsmäßige Ordnung umzustürzen. Den Versuch, das Parlament zu stürzen. Darüber hinaus werden Sie der Militärspionage angeklagt. Und auch die ursprünglichen Terrorismusvorwürfe sind immer noch vorhanden. Was sagen Sie dazu?"

Zuerst hatte ich nichts zu sagen. Ich hatte jedes Wort gehört, das der Richter gesagt hatte, aber ich war fassungslos. Wie konnten sie im gleichen Atemzug über *mich* und diese Verbrechen sprechen?

Auf Militärspionage standen 20 Jahre Haft, während jede der drei ersten Anklagepunkte, die sie mir nun anlasteten, eine verschärfte lebenslange Haftstrafe nach sich zog. Das bedeutete Einzelhaft mit einer Stunde Bewegung pro Tag, einem Telefonanruf alle zwei Wochen und einem offenen Besuch alle zwei Monate – für den Rest meines Lebens!

Ich fühlte, wie die Empörung in mir zu kochen begann, und so lehnte ich mich zum Mikrofon vor und schoss meine Antwort heraus: „Wann und wie habe ich mich in der Militärspionage betätigt? Warum sollte ich eine islamistische Bewegung unterstützen? Ich möchte, dass die Regierung mir das erklärt."

Der Richter sagte nichts.

„Das ist eine Beleidigung für mich und meinen Glauben. Ich kam in die Türkei mit einem einzigen Zweck, nämlich um Jesus Christus verständlich zu machen. Und ich habe dies in aller Offenheit getan."

„Sonst noch etwas?"

„Sie erheben allgemeine Anschuldigungen, aber Sie fragen nicht nach etwas Bestimmtem. Wann? Wo? Mit wem? Ich habe keine Möglichkeit zu wissen, worauf ich eine Antwort geben soll."

Mein Protest konnte jedoch nichts bewirken und hielt den Richter kaum auf, stattdessen winkte er mich weg und sagte: „Sie sind von nun an unter diesen Anschuldigungen verhaftet."

Anschließend brachten mich die Wärter zu Norine. Ich war frustriert und wütend. Dank Gottes Gnade hatten sie sie aufgehalten, damit sie mich sehen konnte, aber es gab nur wenig Grund zum Lächeln. Als ich ihr zu Ende erzählt hatte, was passiert war, saßen wir beide schweigend da, den Blick durch das Glas, das uns trennte, aufeinander fixiert.

Die Angst war in jeden Teil meines Körpers eingedrungen und durchwebte jeden meiner Atemzüge.

„Ist dir klar, was das bedeutet, Norine? Ich hatte immer gedacht, dass mir vielleicht zehn bis fünfzehn Jahre bevorstehen. Aber das hier ist eine ganz andere Ebene. Selbst wenn sie mich nur für eines dieser politischen Verbrechen verurteilen, bedeutet das ein Leben ohne die Möglichkeit der Entlassung aus der Haft. Sie werden mich nie gehen lassen."

Norine hielt ihre Hand gegenüber meiner an das Glas. Sie erzählte mir, dass CeCe vom ACLJ gesagt habe, dass in Fällen wie dem meinen Menschen oft vor ihrer Freilassung für schuldig befunden werden, aber ihre Worte klangen distanziert und zu weit weg.

„Was ist, wenn die US-Regierung ihnen glaubt? Wissen sie, dass die Gerichte vollständig politisiert sind? Sie werden nicht mehr für mich kämpfen, wenn sie glauben, dass ich in all das verwickelt bin."

Sie konnte mich nicht in den Arm nehmen – sie konnte nur ihre Hand fester gegen das Glas drücken.

„Es reicht ihnen nicht, mich zu demütigen und zu verletzen. Sie wissen, dass ich unschuldig bin, aber sie wollen mich zerstören. Wie soll ich damit jemals fertig werden, Norine?"

18
HERZENSLIED

Am 25. August, einen Tag nachdem ich von den neuen Vorwürfen gegen mich erfahren hatte, las ich nicht in der Heiligen Schrift. Ich rührte weder die Gitarre an noch hab ich auch nur einen Fuß zum Tanz gehoben. Es hatte mich hart getroffen. Ich hatte mich in den letzten Wochen wieder selbst aufgerichtet, aber diese Nachricht hatte mich erneut niedergeschlagen, und über mir hing eine solche Schwere, dass ich den ganzen Tag im Bett verbrachte. Ich kam nicht über den Gedanken hinweg, dass ich den Rest meiner Tage im Gefängnis verbringen würde.

Weil ich es gewagt hatte, mich auf dem Weg zur Videokabine zu fragen, ob ich kurz vor der Freilassung stand, war der anschließende Absturz brutal. Ich fragte mich, wann Gott sagen würde, dass es genug war, wenn er es denn überhaupt jemals sagen würde. Und doch wusste ich, dass ich wieder aufstehen musste.

Am selben Tag wurde außerdem in den Nachrichten ein neues Dekret bekannt gegeben. Ramazan schaute am Spätnachmittag fern und so hörte ich einen Bericht über eine neue Ankündigung der Regierung: „Dekret 694, Artikel 74, ermächtigt den Präsidenten zum Austausch oder zur Rückführung von Gefangenen in ihre Heimatländer, wenn dies im Interesse der Türkei liegt."

Sofort wusste ich, dass dies mich betraf, und ich verstand, warum der Richter es so eilig gehabt hatte, diese neuen Anklagen gegen mich zu erheben. Indem sie meine mögliche Strafe von ursprünglich 15 Jahren auf drei lebenslängliche Haftstrafen plus weitere 20 Jahre erweiterten, versuchten sie, den Einsatz zu erhöhen. Und falls die USA irgendwelche Zweifel hatten, machte das Dekret deutlich, dass es für Präsident Erdogan durchaus möglich war, meine Freilassung zu gewähren, solange er dafür etwas Lohnendes erhielt. Aber für ihn hatte das keine Eile. Darüber hinaus wurde am selben Tag verfügt, dass Gefangene nun sieben Jahre lang ohne Gerichtsverfahren festgehalten werden konnten.

Ich habe einmal gelesen, dass selbst eine Minute des Grauens – der intensiven Angst – den Körper erschöpft zurücklässt. Das stimmt. Nach diesen neuen Vorwürfen fühlte ich mich zutiefst erschüttert. Ich hatte unter dem Gewicht dessen zu kämpfen, was sich wie ein Todesurteil anfühlte. Doch am dritten Tag zwang ich mich, wieder zu tanzen, die Gitarre zur Hand zu nehmen und zu beten, aber an den langen Nachmittagen war ich der Panik und Verzweiflung nahe. Und obwohl ich meine Bibel las, meditierte und betete, konnte zu jedem Zeitpunkt die Angst über mich hereinbrechen.

Wenn ich las, dass Leute für mich beteten oder dass einige mich sogar als Vorbild betrachteten, fühlte ich mich ermutigt, doch durchzuhalten. So erinnerte mich ein lieber Freund in einem Brief daran, wie wichtig es ist, für die Ewigkeit zu leben. Er erwähnte die große Wolke von Zeugen, die mir vorausgegangen war, aber was meine Aufmerksamkeit noch mehr erregte, war die große Zahl von Zeugen, die nach mir kommen würde.

Das hat mir die Notwendigkeit aufgezeigt, ein gutes Beispiel zu geben, und so habe ich mich neu besonnen und mich entschieden, weiterhin durchzuhalten. Und obwohl ich mich allein fühlte, habe ich mir immer wieder gesagt: „Ich bin nicht allein."

Das war meine tägliche Achterbahnfahrt. Ich ging immer noch zu Boden, aber ich blieb nicht mehr so lange unten wie in der Vergangenheit.

. . . .

Aus dieser sehr dunklen Zeit erwuchs einer meiner wichtigsten Siege. Ich erlebte ihn eines Nachmittags im September, einige Wochen nach meinem Erscheinen vor Gericht. Ich lief gerade im Hof immer wieder im Kreis umher und wurde von der Vorstellung erdrückt, dass sich meine Jahre in dieser einsamen Stille ausdehnten, während ich innerlich verkümmerte. Ich öffnete meinen Mund, um zu beten, um meine Gefühle Gott gegenüber auszuschütten, aber statt einer Anklage oder Beschwerde kam etwas ganz anderes heraus:

You are worthy, worthy of my all.

Du bist würdig, würdig all dessen, was ich dir geben kann.

Ich begann, diese Worte zu singen, immer und immer wieder. In meinem Kummer erklärte ich, dass Jesus meines Lobes würdig war, was immer ich auch erleiden mochte. Während ich das tat, formten sich weitere Worte:

But my heart faints, drowned in sorrow, overwhelmed.
Make me like you, Cross-bearer, persevering, faithful to the end.

Aber mein Herz wird ohnmächtig, ertrinkt in Trauer und ist überwältigt.
Mache mich wie du, Kreuzträger, ausdauernd, treu bis zum Ende.

Mit diesem Lied habe ich Jesus mein ganzes Herz gezeigt. Mir war bewusst, dass ich bei so vielen verschiedenen Gelegenheiten nahe dran gewesen war, einfach aufzugeben. Dabei hatte ich es so verzweifelt nötig, dass er mich verwandelte, damit ich mein Leben so beenden konnte, wie er es getan hatte.

Als ich aufhörte zu singen, ging das Lied in meinen Gedanken dennoch weiter und wurde mit neuen Versen immer länger. Ein paar

Tage lang trug ich es mit mir herum, bevor ich es schließlich aufschrieb und einige Akkorde auf der Gitarre hinzufügte. Dies war mein Herzenslied, ein Liebeslied an Gott aus meinem tiefsten Innern. Ich hatte in Sakran viel Zeit in einem Nebel der Panik verbracht, aber in Buca konnte ich mit etwas mehr Klarheit an die letzten Monate zurückdenken. Ich erinnerte mich an einen extremen Tiefpunkt, an dem ich zu Gott gesagt hatte: „Was auch immer du für mich geplant hast, wie auch immer du mich gebrauchen willst, ich gebe es auf. Es ist mir egal, wenn ich keine Belohnung im Himmel bekomme. Bring mich einfach zurück zu meiner Familie. Ich kann das nicht mehr ertragen."

Aber diese Texte zeigten, wie viel sich in mir verändert hatte:

I want to be found worthy to stand before you on that day,
With no regrets from cowardice, things left undone,
To hear you say: „Well done, my faithful friend,
now enter your reward."
Jesus, my Joy, you are the prize I'm running for.

„Ich möchte für würdig befunden werden, am Jüngsten Tag vor dir zu stehen,
ohne Reue wegen meiner Feigheit, ohne unerledigte Dinge,
damit ich dich sagen höre: ‚Gut gemacht, mein treuer Freund,
nun erhältst du deine Belohnung.'
Jesus, meine Freude, du bist der Siegespreis, um den ich kämpfe."

Ich wollte nicht in den Himmel kommen und die Entscheidungen bereuen, die ich hier auf Erden getroffen hatte. Ich konnte mir vorstellen, wie ich vor Jesus stehe und er mir Dinge zeigt, die er durch mich erreichen wollte, die ich aber versäumt hatte. Ich hatte keinen Zweifel daran, dass ich immer noch ein Feigling sein würde, aber ich war entschlossen, meinen Gefühlen nicht das letzte Wort zu überlassen.

Ich habe willentlich erklärt, dass ich alle Aufträge, die Gott für mich vorgesehen hatte, annehmen würde – wenn nötig, sogar das lebenslängliche Gefängnis. Von da an sang ich jeden Tag mein Lied für Gott.

Als der Jahrestag meiner Verhaftung näher rückte, schienen sich die diplomatischen Bemühungen im Kreis zu drehen. Norine hatte gehört, dass Präsident Trump mit Erdogan gesprochen und sich für meine Freilassung ausgesprochen hatte. Als Erdogan daraufhin die Vorwürfe gegen mich wiederholt hatte, ein Terrorist und Spion zu sein, reagierte Trump heftig und energisch darauf: „Schluss mit dem Bockmist. Wir wissen, dass das nicht wahr ist."

Innerhalb weniger Wochen nach meiner neuen Anklage und der Ankündigung des Erlasses 694 bot Erdogan öffentlich an, mich gegen Fethullah Gülen einzutauschen. „Geben Sie uns Gülen", sagte er Ende September in einer Fernsehansprache vor Polizeibeamten. „Dann werden wir Brunson vor Gericht stellen und ihn den USA geben."

Endlich war das, was ich schon lange wusste, öffentlich bekannt geworden. Während die türkische Regierung öffentlich darauf bestanden hatte, dass ich nur ein weiterer Terrorist sei, der ein normales Gerichtsverfahren durchläuft, hatte sie hinter den Kulissen Forderungen aus einer langen und unmöglichen „Frageliste" gestellt. Und so hörten wir, dass Präsident Trump einmal geantwortet hatte: „Bitten Sie mich um etwas, das ich Ihnen geben *kann*."

Die Türken waren in all den Monaten viele Male einer Einigung nahegekommen, änderten aber immer wieder ihre Meinung. Nun wurde die Wahrheit für alle sichtbar: Ich wurde nur aus einer Laune von Präsident Erdogan heraus festgehalten.

Als ich hörte, dass mein Fall auf diese Weise von Erdogan vorgebracht worden war, fühlte ich mich nicht sicher. Es war klar, dass ich eine politische Geisel war, und ich verlor den Überblick, wie oft Ramazan oder Nejat von unten heraufriefen und mir sagten, dass der eine oder andere Journalist wieder über mich gesprochen hätte.

Zunächst schaute ich jedes Mal zu, wenn sie mich hinzuriefen, aber bald gab ich es auf, diese Berichte überhaupt zur Kenntnis zu nehmen.

Mittlerweile begann der Stress meines Falles, sich bei Suna bemerkbar zu machen. Sie hatte die ganze Zeit hart für uns gearbeitet, aber nun tauchte ihr Name immer wieder in den Medien auf. Und weil im Jahr 2017 in der Türkei Anwälte nur dafür ins Gefängnis geworfen wurden, dass sie die falsche Person verteidigten, haben wir es vollkommen verstanden, als sie sich im September von meinem Fall zurückzog.

Als Norine die Suche nach einem neuen Anwalt begann, entdeckte sie, wie politisch unantastbar ich geworden war. Einige boten an, meinen Fall zu übernehmen, aber nur, wenn wir astronomische Honorare bezahlten. Glücklicherweise haben wir nach einigen Wochen jedoch einen neuen Anwalt gefunden. Cem war ein armenischer Christ, der in Istanbul wohnte. Er wurde uns als mutiger, starker Anwalt empfohlen, der für uns kämpfen würde.

Der Druck, einen neuen Anwalt finden zu müssen, war die eine Sorge. Meine andere war, dass meine eigene Regierung vielleicht müde würde, an meinem Fall zu arbeiten, und sich auf etwas anderes konzentrierte. Bereits im Juli hatte uns CeCe mitgeteilt, dass es ein beispielloses Interesse und eine ebensolche Anstrengung des Kongresses und der Verwaltung gab, mich freizubekommen. Mir war bewusst, dass Präsident Trump meinen Fall in Gesprächen mit Erdogan weiterhin zur Sprache brachte. Dabei war meine Freilassung Teil einer umfassenderen Diskussion mit der Türkei über eine Reihe verschiedener Themen einschließlich Syrien.

Aber die Wochen gingen ins Land, und es gab nur sehr wenige Anzeichen für Fortschritte, denn die Türken waren absolut unnachgiebig. Wie lange also würde meine Regierung ihre Bemühungen noch fortsetzen? Und es gab in meinem Kopf ständig die flüsternden Stimmen: Sie könnten anfangen, die Anschuldigungen über mich zu glauben und sich still und leise zurückziehen.

Am 5. Oktober besuchten mich zwei Mitglieder der USCIRF (*United States Commission on International Religious Freedom*, die „Kommission der Vereinigten Staaten für internationale Religionsfreiheit") zusammen mit einem US-Konsulatsbeamten. Dabei erhielt ich zum Glück meine dringend benötigte Bestätigung.

Kristina Arriaga und Sandra Jolley waren zwei temperamentvolle Frauen. Sie schienen zutiefst geschockt zu sein, als ich sie fragte, ob der Konsul mich für unschuldig hielt. Kristina schaute mich an und sagte mit Nachdruck und Tränen in den Augen: „Natürlich sind Sie nicht schuldig."

. . . .

Eines Morgens kündigte Ramazan an, dass er beantragt hätte, dass ein Foto von uns gemacht würde und die Wärter bald kämen. Als sie dann auftauchten, folgten wir ihnen in den Hof und stellten uns in einer Reihe auf, um ein Bild von uns dreien zu machen. Danach bat ich die Wache, noch ein Einzelbild von mir zu machen.

Ich stand vor der Hofmauer und war für das Foto bereit, als der Wärter misstrauisch fragte: „Was halten Sie da in der Hand?"

Es war eine kleine Kreuzkette, die mir ein chinesischer Christ vor meiner Verhaftung geschenkt hatte. Ich hielt sie so, dass das Kreuz über der Hand lag, die mein Herz bedeckte.

„Sie können kein Bild mit einem Kreuz aufnehmen. Religiöse Symbole sind nicht erlaubt."

„Bitte", sagte ich. „Machen Sie das Bild. Ihr Vorgesetzter kann es löschen, wenn er will, aber bitte nehmen Sie es auf."

Ich habe keine Ahnung, warum er schließlich nachgab, aber er hat es getan. Und in diesem trostlosen Hof empfand ich etwas, das ich in dem ganzen Jahr, in dem ich als Geisel festgehalten worden war, nicht erlebt hatte. Glück. Ich war nicht unbekümmert und konnte auch nicht in Lachen ausbrechen, aber irgendwo in meinem Inneren, leise und doch stark, war ich glücklich. Ich erklärte mit dieser Haltung, wer ich war. Und ich hielt stolz ein Kreuz in der Hand, das mich an all meine Mitchristen erinnerte, die wegen ihres Glaubens verfolgt worden waren. Ich habe mit dieser Haltung meine Identität in Jesus bewusst angenommen.

Ich gehörte zu Jesus Christus.

Ich war Andrew vom Kreuz.

Wenn Sie genau hinschauen, können Sie es in meinen Augen sehen.

Für Norine und unsere Kinder war es mir wichtig gewesen, dass dieses Foto aufgenommen wurde. Mir war es wichtig, dass sie mich so sehen. Und bei unserem nächsten Besuch gab der Wärter es an Norine weiter.

Diese Besuche von Norine waren für mich lebenswichtig, denn die Ermutigung, die ich in dieser einen Stunde erhielt, musste für die nächsten 167 Stunden reichen. Gegen Ende unseres Besuchs stellte ich immer dieselbe Frage: „Glaubst du, dass ich hier rauskommen werde?"

„Ja", sagte sie dann. „Ich weiß nur nicht, wann."

Darauf folgte immer: „Warum glaubst du, dass ich freigelassen werde?" Und ich wusste dann schon genau, wie ihre Antwort lauten würde, musste sie aber trotzdem hören.

„Aus zwei Gründen, Andrew. Denk an all die Worte über unsere Zukunft, die Gott uns geschenkt hat, bevor das alles begann. Sie können nicht alle falsch sein. Ich glaube, du hast eine Zukunft außerhalb des Gefängnisses. Und zweitens hat Gott eine riesige Gebetsbewegung ins Leben gerufen, und er wird darauf antworten. Er hat es nur *noch* nicht getan. Die Menschen beten *noch immer*. An Orten wie Vanuatu im Südpazifik, Indonesien, Senegal, Bolivien ... Das ist mit dem menschlichen Verstand nicht zu erklären. Gott weckt sogar einige der Beter mitten in der Nacht auf, um für dich zu beten ... Halte bitte durch!"

Und schließlich konnte ich nicht widerstehen zu fragen: „Glaubst du, dass es noch lange dauern wird?"

Ich hatte mich während meiner Gefangenschaft so allein gefühlt, und das ging mir noch immer so. Aber immer mehr wurde mir bewusst, dass sich jeden Tag viele Gläubige auf der ganzen Welt zu mir in meine Zelle gesellten. Ich hatte mehrere Dutzend Bilder aus Brasilien gesehen von Gruppen, die in Kirchen und Hauskreisen und in den Sonntagsschulklassen für mich beteten. Ich war so dankbar für die Familie Gottes.

Außerdem versuchte ich weiter, mich nicht allzu sehr von den Höhen und Tiefen der politischen Entwicklungen mitreißen zu lassen, aber sie beeinflussten mich emotional. Ich wusste, dass jedes neue Problem zwischen den beiden Ländern meine Situation schwieriger machte.

Als Erdogan zu einem Gipfeltreffen in Washington war, hatten einige Mitglieder seines Sicherheitsteams Demonstranten auf der Straße vor der Washingtoner türkischen Botschaft angegriffen. Es folgten Verhaftungen, und das Ganze drohte zu einem weiteren Stolperstein in der Beziehung beider Staaten zu werden.

Auch sollten bald die türkischen Staatsbürger Reza Zarrab und Hakan Atilla in den USA vor Gericht gestellt werden, weil sie dem Iran geholfen hatten, die Sanktionen gegen ihn zu umgehen. Das würde die türkische Regierung mit ziemlicher Sicherheit in große Verlegenheit bringen.

Im Oktober kündigte die US-Regierung an, dass sie die Ausstellung von Visa für türkische Staatsbürger einstellt, nachdem die Türkei einen zweiten Mitarbeiter des US-Konsulats vor Ort verhaftet hatte. Dieser Schachzug bot tatsächlich eine ungewöhnliche Gelegenheit, meine Lage auch vor der Wiederaufnahme der Visaerteilung zu lösen. Es war das erste Mal, dass die USA über diplomatische Gespräche wegen der unrechtmäßigen Verhaftungen hinausgingen. Wir sahen zu und warteten. Doch als die Visa-Ausgabe vor dem neuen Jahr wieder aufgenommen wurde, zeigte es sich, dass sich nichts geändert hatte.

. . . .

Und so verging die Zeit. Als Weihnachten näher rückte, sagte ich zu Norine: „Wenn ich zu Weihnachten noch hier bin, werde ich Jesus dafür danken, dass er auf diese Welt gekommen ist. Wenn ich an Silvester noch hier bin, werde ich ihm dafür danken, dass er mich durch dieses Jahr gebracht hat. Wenn ich an meinem Geburtstag noch hier bin, werde ich ihm für das Leben danken, das er mir geschenkt hat."

Unsere Tochter machte derweil ihren Universitätsabschluss, und Norine konnte nur weinen, als sie die Direktübertragung der Feierlichkeiten sah und nicht dabei sein konnte.

Ich verbrachte ein weiteres Weihnachtsfest im Gefängnis. Norine schickte mir einen schönen, weichen Schal, etwas, das mich in der Kälte warm hielt, aber auch etwas Sichtbares, das mich an ihre Liebe erinnerte. Sie sagte mir: „Spür jedes Mal, wenn du ihn trägst, meine Arme um deinen Hals."

Im Januar wurde ich 50, und kurz darauf starb Norines Vater. Sie flog jedoch nicht zur Beerdigung, weil sie Angst hatte, nicht mehr in die Türkei einreisen zu dürfen.

Und jeder Tag brachte den gleichen Kampf, bis ich einen Zustand erreichte, in dem ich bereit war, Gottes Auftrag für mich anzunehmen.

Im Februar 2018 sagte Norine zu mir, dass sie nach Ankara reisen würde, um sich mit Wess Mitchell, der stellvertretenden Außenministerin, zu treffen. Die Beziehungen zwischen der Türkei und den USA hatten sich während meiner gesamten Gefangenschaft immer weiter verschlechtert.

Ein Beamter sagte uns: „Wenn jemand ein Filmskript über die Beziehungen schreiben wollte, könnte er es nicht schlechter machen."

Norine behielt diese Beziehungen besonders im Auge, denn obwohl keines der aktuellen Themen direkt etwas mit uns zu tun hatte, wirkten sie sich doch alle auf unsere Situation aus. So reiste zum Beispiel Außenminister Tillerson zu einem dreieinhalbstündigen Treffen mit Erdogan, um sich für eine Verbesserung der Situation einzusetzen.

Als Norine das nächste Mal zu Besuch kam, waren die Nachrichten ermutigend. „Mir wurde gesagt, dass das Treffen positiv verlaufen ist, dass es gut für die Beziehungen zwischen den Ländern war und zu guten Entwicklungen für dich führen könnte. Sie glauben, dass dein Problem bald gelöst wird. Und am Tag nach dem Treffen ließen sie einen deutschen Journalisten frei, der ein Jahr lang festgehalten worden war. Er wurde angeklagt und in Erwartung des Gerichtsverfahrens freigelassen. Sie erlaubten es ihm dann, noch am selben Tag das Land zu verlassen. Vielleicht machen sie es mit dir genauso, mein Liebster."

Ein Beamter des Außenministeriums schlug Norine vor, unsere Kontaktpersonen im Kongress zu bitten, Sanktionen zu verschieben, die sie gegen die Türkei einführen wollten. Weil die Lage zu diesem Zeitpunkt positiv aussah, konnten erneute Sanktionen nach hinten losgehen. Norine folgte dieser Empfehlung.

Wir waren beide vorsichtig optimistisch, aber im Vorfeld von Tillersons Besuch war der Staatsanwalt Karakaya ins Gefängnis gekommen, um mich zu verhören. Ich hatte ihn gebeten, die Anklage fallen zu lassen – schließlich wussten wir beide, dass ich unschuldig war. Aber er blies nur die Wangen auf und winkte meine Bitte ab.

„Ganz bestimmt nicht", sagte er. „Wir haben über 40 Aktenordner mit Informationen über Sie."

40 Ordner? Er musste bluffen, aber es hat mir trotzdem Sorgen bereitet. Doch der Zeitpunkt seines Besuches war signifikant, denn er war ein politisches Signal der türkischen Regierung vor dem Besuch Tillersons. Es konnte gut sein … oder schlecht.

· · · · · · · · · · · · · ·

Die neue Hoffnung, die ich während dieser Zeit empfunden hatte, musste einige Wochen später einen Schlag einstecken, als Tillerson aus seinem Amt entlassen wurde. Es würde einige Zeit dauern, bis sein Nachfolger bestätigt würde, und so konnte sich der bereits vereinbarte Ablauf möglicherweise ändern.

Aber Tillersons Weggang war nicht das Einzige, was mir Anlass zur Sorge gab. Inmitten der Hoffnung, dass dies alles endlich irgendwie zu einem Ende kommen würde, hörte Norine etwas, das sie wütend machte, aber nicht überraschte. Jemand, der der türkischen Regierung nahestand, fasste Erdogans Position über meinem Fall folgendermaßen zusammen: „Warum sollten wir ihn gehen lassen, wenn uns die Amerikaner goldene Brücken bauen."

Es schien, dass Erdogan jede Geste des guten Willens, die die USA machten, als eine Kapitulation vor seiner Hardliner-Haltung auffasste. Er hat einfach alles mitgenommen und anschließend mehr verlangt.

Es dauerte dann auch nicht lange, da begannen die Medien die Gerüchte zu wiederholen, dass ich angeklagt werden würde. Während wir am 13. März zu Abend aßen, bemerkte Nejat das laufende Nachrichtenband am unteren Bildschirmrand. Dort wurde angezeigt, dass meine Anklage mit der Forderung auf lebenslange Haft eingereicht worden war. Meine Augen klebten am Fernseher, als der Nachrichtensprecher kam und nach der Auflistung meiner mutmaßlichen Verbrechen bestätigte, dass der Staatsanwalt lebenslange Haft forderte.

Daraufhin war mein Appetit von einer Sekunde auf die andere vergangen, und ich stand einfach nur draußen im Hof, bis die Wärter uns zur Nacht einschlossen. Ich ging nach oben und las einen Psalm. „Der Herr steht zu mir, deshalb fürchte ich mich nicht. Was kann ein Mensch mir anhaben?" Ich wusste, was die richtige Antwort war, aber ich hatte Angst. Eine mögliche lebenslange Haftstrafe macht das mit einem.

Nach diesem Schock wurde es still. Ein paar Tage später fragte mein neuer Anwalt Cem den Staatsanwalt persönlich, ob er eine Anklage eingereicht habe.

Karakayas Antwort darauf war ein klares: „Nein“, bis er eine Pause machte und sich dann ein wenig verstellte und etwas murmelte wie: „Nun, vielleicht habe ich ein bisschen was eingeschickt.“ Zur selben Zeit hatte die Botschaft einen Beamten nach Izmir geschickt, weil sie annahmen, dass etwas in Bewegung kommen könnte, das zu meiner Freilassung führen würde. Mir blieb das alles jedoch verborgen, bis am Morgen des 19. März ein Wärter einen dicken Stapel Papiere durch den Metallschlitz in unserer Tür schob.

„Unterschreiben Sie das!“, befahl er. „Das ist Ihre Anklageschrift.“

Sie hätten meine Anklage fallen lassen können. Sie hätten mich nach Hause schicken können. Aber das taten sie nicht.

Ich würde vor Gericht gestellt werden.

TEIL SECHS

19
ZURÜCK IN DIE GRUBE

Als 2018 verkündet wurde, dass Mike Pompeo zum Außenminister ernannt werden sollte, war das für mich ein Wendepunkt.
Zum einen hatte er versprochen, „dass die Amerikaner auf das
Außenministerium wieder stolz sein würden", und zum anderen war
er Mitglied derselben christlichen Denomination wie Norine und ich.
Mike Pompeos Amtsübernahme als Außenminister war für mich so
wichtig, weil er uns ganz persönlich folgende Nachricht zukommen
ließ: „Eines ist klar, meine Versprechen werden schnell in Taten umgesetzt. Sagen Sie Andrew und Norine: Ich habe mich verpflichtet zu
handeln."

Das Verfahren einer Anklageerhebung ist in den USA anders
als in der Türkei. In den USA werden Anklagen erst dann zugelassen, wenn eine Anklagejury die von einem Staatsanwalt vorgelegten
Beweise geprüft und sich darauf geeinigt hat, dass der Fall für eine
Verhandlung ausreicht. In der Türkei wird eine Anklage vom Staatsanwalt erhoben, ohne dass sie zuvor von jemandem überprüft wird.
Der Staatsanwalt kann jede Anschuldigung erheben, die er will. Es
liegt in den Händen des Gerichts, den Fall zu beurteilen und zu entscheiden, ob es ihn annimmt oder ablehnt.

Pompeos Übernahme des Außenministerpostens war eine neue
Gelegenheit für die Türkei, ihr Gesicht zu wahren. Der Richter konnte
die gegen mich erhobenen Vorwürfe überprüfen und meinen Fall fallen lassen oder mich unter Aufhebung meiner Reisebeschränkungen
bis zum Prozess freilassen. Genau das hatten sie bei dem deutschen

Journalisten Deniz Yücel getan. Als Tillerson noch Außenminister gewesen war, hatten türkische Beamte noch über die Lösung meines Falles diskutiert. Aber innerhalb einer Woche nach Tillersons Entlassung hatten sie meine Anklage vorverlegt, das Gericht hatte sie angenommen und gleichzeitig beschlossen, mich im Gefängnis zu behalten.

Die Anklageschrift war 62 Seiten lang und voller lächerlicher Anschuldigungen. Auf den ersten Seiten las ich, dass ich ein Agent einer Schattenorganisation namens CAMA sei, die angeblich die CIA, die NSA, das FBI und den amerikanischen Staat im Staat sowie alle Kirchen in den USA leiten würde. Die Anschuldigungen eines geheimen Zeugen mit dem Codenamen Dua oder *Gebet* nahmen fast die Hälfte der Anklageschrift in Anspruch, und ein Großteil davon betraf die Mormonen. Es war alles so bizarr, dass ich nicht glauben konnte, was ich da las. Meinem Anwalt Cem zufolge war es eine der schlampigsten Anklageschriften, die er je gesehen hatte.

Aber nicht nur Cem war überrascht über den Inhalt, auch die Leute im Außenministerium konnten nicht glauben, was sie lasen. Einige von ihnen hatten zunächst angenommen, ich sei einfach nur in die Nachwirkungen des Putsches hineingeraten, doch mit der Zeit erkannten sie, dass ich wegen meiner Nationalität als Druckmittel für Verhandlungen festgehalten wurde. Sie konnten sich aber nicht vorstellen, dass es etwas mit meinem Glauben zu tun hatte.

Doch mit der Veröffentlichung meiner Anklageschrift wurde klar, dass ich speziell wegen meines Glaubens ins Visier genommen worden war. Mein Verbrechen war die „Christianisierung", das Handeln als „ein Agent unkonventioneller und psychologischer Kriegsführung" unter dem „Deckmantel eines evangelikalen Kirchenpastors". Unsere gesamte Arbeit sei darauf ausgerichtet, die Türkei zu fragmentieren und zu zersplittern, sagten sie. Im Grunde genommen wurde in der Anklageschrift die „Christianisierung" mit Terrorismus gleichgesetzt und das Christentum als Gefahr für die Einheit der Türkei dargestellt.

Als Karakaya mir sagte, es gäbe 40 Aktenordner mit Material über mich, hatte er nicht geblufft. Die Medien verbreiteten diese Zahl, um den Anschein zu erwecken, es gäbe einen Berg von Beweisen, aber als Cem und ein lieber Freund aus der Gemeinde die Aktenordner durchsahen, fanden sie heraus, dass 35 von ihnen nichts mit mir zu tun hatten, weil sie voller Informationen über die Mormonen waren. Und vieles aus den übrigen fünf Ordnern hatte für meinen Fall keinerlei Relevanz. Aber wenigstens waren die Akten jetzt entsiegelt und man konnte sie einsehen, was bis dahin nicht möglich gewesen war.

Zum ersten Mal erfuhren wir, dass ich nur auf das Wort des geheimen Zeugen Dua hin acht Monate lang in Sakran festgehalten worden war. Dieser Mann hatte zuvor die Mormonen in einem Gerichtsverfahren angeklagt, dieses aber verloren. Am 9. Dezember – dem Tag, an dem er mich ins Gefängnis schickte – hatte Karakaya Dua einbestellt, damit er eine neue Aussage machte. Dua wiederholte dieselben Anschuldigungen, die bereits vom Gericht zurückgewiesen worden waren, fügte aber diesmal hinzu: „Andrew Brunson war in all das verwickelt." Dua lieferte damit alles, was Karakaya haben wollte, und dies war letztlich auch der „Beweis", den der Außenminister anführte, um mich direkt nach dem Gipfeltreffen im Fernsehen zum Terroristen zu erklären.

Von Beginn meiner Inhaftierung an änderten die Türken immer wieder den Grund, weshalb sie mich festhielten. Sie suchten beständig nach etwas, das ihnen genug Handhabe für eine Verurteilung geben würde. Zuerst wollten sie Norine und mich aus dem Land verbannen, weil wir beim Amt für die Bekämpfung von Menschenhandel einen Antrag gestellt hatten. Dann beschlossen sie, uns als Bedrohung der nationalen Sicherheit abzuschieben. Nach einigen Wochen erzählten sie dem Außenministerium eine neue Geschichte: ich sei nämlich nach Syrien gereist, um mich dort mit der PKK zu treffen.

Einige Monate später beschuldigte Karakaya mich, in unserer Kirche eine Rede gehalten zu haben, in der ich Gülen gelobt hätte.

Und eine Woche später, als der Justizminister mit Senator Lankford zusammentraf, sagte er, ich sei verhaftet worden, weil ich gegenüber Flüchtlingen negativ über die Türkei gesprochen hätte. Ich hätte manchen von ihnen geholfen, die Türkei zu verlassen, und vor einigen Jahren an einer Gülen-Konferenz teilgenommen. Nichts davon war wahr, aber das Muster ergab Sinn.

Es passte zu dem, was uns ein Freund von seinem Gespräch mit einem türkischen Präfekten zu Beginn meiner Haftzeit erzählt hat. Als er über mich sprach, hatte Erdogan diesem Präfekten rigoros gesagt, dass sie mich nicht gehen lassen würden.

Die gute Nachricht bei alldem war, dass die Anklagepunkte, die mir im Sommer des vergangenen Jahres per Video übermittelt worden waren, vom Tisch waren und mir nicht mehr drei lebenslange Haftstrafen drohten. Entweder waren die Fernsehberichte der Vorwoche falsch gewesen, oder der Staatsanwalt hatte die Anklage geändert. Aber die nun gegen mich erhobenen Vorwürfe – Militärspionage sowie Unterstützung der FETÖ und der PKK – zogen immer noch eine potenzielle Strafe von 35 Jahren nach sich. Da ich im Januar 50 geworden war, bedeutete das für mich so viel wie eine lebenslange Haftstrafe.

Mein Verhandlungstermin wurde auf April festgelegt, was mir knapp einen Monat Zeit gab, um die Anklageschrift abzuarbeiten und meine Verteidigung vorzubereiten. Das war nicht leicht, denn ich konnte nicht einmal die grundlegendsten Nachforschungen anstellen, weil ich eingesperrt war und nur sehr wenig Zeit mit Cem zur Verfügung hatte. Norine verbrachte Stunden damit, die Akten zu durchsuchen, über Telefonaufzeichnungen, E-Mails und Nachrichten zu brüten und entlastende Beweise zu sammeln.

Dazu gehörte auch, dass sie meine Predigten auf der Suche nach Beweisen durchging, die die Behauptung widerlegen konnten, dass ich kurdische Separatisten unterstützt hätte. Sie fand eine Aufnahme, in der ich die Türken und Kurden ermutigte, sich zu versöhnen und

„einander zu lieben", und eine weitere, in der ich das Prinzip erklärte, dass wir Christen uns unserer Regierung unterwerfen und für sie beten sollen. Es gab Tage, an denen ich zielstrebig gearbeitet habe. Tage, an denen ich mich ermutigt fühlte, weiterzumachen und meine Verteidigung nach besten Kräften vorzubereiten. An diesen war ich froh über die Gelegenheit, vor den türkischen Gerichten endlich die Wahrheit präsentieren zu können. Dann wiederum gab es Tage, an denen ich das Gefühl hatte, dass meine Arbeit überhaupt keinen Sinn ergab. Mein Schicksal lag nicht in den Händen des türkischen Richters, der meinen Fall anhörte.

Mein Schicksal wurde von einem einzigen Mann kontrolliert – Erdogan. Kein Richter würde jemals ein Urteil auf der Grundlage seiner eigenen Schlussfolgerungen über mich fällen. Sie würden sich erst dann bewegen, wenn Erdogan es ihnen sagte. Meine Verteidigung konnte die beste der Welt sein, aber sie würde doch keinen Unterschied bewirken.

Ich bemühte mich beständig, mich daran zu erinnern, dass Präsident Erdogan zwar in der Türkei die Macht hatte, das letzte Wort aber immer Gott gehörte. Und wenn Gott wollte, dass ich aus dem Gefängnis entlassen werde, dann würde ich freigelassen werden. Ich wusste nur nicht, wie oder wann.

Nun, da mein Gerichtstermin festgesetzt war, merkte ich, dass ich in Buca anders behandelt wurde. Jedes Mal, wenn ich mich mit Norine oder Cem traf, waren immer doppelt so viele Wärter um mich herum und dazu noch ein stellvertretender Gefängnisdirektor. Auch der Ablauf bei der Essenszuteilung änderte sich. Bisher hatten Nejat und ich unsere Mahlzeiten wie alle anderen auch bekommen, indem wir die leeren Essensschüsseln unserer Zelle durch die metallene Durchreicheklappe der Tür an einen Mitgefangenen übergaben. Dieser wurde von einer Wache beaufsichtigt, während er unsere Zuteilung aus dem Essenswagen hineinschöpfte und sie an uns zurückgab.

Aber nach der Anklage hatte sich das geändert. Seitdem ging einer der Gefängnisdirektoren in die Küche und überwachte, dass das Essen unserer Zelle aus einem gewöhnlichen Topf genommen und in versiegelte Behälter gefüllt wurde. Er begleitete dann die Wachen, die das Essen zu unserer Zelle brachten und es direkt an uns übergaben. Die Behörden gingen offensichtlich kein Risiko ein, was meine Sicherheit betraf. Berichten in den türkischen Medien zufolge war die CIA besorgt, dass ich ihre geheimen Pläne für die Region enthüllen könnte, und bereitete sich deshalb darauf vor, mich jeden Moment zu ermorden. Eigentlich hätte man darüber lachen können, aber andererseits gab es in der Türkei bestimmte Gruppierungen, die durchaus die Absicht haben konnten, noch mehr Probleme zwischen den beiden Ländern zu erzeugen, indem mir etwas passierte.

Eines Tages las ich im Philipperbrief die Stelle, in der Paulus schrieb: „Alle anderen beschäftigen sich mit ihren eigenen Angelegenheiten und nicht mit dem, was Jesus Christus will." Ich hatte Philipper 2 oft gelesen, aber dieses Mal drang dieser Vers direkt in mein Herz. Paulus beschrieb darin mich! Ich war so sehr in meinen eigenen Sorgen gefangen, aber was war mit dem, was Jesus will? Was wäre, wenn es für seine Zwecke am besten wäre, wenn ich im Gefängnis bliebe?

Ich war mir sicher, dass Gott mir vor einigen Jahren den Auftrag anvertraut hatte, mich auf eine geistliche Ernte in der Türkei vorzubereiten. Nun hörte ich von der großen Zahl von Menschen, die auf der ganzen Welt für mich beteten. Sie nahm nicht ab, sondern vergrößerte sich tatsächlich noch. Da begann ich zu erkennen, wie es Gottes Interessen dienen konnte, dass ich im Gefängnis war. Ich war zu einem Magneten geworden, der das Gebet in die Türkei zog.

Sollte ich denn nicht dazu bereit sein, Gott zu dienen, indem ich im Gefängnis war? Als mir dieser Gedanke kam, erkannte ich mein Versagen, und ich weinte und bat Gott, mir zu vergeben.

. . . .

Dass mich Senator Tillis aus meinem Heimatstaat North Carolina einige Wochen vor dem Prozess im Gefängnis besuchte, ermutigte mich sehr. Er sagte zu Norine: „Ich bin gekommen, um ihm in die Augen zu sehen und ihm zu versichern, dass er nicht vergessen wird."

Weil einige Monate lang mein Gehör eingeschränkt war und immer schlechter wurde, versuchte ich kurz vor seinem Besuch mit einem Wattestäbchen mir die Ohren zu reinigen, aber am Ende verlor ich fast mein komplettes Gehör. Um ihn verstehen zu können, musste ich mir die Hände wie Trichter an die Ohren legen, während Senator Tillis gezwungen war, mich im Interviewraum regelrecht anzuschreien. Doch obwohl ich nur sehr schlecht hören konnte, kam bei mir laut und deutlich an: „Warten wir ab, was bei diesem ersten Gerichtstermin passiert. Wenn es nicht gut geht, dann ziehen wir die Boxhandschuhe an."

„Danke, Herr Senator!", rief ich, als wir uns voneinander verabschiedeten.

Als dann der Verhandlungstermin näher rückte, erklärte mir Cem, was mich erwarten würde. Es war geplant, dass ich vor dem in der Gefängnisanlage Sakran integrierten Gericht erscheinen sollte, und wir gingen beide davon aus, dass ich bei jeder Sitzung hin- und zurückgefahren werden würde. Cem erinnerte mich daran, dass in der Türkei die Verhandlungstage immer weit auseinanderliegen, oft mit Monaten zwischen den einzelnen Anhörungen. Und während politische Prozesse fünf bis zehn Jahre dauern können, ging er davon aus, dass meiner in weniger als drei Jahren vorbei sein würde. Mich erschreckte der Gedanke, jahrelang eingesperrt zu sein, während sich der Prozess in die Länge ziehen würde.

An einem frühen Sonntagmorgen, am Tag vor Beginn meiner Verhandlung, weckte mich ein heftiges Klopfen unten an der Zellentür. Ramazan war einige Monate zuvor verlegt worden, sodass jetzt nur noch Nejat und ich in der Zelle waren. Eine Gruppe von

Wachmännern stürmte herein und sagte mir, ich solle meine Sachen packen und mich bereit machen, nach Sakran zurückzukehren.

„Warten Sie! Mein Prozess beginnt doch erst morgen."

„Ja. Wir bringen Sie jetzt dorthin. Es ist zu Ihrer eigenen Sicherheit – niemand weiß, wann wir Sie verlegen."

Damit hatte ich wirklich nicht gerechnet. Ich hatte kaum Zeit, meine Notizen, ein paar Kleider und andere Dinge in eine Tasche zu werfen. Meine Finger tasteten aufgeregt umher, und mein Kopf hatte Mühe, klar zu denken. Ich hasste Sakran so sehr, dass der Gedanke, auch nur eine Nacht dort zu verbringen, ausreichte, um mein Herz zum Rasen zu bringen und mir die Kehle zuzuschnüren. Und ich war besorgt, dass es für viel länger als nur eine Nacht wäre. Ich versuchte immer wieder herauszufinden, wie lange ich dort sein würde, aber niemand wollte mir etwas dazu sagen.

Ich war in den letzten Monaten so oft verlegt worden, dass ich dachte, ich wäre mit dem Ablauf vertraut, aber als ich darauf wartete, dass man mich auf den Hof hinausbringt, war es doch wieder anders. Es standen Dutzende von Militärpolizisten herum und ich erhielt eine kugelsichere Weste, die ich anziehen sollte, bevor ich aus dem Haus geführt wurde und in den Bus einstieg. Außerdem wurde ich diesmal in einem Konvoi transportiert.

Ich hasste den Gedanken, Buca zu verlassen. Alles dort war besser gewesen als in Sakran. Nejat war der perfekte Zellengenosse, der sich gerne unterhielt, aber auch gerne schwieg. Die Einrichtung war ruhiger, kühler und wurde entspannter geführt. Sogar das Essen war besser.

Sobald ich in Sakran ankam, wurde ich sofort von den Wachen abgefertigt – jedoch leider nicht nur als Besucher. Dies war eine dauerhafte Verlegung. Ich war für den Rest meines Prozesses dort. Buca war vorbei.

Sofort wurde ich in eine Isolationszelle gebracht und selbst dort merkte ich, dass dieser Ort immer noch genauso laut und chaotisch war, wie ich ihn in Erinnerung hatte. Ich saß auf dem einzigen Etagenbett des Raumes, breitete meine Prozessakten und die Bibel neben mir aus und weinte. Ich war wieder in Sakran, dem Ort, an dem man mich als *hayvan* – ein Tier – bezeichnet hatte. Hier hatte ich gespürt, wie mir mein Verstand und mein Glaube abhanden gekommen waren.

Ich hatte noch Arbeit für den nächsten Tag zu erledigen, aber der Gedanke, einen Stift in die Hand zu nehmen und zur Sache zu kommen, war einfach zu viel. Ich war am Boden zerstört und vollkommen überwältigt.

Ich dachte an Norine. Dass ich in Sakran war, würde auch für sie schwierig sein. Und unsere Besuche würden wieder auf 35 Minuten reduziert werden. Es würde keine Briefe mehr auf Englisch geben, was bedeutete, dass nur Norine mir noch schreiben konnte. Und ich würde allein sein, in Einzelhaft.

„O Gott", rief ich. „Du hast mich an den Ort zurückgebracht, an dem man mich gebrochen hat. Warum?"

Er antwortete nicht, aber dafür jemand anderer.

„Hey", sagte eine türkische Stimme in der Nähe. „Neue Person in der Zelle nebenan. Wer sind Sie?"

Zuerst antwortete ich nicht. Aber als er seine Frage ein drittes Mal wiederholte, sagte ich es ihm: „Ich bin der Pastor."

„Aha! Ich kenne Sie. Ich habe Ihre Geschichte verfolgt."

20
AUF DEM PRÜFSTAND

Der Gerichtssaal in Sakran war nicht für Gerichtsverhandlungen, sondern für Basketballspiele gebaut worden. Als ich dort auf meinem Stuhl saß, während meine Hände und Beine zitterten und ich auf das Dach starrte, das mich überragte, erschien es mir, dass fast alles an diesem Ort darauf ausgerichtet war, mich aus dem Gleichgewicht zu bringen und mich klein fühlen zu lassen.

Ich saß in einem Bereich, der durch ein niedriges Holzgeländer abgegrenzt worden war. Cem befand sich an der Seite des Saals weit von mir entfernt, sodass ich, um mit ihm zu sprechen, die Erlaubnis des Richters einholen und dann in Begleitung einiger Soldaten hinübergehen musste. Hinter mir, getrennt durch ein Meer von ungefähr 500 leeren Plätzen, befand sich die Zuschauertribüne. Wenn ich mich umdrehte, konnte ich Norine schemenhaft erkennen, aber selbst wenn ich meine Augen arg strapazierte, waren die Gesichter der Zuschauer verschwommen.

Als ich den Raum zum ersten Mal betrat, stand Norine auf und winkte, damit ich wusste, wo sie war. Wie dem auch sei, Cem hatte mir eindringlich gesagt, ich solle nicht zu ihr hinschauen, sondern meinen Blick immer nach vorne richten. Die meiste Zeit folgte ich seinem Rat, aber wenn ich mich umdrehte, um sie anzusehen, tat Norine, was sie konnte, um mich zu ermutigen – eine Hand über ihrem Herzen bedeutete „Ich liebe dich und bin bei dir", ein Daumen hoch sagte mir „Gut gemacht!", und ein Finger, der nach oben zeigte, sagte mir, ich solle auf Gott schauen.

Die drei Richter befanden sich ungefähr drei Meter vor mir auf einem Podest, das über eineinhalb Meter hoch war – so hoch, dass ich meinen Kopf nach hinten neigen musste, um sie zu sehen. Neben ihnen – direkt neben ihnen auf dem Podium selbst – befand sich der Staatsanwalt. Und auf beiden Seiten von ihnen stand je ein riesiger Videobildschirm, jeder groß genug für ein Kino. In den beiden Nächten zuvor hatte ich überhaupt nicht geschlafen. Ich hatte auch nichts gegessen, aber das Schlimmste war, dass ich an diesem Morgen meine Medikamente nicht bekommen hatte. Ich stand ohne Schlaf und Essen schon genug unter Strom, aber ohne Xanax war meine Angst in vollem Gange. Alles, woran ich denken konnte, war die Tatsache, dass mir 35 Jahre Gefängnis drohten und dass schon vor Beginn des Prozesses alles darauf ausgerichtet war, mich schuldig zu sprechen.

Cem hatte mich gewarnt. Technisch gesehen galt ich bis zum Beweis meiner Schuld als unschuldig. Doch die Tatsache, dass es bei mir um ein politisches Verbrechen ging, bedeutete, dass es an mir lag, meine Unschuld zu beweisen. Seine Worte schossen mir durch den Kopf, während ich dem Richter zuhörte, der den Prozess mit einigen Präliminarien eröffnete. Je länger er sprach, desto schlimmer wurde mein Zittern.

Schließlich wies der Richter darauf hin, dass ich an der Reihe sei, aufzustehen und mich an ihn zu wenden. Als ich in das Mikrofon sprach, war ich überrascht, dass meine Stimme fest und stark klang.

„Andrew Craig Brunson. Ich möchte mich verteidigen", sagte ich und konsultierte meine handschriftlichen Notizen, die ich mitgebracht hatte. Der Richter sagte nichts, und seine beiden Kollegen starrten mich mit versteinerten Mienen an. Also fuhr ich fort.

Ich ging jeden Absatz der Anklageschrift durch und sprach jede falsche Behauptung und Ungenauigkeit an, die der Staatsanwalt gegen mich vorgebracht hatte. Ich stand vollkommen still, meine Stimme trug, all die obskuren türkischen juristischen Vokabeln kamen mir schnell in den Sinn, und meine Hände und Beine zitterten nicht mehr. Minuten vergingen, und ich fuhr fort, wobei ich sorgfältig und klar erklärte, warum jeder einzelne Vorwurf unbegründet war.

Den ganzen Vormittag lang sprach ich und nahm nur gelegentlich einen Schluck aus einer Wasserflasche. Währenddessen sah der leitende Richter kaum einmal zu mir oder zu meinem Anwalt herüber. Wenn ich aufblickte, um nach ihm zu sehen, lehnte er sich stets zum Gespräch in Richtung eines der anderen Richter und ignorierte mich völlig. Aber ich machte weiter. Es war, als ruhte eine göttliche Gnade auf mir, die mich klar sprechen ließ – trotz meiner Panik, meines Traumas und des Mangels an Schlaf, Medikamenten und Nahrung.

Nachdem ich fast drei Stunden gesprochen hatte, unterbrach mich der Richter und sagte mir, dass es Zeit sei, eine Pause zu machen. Sofort hob sich die Gnade Gottes von mir weg, und ich geriet in Panik und verlor plötzlich all die Energie und Konzentration, die ich den ganzen Morgen über gehabt hatte.

„Bitte", flehte ich den Richter an, „schicken Sie mich am Ende des Tages zurück nach Buca." Ich war vorsichtig, denn ein Direktor hatte mich noch am selben Morgen gewarnt, ich solle mich nicht über das Gefängnis oder das Personal beschweren. „Das Problem ist nicht das Gefängnis, sondern ich – ich habe in Sakran eine Menge Traumata erlebt."

Der Richter zuckte mit den Achseln und sagte, er werde es sich später überlegen, dann winkte er den beiden Soldaten auf beiden Seiten, mich zu holen. Sie nahmen mich bei den Armen und zogen mich mit sich. Der Saal füllte sich mit Lärm, als die Leute zum Mittagessen gingen, und ich warf Norine einen hilflosen Blick zu, als sie mich in die Arrestzelle brachten.

Der Nachmittag war schwieriger als der Morgen. Ich sprach weitere drei Stunden lang und beantwortete dann gezielte Fragen zu einer Textnachricht, die ich einige Tage nach dem Putsch an einen befreundeten Pastor geschickt hatte. Ich hatte geschrieben, dass die

Türkei erschüttert wurde – durch den Putsch, aber auch durch die Säuberungsaktionen nach dem Putsch und die Beschleunigung der Ein-Mann-Herrschaft –, aber dass diese Notlage dazu führen würde, dass sich viele Menschen zu Jesus wenden würden: „Ich denke, die Lage wird finsterer werden, und wir werden auch einen Durchbruch in Herrlichkeit und Wundern erleben. Am Ende gewinnen wir." Der Richter bestand darauf, dass dies ein Beweis dafür sei, dass ich bei der Planung des Putsches geholfen habe.

Ich habe daraufhin versucht, mich ganz klar verständlich zu verteidigen, indem ich dem Richter sagte, dass ich viele Jahre lang gepredigt hätte, dass Gott zulässt, dass die Dinge, auf die wir vertrauen, erschüttert werden, damit wir uns an ihn wenden. Doch davon schien der Richter überhaupt nicht beeindruckt zu sein.

Anschließend war es an mir zuzuhören, während drei Zeugen aussagten. Jeder wurde vor seiner Aussage von dem pompösen Gerichtsdiener vereidigt, der alle Anwesenden anwies, aufzustehen. Währenddessen blähte er seine Brust auf und hielt wichtigtuerisch seine Hand über sein Herz, den Kopf nach hinten geneigt, mit dem Ausdruck eines wahren Gläubigen in die Ferne blickend und stolz darauf, Teil der türkischen Justiz zu sein. Dabei legte jeder der falschen Zeugen seinen feierlichen Eid ab. Und während es mich beinahe zum Lachen gebracht hätte, ekelte mich der Anblick der geheimen Zeugen an, die ihre Aussage von einem anderen Ort aus machten, und die, Orwells „Big Brother" gleich, auf den beiden riesigen Bildschirmen erschienen. Außerdem machte mich dieses zynische Spiel wütend.

Es gab keinen guten Grund, ihren Aufenthaltsort und ihre Identität geheim zu halten, da es keinerlei Sicherheitsrisiko für sie gab. Tatsächlich war uns der Name eines jeden bekannt, aber da es ein Verbrechen gewesen wäre, zu sagen, wer sie waren, wurden wir daran gehindert, ihre Beweggründe und Lügen aufzudecken. Darüber hinaus hatte der Richter ihnen gesagt, dass sie als geheime Zeugen keine Fragen beantworten müssten, die sie nicht beantworten wollten.

Auf jeden Fall aber haben alle diese Zeugen gelogen, diejenigen, die ihre Identität verheimlicht haben, und diejenigen, die es nicht getan haben.

Der eine mit Codenamen Dua ersann eine lange Geschichte darüber, wie er mich lehren gehört habe, dass die Kurden der 13. verlorene Stamm Israels seien. Ich hätte aktiv daran gearbeitet, die Türkei zu zerstückeln, um an ihrer Stelle einen christlichen Staat zu errichten. Ich hatte noch nie von einem 13. Stamm gehört, geschweige denn über ihn gepredigt, aber Dua behauptete steif und fest, dass alle Christen dies lehrten und dass ich diese Idee mit den Mormonen teilte, und dass ich in Wirklichkeit der Leiter einer mormonischen Kirche sei.

Ich konnte es nicht glauben, als der Richter Dua feierlich darum bat, mehr über die CAMA zu erklären, die verrückte Verschwörungstheorie, die er in der Anklageschrift detailliert beschrieben hatte. Dua versicherte dem Richter, dass alle Pastoren in der Türkei Agenten des amerikanischen Staates im Staat seien, die zur Zerschlagung der Türkei geschickt wurden. Es klang alles wie ein James-Bond-Film und beinahe wäre ich in lautes Gelächter ausgebrochen. Aber die Richter und der Staatsanwalt lachten nicht. Sie hörten aufmerksam zu.

Damit war Dua aber noch nicht fertig. Er hatte noch viel mehr über mich zu sagen. Ihm zufolge hatte ich Informationen über Personen gesammelt, die zur Vorbereitung einer Invasion der Türkei bei der Eisenbahn arbeiteten, und dies sei Beweis dafür, dass ich ein militärischer Spion sei. Abgesehen davon, dass ich noch nie von einer solchen Verschwörung gehört hatte, fragte ich den Richter, ob die Namen dieser Eisenbahner denn festgestellt worden waren. Doch der Richter antwortete nur: „*Wir* werden bestimmen, was ein Staatsgeheimnis ist."

Cem holte daraufhin einen dicken Stapel von Ausdrucken hervor und legte ihn vor sich auf den Tisch, als er darum bat, dem Gericht einige Beweise vorzulegen. Der Richter nickte dem Gerichtsdiener widerwillig zu, damit er sie übernahm. Es handelte sich dabei um eine Liste aller Mitarbeiter der Staatsbahn, die noch länger war, als diejenige, die Dua angeführt hatte.

„Ich habe alle diese Namen gegoogelt und aus dem Internet heruntergeladen", verkündete Cem. „Jeder kann das tun. Wie können Sie da behaupten, dass dies geheime Informationen sind?" Der Richter blieb jedoch stumm und war eindeutig unzufrieden.

Ich beobachtete die verschwommenen Umrisse von Duas Gesicht und hörte seine digital verzerrte Stimme – ein tiefes Knurren wie in einem Horrorfilm –, als er noch mehrere Stunden lang weitermachte. Ich wäre am liebsten aufgestanden und hätte geschrien, dass er ein Betrüger ist, denn ich wusste, dass er aus einer Gemeinde herausgeworfen worden war, weil er Menschen dort betrogen hatte.

Er sagte dem Richter weiterhin: „Brunson taufte 25 Menschen, nahm ihr Geld und sagte ihnen, er könne helfen, sie nach Kanada zu bringen."

Tatsächlich war das aber genau eine der Tricksereien, die *er selbst* abgezogen hatte. Ich wusste, dass er damals als Übersetzer für die Mormonen gearbeitet hatte, bevor sie ihn rausgeschmissen haben. Deshalb hatte er damals ein Gerichtsverfahren gegen sie angestrengt, aber verloren. Es waren dieselben Anschuldigungen, die gegen die Mormonen gescheitert waren, die er nun gegen mich wieder aufgriff. Doch mir waren die Hände gebunden. Denn der Staatsanwalt würde ein neues Gerichtsverfahren gegen mich eröffnen, wenn ich enthüllen würde, wer er war. Also saß ich schweigend da und betete, dass die Wahrheit irgendwie herauskommen würde.

Die nächste geheime Zeugin kannten wir sehr gut. Sie hatte in der kurzen Zeit, in der sie in unserer Kirche gewesen war, alle möglichen Probleme verursacht und bei ihrem Weggang gedroht: „Wartet nur ab, was ich euch antun werde." Uns wurde ganz anders, als wir erfuhren, dass sie eine echte Hexe war, die tief im Okkultismus steckte.

Mehr als einmal rügte mich der Richter, weil ich mich nicht an das korrekte Protokoll hielt. Das bedeutete, dass ich auf einen Zeugen nicht mit einer Erklärung reagierte oder mich nicht dem Podium zuwandte, als er mich ansprach. Es war anstrengend, und als er den Prozesstag zum Abschluss brachte, war es fast zehn Uhr abends.

„Der nächste Termin für diesen Prozess ist der 7. Mai. Bis dahin werden Sie im Gefängnis bleiben."

Ich bat den Richter, mich nach Buca zurückzubringen. Er antwortete darauf, dass er eine Verlegung empfehlen würde, fügte aber hinzu, dass er diese Entscheidung nicht treffen könne. Zwei Militärpolizisten fassten mich an den Armen und führten mich in Richtung des Ausgangs für die Gefangenen.

„Norine!", rief ich, bevor ich den Saal verließ, und hatte alle Mühe, sie in der Menge am Ende der Halle zu sehen. „Hol mich hier raus! Ich werde noch verrückt!"

Bevor ich durch die Tür ging, merkte ich noch, dass auch Senator Tillis zusammen mit Sam Brownback, dem Sonderbotschafter für internationale Religionsfreiheit, und anderen Freunden aus verschiedenen Gemeinden anwesend war. Ich war so dankbar für ihre Unterstützung, und ich wusste, dass einige nur gekommen waren, um mich durch diesen Verhandlungstag hindurchzubeten.

Ich füllte meine Lungen für einen letzten Ruf: „Vielen Dank an alle, die gekommen sind!"

Minuten später war ich wieder in meiner Zelle in Sakran. Allein.

. . . .

Die Reaktion von Senator Tillis auf das, was er an diesem Montag vor Gericht gesehen hatte, kam unverzüglich und mit voller Kraft. Während des Prozesses war ich beschuldigt worden, in der Kirche einen geheimen Raum zu haben, in dem geheime Treffen um eine geheime Karte herum stattgefunden hätten. Die würde zeigen, wie ich vorhatte, die Türkei für die Kurden aufzuteilen. Mehrere Zeugen hätten ausgesagt, diesen Raum gesehen zu haben, und hätten beschrieben, dass PKK-Fahnen an den Wänden gehangen hätten sowie anderes Propagandamaterial überall in der Kirche zu finden gewesen wäre. Aus diesem Grund bat Senator Tillis Norine am Dienstag, ihm die Kirche zu zeigen, damit er diesen geheimen Raum selbst sehen könne. Es zeigte sich, dass der einzige extra Raum nur unser kleines Gemeindebüro war.

Bis Freitag hatte eine parteiübergreifende Gruppe von 66 Senatoren unter der Leitung der Senatoren Tillis und Jeanne Shaheen einen Brief an Erdogan geschickt und meine Freilassung gefordert. Der Brief bezeichnete meine Anklage unter anderem als „eine absurde Sammlung von anonymen Anschuldigungen, Fantasiegebilden und willkürlichen Rufmordanschlägen. Das ist eine Beleidigung nicht nur für eine zu Unrecht inhaftierte Person, sondern auch für die lange Geschichte der türkischen Rechtsprechung."

Was mich betraf, so konnte ich in der dritten Nacht in Folge nicht schlafen. Ich hatte keinen Appetit und konnte nichts anderes tun, als mich auf mein Bett zu legen und mich vollkommen fertig zu fühlen. Monatelang hatte ich in Buca kleine Siege errungen, aber jetzt war ich wieder zutiefst niedergeschlagen. Ich war bereit aufzugeben.

Mein Zustand was so schlimm, dass sich sogar die Wärter um mich Sorgen zu machen schienen.

„Kommen Sie, kommen Sie", sagte der Hauptwachmann am Tag nach der Verhandlung – ein Mann, der zuvor sehr streng zu mir gewesen war, als ich noch in meiner alten Zelle gesessen hatte. „Ich helfe Ihnen nach draußen. Es wird Ihnen guttun, etwas Luft zu bekommen. Kommen Sie."

Schließlich gab ich nach, aber nach zehn Minuten auf dem Hof bat ich darum, wieder hineingehen zu dürfen, denn auch ohne den Prozess war der Gedanke, wieder in Sakran festzusitzen, zu viel für mich.

Also brachte mich der Hauptwachmann zurück und ging wieder. Ich lag allein in meiner Zelle, voller Angst und am Boden zerstört, sodass mir Tränen über die Wangen liefen. Diese Gedanken gingen mir immer wieder durch den Kopf: *Wo bist du, Gott? Warum hast du zugelassen, dass sie mich an diesen schrecklichen Ort zurückbringen? Warum hast du nicht für mich interveniert? Warum bist du so weit weg, so schweigsam?*

Ich öffnete meinen Mund, während ich laut weinte, doch die Worte, die ich mich murmeln hörte, erstaunten mich: „Ich liebe dich, Jesus!"

Und wieder: „Ich liebe dich, Jesus! Ich liebe dich, Jesus!"

Sofort wurde mir klar: *Hier ist mein Sieg!* An meinem tiefsten Punkt war der Schrei meines Herzens ein Schrei der Liebe zu Jesus. Ich war begeistert. Dies war ein Triumph in meinem Herzen, eine Antwort an Gott, die mir zeigte, wie anders die Dinge jetzt für mich waren. Als ich mich zuvor in Sakran befand, war ich voller Angst und Schmerz. Auch jetzt noch empfand ich Angst und Schmerz, aber ich hatte gerade erst entdeckt, wie tief meine Hingabe an Jesus war. Sie war erprobt und bewährt.

. . . .

Obwohl ich mich in Einzelhaft befand, gab es einige Kontakte mit anderen Häftlingen. Ich konnte sie zwar nicht sehen, aber wenn wir laut genug sprachen, konnte ich durch das Fenster mit den Männern in den Zellen auf beiden Seiten meiner Zelle sprechen, genauso wenn jemand im Hof spazieren ging. So entdeckte ich, dass die Menschen um mich herum Militärangehörige waren, die beschuldigt wurden, beim Putschversuch eine maßgebliche Rolle gespielt zu haben. Von den wenigen, die ich kurz persönlich traf, waren zwei Generäle und die anderen waren Elitesoldaten gewesen. Was auch immer für Lügen und Anschuldigungen mir vorgeworfen wurden – ich war mir sicher, dass ihre Aussichten weitaus schlechter waren als meine.

Es war einer der Generäle gewesen, der zum ersten Mal mit mir gesprochen hatte, als ich am Vorabend meiner Verhandlung angekommen war. Nun ermutigte mich ein zweiter General: „Seien Sie stark", sagte er. „Seien Sie stark. Als ich hierher gebracht wurde, wäre ich auch am liebsten gestorben. Ich wollte aufgeben. Aber ich bin stark geworden, und dasselbe wird auch mit Ihnen geschehen. Und außerdem habe ich Ihren Fall beobachtet. Sie werden Sie bei der nächsten Verhandlung freilassen."

Ich war mir nicht sicher, ob er mit der Freilassung recht hatte, aber seine Aufmerksamkeit spendete mir Trost. Und einer meiner anderen Nachbarn zeigte mir seine Freundlichkeit auf seine Art und Weise. Durch das Gitter seines Fensters ließ er eine kalte Cola und eine Schüssel mit Essen zu einem Gefangenen fallen, der sich gerade eine Stunde lang im Hof aufhielt und der sie mir dann durch mein Fenster reichte. Außerdem übermittelte er mir einige ermutigende Nachrichten, die er im Fernsehen gehört hatte, denn am Tag nach meinem Prozess hätte Präsident Trump getwittert, dass ich in der Türkei grundlos verfolgt würde: „Sie nennen ihn einen Spion, aber ich bin viel eher ein Spion als er."

„Es wird alles gut", sagte der Mann, der im Hof stand. „Keine Sorge. Es wird alles gut werden."

„Nur zu", sagte der General, „sagen Sie dem Pastor, weshalb Sie inhaftiert sind."

Der Mann lachte. „Ich gehörte zu der Einheit, die beschuldigt wird, das Attentatskommando zu sein. Aber uns wurde lediglich in letzter Minute mitgeteilt, dass wir in ein bestimmtes Hotel in der Stadt gehen sollten. Wir hatten nicht einmal eine Adresse bekommen und mussten erst in einem Geschäft vor Ort nach dem Weg fragen. Klingt das nach der Art und Weise, wie eine Elitetruppe einen Präsidenten ermorden würde?"

Was konnte ich da sagen? Ich wusste, dass er einen noch viel größeren Berg von Problemen hatte als ich.

Ihre Ermutigung hat mich wirklich berührt. Ich konnte nicht glauben, dass Männer, denen ein Leben in Einzelhaft bevorstand, versuchten, meine Stimmung zu heben.

....

Später, als ich wie jeder Neuzugang zur Gefängnispsychologin gebracht wurde, wurde es wieder bitter.

Die Psychologin sagte: „Andrew, wir werden uns gut um Sie kümmern. Sie werden für ein paar Monate, vielleicht ein paar Jahre, hierbleiben, aber Sie sollen wissen, dass es Ihnen hier gut gehen wird."

Ich brach zusammen. „Ach, bitten Sie sie doch, dass sie mich nach Buca zurückschicken!"

Sie machte eine Pause. „In Ordnung. Ich werde sie darum bitten." Aber ich wusste, dass sie nicht viel tun konnte.

Niedergeschlagen ging ich in meine Zelle zurück, doch ich hegte die Hoffnung, dass ich durch die Bemühungen von Norine, der Botschaft und einigen unserer Freunde in der US-Regierung wieder nach Buca verlegt werden würde. Aber wie lange würde das dauern? Andererseits konnten sie mich hierbehalten, nur um den Druck zu erhöhen. Ich machte mich auf ein langes Warten gefasst.

Doch ich brauchte nicht lange zu warten, denn am fünften Tag öffneten zwei Wärter meine Zellentür und sagten mir, dass sie mich nach Buca zurückschicken würden.

„Wirklich? Wann?"

„Jetzt."

Also sammelte ich die Handvoll Kleider ein, meine Notizen für die Gerichtsverhandlung und meine Bibel, und war innerhalb von Minuten abfahrtbereit. Ich brachte sogar ein Lächeln zustande, als ich mich bei dem Wärter bedankte.

Mit einer schnellen Handbewegung tat er meine Worte ab. „Ehrlich gesagt, wir sind hier alle erleichtert, dass Sie wieder gehen."

Ich hätte nie gedacht, dass ich einmal glücklich sein könnte, ins Gefängnis zu gehen, aber es war eine solche Erleichterung, in meine Zelle in Buca zurückzukehren. Und Nejat freute sich, mich zu sehen, und begrüßte mich, als wäre ich nie weggewesen.

21
FALSCHE ZEUGEN

Drei Wochen nachdem ich zum ersten Mal in dem Basketball-Gerichtssaal gesessen hatte, stand ich in der Nähe des Eingangs zum Gefängnis in Buca und wurde auf meine erneute Abreise vorbereitet. Ich war auf dem Rückweg zu meinem zweiten Verhandlungstag, und die Sicherheitsvorkehrungen waren sogar noch strenger als zuvor. Ich war bereits einer Leibesvisitation unterzogen, mit Handschellen gefesselt und mit einer kugelsicheren Weste ausgestattet worden, aber das war noch nicht alles. Außerdem wurde ich von mehreren bewaffneten Militärpolizisten umzingelt. Und sobald aus einem ihrer Funkgeräte der Marschbefehl ertönte, rannten sie mit mir über einen Parkplatz in den Gefangenentransportbus.

Ich konnte nicht durch das verdunkelte Fenster sehen, und saß schweigend in der Sicherheitskabine des Busses. Der Motor lief bereits, aber fast eine Minute lang saßen wir nur da, ich und meine ausdruckslos dreinblickenden Soldaten mit ihren schussbereiten Maschinengewehren.

Als eine weitere Nachricht über das Funkgerät kam, sprang einer der Männer auf, zog mich aus dem ersten Bus und rein in einen identischen zweiten Bus, der gerade auf dem Hof angekommen war. Der Lockvogelbus fuhr ohne mich los, und wir warteten, bis wir an der Reihe waren, eskortiert von mehreren Polizeiwagen.

Als wir in Sakran ankamen, wurde der kurze Weg vom Transportbus zum Gefangeneneingang des Gerichtssaals von 20 oder mehr Soldaten der Kommandoeinheit flankiert. Die Soldaten, die mich bewachten, drängten sich in einem engen Pulk um mich rum. Sie schleusten mich durch den Tunnel, den die Kommandoeinheit bildete, wobei sie meine Arme festhielten.

Nichts davon war nur Show, denn der Prozess hatte mich zu einer Zielscheibe gemacht, ja sogar zu einer Hassfigur. Ich glaube nicht, dass sie besonders besorgt waren, dass die US-Streitkräfte mit einem Hubschrauber einfliegen und mich retten könnten. Sie haben mich vielmehr vor ihren eigenen Leuten bewacht.

Mir war bewusst, dass dies ein schwieriger Tag werden würde. Am ersten Verhandlungstag hatten drei Zeugen gegen mich ausgesagt, aber an diesem zweiten Verhandlungstag standen sieben bereit, zwei davon zur geheimen Aussage. Als die Richter eintrafen und ihre Position auf dem Podium einnahmen, bereitete ich mich darauf vor, dass gleich die Lügen anfangen würden.

Ich blickte nach hinten und war gerührt, als ich den Pastor meiner Heimatgemeinde in North Carolina neben Norine stehen sah. Dies war eine Erinnerung daran, dass an unzähligen Orten für mich gefastet wurde und Gebetswachen stattfanden.

Der erste Zeuge war geheim, aber ich wusste, wer er war, obwohl ich ihn nie getroffen hatte. Einige Monate lang hatte er eine Gemeinde besucht, die wir in einer anderen Stadt gegründet hatten, aber die dortige Führung hatte ihn gebeten, die Gemeinde zu verlassen, nachdem er ernste Probleme verursacht hatte. Er behauptete, dass ich dem US-Militär die Koordinaten für den Abwurf von Waffen für die PKK gegeben hätte, dass ich PKK-Kämpfer zur medizinischen Behandlung nach Izmir gebracht hätte und dass ich ein Führer der FETÖ sei.

Nach ihm erzählte eine andere geheime Zeugin, dass sie auf dem Handy von jemand anderem eine Nachricht gesehen hätte, in der vor einem bevorstehenden Erdbeben gewarnt wurde – ein Beweis, so der Staatsanwalt, für meine Beteiligung am Staatsstreich. Aber sie sagte auch, dass sie mich nicht kenne, und die Botschaft nicht von mir gewesen sei, sodass ich mich fragte, wo da die Verbindung war. Nach ihr gab es dann keine weiteren geheimen Zeugen, aber die anderen waren alle genauso lächerlich.

Ein offensichtlich psychisch kranker Sträfling trat in den Zeugenstand und erklärte, dass ich der Anführer der Zeugen Jehovas sei und zusammen mit ihnen die Proteste im Gezi-Park mitgeplant hätte, die 2013 das Land überzogen hatten. Erdogan hatte diese Proteste nun einen Versuch genannt, seine Regierung zu stürzen.

Und nach ihm kam ein anderer Verurteilter, der offensichtlich hoffte, seine Strafe durch weitere Lügen über mich zu verkürzen. Er sagte: „Andrew Brunson arbeitete für die Organisation von Fethullah Gülen. Seine Gemeinde wurde von denen finanziert, und er kannte eine Reihe der wichtigsten Führungspersönlichkeiten. Ich sah ihn auch, wie er sich mit Mitgliedern der PKK-Terroristengruppe im Hilton-Hotel in Gaziantep traf."

„Wirklich?", sagte der Richter und beugte sich vor. „Und haben Sie jemals Andrew Brunson mit Murat Safa gesehen?"

„Ja, das habe ich, Sir."

„Das haben Sie!", sagte der Richter, klatschte in die Hände und lächelte. „Und haben Sie ihn jemals mit Bekir Baz gesehen?"

„Ja."

Noch ein Klatschen und ein Lächeln. „Und Enver Muslim? Haben Sie Andrew Brunson mit ihm gesehen?"

„O ja. Ich habe ihn ganz bestimmt mit all diesen Leuten gesehen."

Bevor Cem diesem Zeugen einige Fragen stellte, stand ich auf, um meine Aussage dazu zu machen. „Euer Ehren, ich habe mich nie mit einem der von ihm genannten Personen getroffen. Ich war noch nie in diesem Hotel. Außerdem haben Sie meine Handyaufzeichnungen, die beweisen, dass ich Gaziantep in diesem Jahr nicht besucht habe." Ich fügte verzweifelt hinzu: „Sie selbst füttern ihn mit all diesen Namen, und er sagt zu jedem einzelnen von ihnen einfach nur Ja. Wenn Sie ihm noch zehn weitere Namen nennen, wird er auch zu diesen Ja sagen."

Der Richter starrte mich nur regungslos an.

Als Cem schließlich aufstand, schaute er den Zeugen direkt an und fragte: „Waren Sie schon einmal im Gefängnis?"

Der Mann erstarrte für eine Sekunde, dann kratzte er sich am Kinn und starrte an die Decke. „Nun ja, ich war schon einmal im Gefängnis. Oder vielleicht zweimal. Oder ... lassen Sie mich nachdenken ... vielleicht dreimal?"

Cem wandte sich an den Richter. „Ich möchte dem Gericht Beweise dafür vorlegen, dass dieser Mann 14-mal wegen Betrugs verurteilt wurde und dass 24 weitere Haftbefehle gegen ihn vorliegen."

Ich wollte aufspringen und vor Freude schreien, aber der Richter starrte auf den Zettel, den Cem ihm gerade ausgehändigt hatte, und fragte: „Inwiefern ist das relevant?"

Sowohl ich als auch Cem waren verblüfft. „Er ist ein Betrüger, Euer Ehren. Wie kann diese Frage nicht relevant sein?"

Der Richter hörte nicht zu. Wie viele andere befolgte er nur die Anweisungen aus Ankara. Damit hatte er sein wahres Gesicht gezeigt.

Der nächste Zeuge behauptete, seit Jahren ein Freund von mir zu sein, obwohl ich ihn noch nie in meinem Leben getroffen hatte. Er beschrieb von uns veranstaltete Konzerte, bei denen wir Lieder über die PKK gesungen, terroristische Fahnen geschwenkt und Reden über die PKK gehalten hatten.

Jahre zuvor, nachdem ich von dem Schützen auf der Straße angegriffen worden war, hatte die Antiterrorpolizei mir ein paar Leibwächter zugeteilt. Doch einige Wochen später hatte ich aufgehört, die Leibwächter in Anspruch zu nehmen. Als sie sich von mir verabschiedeten, erzählten sie mir etwas, das mich damals überhaupt nicht überraschte: „Wir haben eine dicke Akte über Sie. Die Regierung überwacht Sie schon seit Jahren."

Außerdem hatte Cem irgendwie einen Bericht des MIT (des türkischen Geheimdienstes) in seinen Besitz bringen können, in dem bestätigt wurde, dass sie alle Ausländer, die sie für Missionare halten, im

Auge haben. Mit diesen Fakten ausgerüstet, stand ich auf und wandte mich an das Gericht.

„Man hat mir so vieles vorgeworfen, von der Durchführung von PKK-Kundgebungen und Konzerten bis hin zur militärischen Spionage und der Koordinierung eines Waffentransfers, und gleichzeitig ist bekannt, dass ich seit Jahren vom MIT und der Terrorismusbekämpfung überwacht werde. Wie konnte ich also all diese Verbrechen begehen, während Ihre eigenen Regierungsbehörden mich genau beobachten ließen? Wenn ich irgendetwas davon getan hätte, gäbe es dann nicht einen konkreten, physischen Beweis? Offensichtlich nicht, denn Sie haben keine Texte oder E-Mails gefunden.

Es gibt keine Telefonaufzeichnungen, die mich mit jemand Verdächtigem in Verbindung bringen. Es gibt keine Tonaufnahmen von mir, wie ich diese Botschaften verkündige, kein Video oder Fotos der Kirche, die angeblich voller Propaganda und PKK-Fahnen ist. Unsere Kirche liegt an einer belebten Straße, die Fenster und Türen sind immer offen. Wie kann es sein, dass terroristische Aktivitäten jahrelang unter freiem Himmel stattfinden und niemand sie jemals gemeldet hat?

Der Grund dafür ist, dass nichts davon jemals passiert ist. Warum legen Ihre Zeugen keine Beweise vor? Wie können Sie ihnen Gehör schenken, wenn sie keine Beweise haben?“

Der Richter lehnte sich in seinem Stuhl zurück. „Sie müssen keine Beweise vorlegen, um ihre Aussagen zu untermauern. Ihre Aussage ist der Beweis.“

Ich war verblüfft. „Wie kann das sein? Wie kann ich mich verteidigen, wenn sie nur etwas behaupten müssen und Sie es dann akzeptieren? Das ergibt keinen Sinn.“

Der Richter antwortete scharf: „Darüber werde ich nicht mit Ihnen diskutieren.“

. . . .

Der Tag war lang, und als er sich dem Ende näherte, war ich völlig erschöpft. Ich hatte immer noch eine schwache Hoffnung, als der Richter auf mich herabsah und mich fragte, was ich wollte, dass als Nächstes geschehen soll. Aber ich wusste, dass es eine hohle Phrase war, eine Routinefrage, die er am Ende eines jeden Verhandlungstages stellen musste.

Trotzdem habe ich ihm genau gesagt, was ich wollte. „Ich will einfach nur nach Hause, Euer Ehren."

Ob er mir zugehört hat oder nicht, änderte nichts. In seinen Schlussworten sagte er mir, dass ich in Haft bleiben würde und dass meine nächste Anhörung für den 18. Juli, also in zweieinhalb Monaten, angesetzt sei.

Auf dem Weg zurück nach Buca weinte ich Tränen der Wut und Enttäuschung.

22
DIE GEISEL

Ich war wütend. Der zweite Verhandlungstag war eine solche Farce gewesen, dass ich keine Motivation verspürte, mich auf den dritten vorzubereiten. Gab es denn auch nur einen Grund, sich zu verteidigen? Ich hatte die türkische Regierung und ihr öffentliches Getue satt. Sie spielte sich als rechtschaffen auf und pochte auf die Unabhängigkeit ihrer Justiz, während sie hinter den Kulissen wie ein Händler auf einem Basar um mich feilschte. Selbst mein nächster Gerichtstermin war politisch motiviert. Mein Fall wurde bis nach der gerade von Erdogan angesetzten Wahl hinausgeschoben, nur damit er besonders stark aussehen konnte, indem er sich gegen die USA stellte. Die Medien würden dort anwesend sein, ebenso wie Vertreter aus den USA, und es schien mir, dass der dritte Prozesstermin eine gute Gelegenheit war zurückzuschlagen und es als das zu bezeichnen, was es war: ein Pseudogericht.

Andererseits überlegte ich, mich zu weigern, überhaupt hinzugehen. Wenn ich mich der Teilnahme ganz verweigern würde, würde ich die Scharade nicht mehr mitmachen müssen. Aber wenn ich nicht erschiene, wie konnte ich dann die Wahrheit zu Protokoll geben?

Zum Glück wurde meine schlechte Stimmung nach dem zweiten Verhandlungstag durch zwei besondere Besuche aufgeheitert. Der erste war ein wunderbarer Überraschungsbesuch meines Sohnes Blaise. Als ich den Besuchsraum betrat, in dem ich nur Norine zu treffen wusste, stand er völlig unerwartet an der Seite des Raumes. Doch selbst als ich ihn umarmte, brauchte ich einige Augenblicke, um mir darüber klar

zu werden, dass er tatsächlich persönlich bei mir war. Wie schön, dass
dieser Besuch sogar zufällig mit dem Vatertag zusammenfiel.

Auch der zweite Besuch kam unerwartet. An Wochenenden waren
normalerweise keine Besuche erlaubt, aber an einem Samstag wurde
ich in den Raum gebracht, in dem ich mich fast ein Jahr zuvor mit
Blaise und Jacqueline getroffen hatte – der mit den gepolsterten Wänden, die es den Wärtern erlaubten, den Ton genauer aufzunehmen.
Dort angekommen wurde ich Senator Shaheen und Senator Lindsey
Graham vorgestellt.

Sie hatten sich am Tag zuvor mit Erdogan getroffen, und Senator
Shaheen hatte ihm gesagt, dass die USA wüssten, dass die Zeugen,
die gegen mich aussagen würden, allesamt lügen. Erdogan räumte
Senator Shaheen gegenüber ein, dass es tatsächlich Probleme mit den
Zeugen gab, und nahm sogar an, dass der wichtigste geheime Zeuge
selbst ein Gülenist sein könnte, der die Beamten in meinem Fall in die
Irre führte. Indem er dies als gülenistische Verschwörung darstellte,
ruderte er zurück und zeigte Anzeichen dafür, dass er nach einem
Ausweg aus der Ecke suchte, in die er sich selbst geboxt hatte.

Erdogan sei ruhiger und entspannter gewesen, als sie erwartet hatten, und stimmte ihrer Bitte, mich zu besuchen, zu. „Er hätte sich
nicht mit uns getroffen, um über Sie zu sprechen, oder uns gar die Erlaubnis gegeben, Sie zu sehen, wenn es in Ihrem Fall keine Bewegung
gegeben hätte", sagte Senator Graham.

Sehr bald nach diesem Treffen erhielt Norine die Nachricht, dass
auch die beiden Präsidenten miteinander geredet hätten, und Erdogan erneut zugegeben hätte, dass es ein Problem mit der Glaubwür-
digkeit der Zeugen gab.

Aber neben ihrem Bericht über ihr Treffen mit Erdogan gab es
noch einen weiteren Grund für ihren Besuch. Sie hatten eine besondere Nachricht für mich.

„Sie sind eine Geisel", sagte Senator Graham. „Und die USA werden sich für Geiseln auf keinen Handel einlassen. Wir werden Sie

hier rausholen, aber es muss auf die richtige Art und Weise geschehen. Sie müssen leider noch Geduld haben. Also halten Sie durch, Andrew."

Ich habe beiden gesagt, dass ich sie verstehe. Außerdem wusste ich, dass die meisten Missionsgesellschaften grundsätzlich kein Lösegeld zahlen, denn wenn sie es täten, würde dies alle ihre Mitarbeiter zur Zielscheibe machen. Ich war mit dieser Regelung einverstanden und wollte nicht, dass meine Freilassung andere gefährdete. Aber es war trotzdem hart, das zu hören.

Aber ich habe auch verstanden, dass dies eine Botschaft an Erdogan war, denn es bestand überhaupt kein Zweifel daran, dass unser Gespräch aufgezeichnet wurde. Ich wusste es, und die Senatoren wussten es auch. Die Botschaft würde an Erdogan zurückgemeldet werden: Die USA werden sich für mich auf keinen Handel einlassen.

Als unsere Zeit fast vorbei war, erinnerte ich mich daran, dass Senator Graham ein guter Freund von Senator John McCain war, der sich zu dieser Zeit einer Krebsbehandlung unterzog. „Mein Onkel war Kriegsgefangener in Vietnam", sagte ich. „Er wurde im selben Gefängnis wie Senator McCain festgehalten. Ich habe immer die Art und Weise bewundert, wie McCain bereit war, dort zu bleiben, um zu vermeiden, dass es zu einem Staatsstreich kam. Das hat viel Mut erfordert."

. . . .

Als der dritte Verhandlungstermin näher rückte, schienen sich die Beziehungen zwischen den USA und der Türkei zu verbessern. Nachdem die USA ihre Operationen in Syrien reduziert hatten, gab es in den Nachrichten viele Berichte über den Vorschlag, die Patrouillen in der syrischen Stadt Manbij den türkischen Streitkräften zu übertragen. Der Plan sah drei Monate gemeinsamer Patrouillen vor, gefolgt von einer vollständigen Übertragung an die Türkei, aber ich wusste, dass mein Fall Teil dieser Vereinbarung war und die Übertragung an bestimmte Bedingungen geknüpft war.

Dies war ein bedeutendes Zuckerbrot für die Türkei, die verzweifelt Zugang zu Manbij suchte und die dort lebenden kurdischen Truppen vertreiben wollte. Von Zeit zu Zeit verkündeten die türkischen Medien, dass die gemeinsamen Patrouillen begonnen hätten, was mich entmutigte. Aber jedes Mal, wenn das geschah, erinnerte Norine mich bei ihrem nächsten Besuch daran, nicht alles zu glauben, was ich im Fernsehen sah.

Glücklicherweise gab es auch noch andere Gründe, optimistisch zu sein. CeCe hatte dafür gesorgt, dass das Außenministerium alle Fakten über meinen Fall kannte. Als Minister Pompeo nach meinem zweiten Verhandlungstag gesagt wurde, dass „es nichts gäbe, was er tun könne", rief er seinen türkischen Amtskollegen an und sagte: „Sie haben aufgrund des Dekrets 694, Artikel 74 vom vorausgegangenen Sommer die Macht einzugreifen. Und der Präsident hat die Befugnis, Gefangene in ihre Heimatländer zurückzuführen."

Dies brachte den Außenminister zum Schweigen und anschließend gebrauchte er nicht mehr diese Ausrede, wenngleich die Leute unter ihm sie weiterhin benutzten.

. . . .

Am Tag meiner dritten Anhörung saß ich wieder auf meinem üblichen Platz – ein Zwerg angesichts des Podiums und der großformatigen Videobildschirme – und hörte dem ersten Zeugen, Levent, zu, wie auch er Lügen über mich erzählte. Ich kannte ihn, und ich wusste, dass all seine Lügen aus der Bitterkeit hervorgingen, weil ich ihm keine Führungsposition in unserer Gemeinde übertragen hatte. Und als ich an der Reihe war, vor den Richtern zu stehen und meine Antwort auf seine Vorwürfe zu geben, wusste ich genau, was ich sagen wollte.

In den Wochen vor dem dritten Verhandlungstermin hatte ich beschlossen, dass ich ihn als Gelegenheit nutzen würde, um von meinem Glauben weiterzusagen. Ich konnte nicht, was andere taten, und es hatte keinen Sinn, vom Gericht Logik oder Vernunft einfordern zu wollen. Aber ich konnte zumindest bestimmen, *was* ich sagen würde und *wie* ich es sagen würde. Ich wollte als Vertreter von Jesus Christus Stellung beziehen, ohne mich zu entschuldigen oder mich zu schämen.

Also stand ich vor dem Mikrofon und lauschte dem Echo meiner Eröffnungsworte: „Das Wichtigste in meinem Leben ist mein Glaube." Ich hatte beschlossen, dass ich, obwohl ich vor Gericht war, predigen würde.

Jesus hat seinen Jüngern gesagt, dass sie in die ganze Welt gehen und allen die gute Nachricht der Erlösung verkünden und sie zu Jüngern machen sollten. Deshalb bin ich in die Türkei gekommen – um dies zu verkünden.

Es gibt nur einen Weg zu Gott: Jesus.

Es gibt nur einen Weg, wie uns unsere Sünden vergeben werden können: Jesus.

Es gibt nur einen Weg, um ewiges Leben zu erlangen: Jesus.

Es gibt nur einen Retter: Jesus.

Ich wollte, dass dies in der ganzen Türkei Widerhall findet.

In den Medien wurden viele Lügen über mich verbreitet – dass ich ein FETÖ-Terrorist, ein Mitglied der PKK-Terrorgruppe, ein CIA-Agent sei. Aber ich möchte, dass die Menschen über mich wissen: In den letzten 25 Jahren habe ich nur erklärt, dass Jesus der Erlöser ist! 23 Jahre lang habe ich es freiwillig getan, und in den letzten zwei Jahren war ich gezwungen, es vom Gefängnis aus zu tun, aber meine Botschaft ist immer noch dieselbe.

Die Bibel sagt, wir sollen einander vergeben, „wie Gott euch durch Jesus Christus vergeben hat." Und an einer anderen Stelle

heißt es: „Bittet Gott um seinen Segen für alle, die euch verfol-
gen, ja, segnet sie, anstatt sie zu verfluchen." Und so vergebe ich
denen, die mir Unrecht getan haben, die mir Schaden zugefügt
haben, die über mich gelogen haben, die falsches Zeugnis gegen
mich abgelegt haben. Ich vergebe jedem einzelnen Zeugen. Ich
vergebe Levent.

Ich fuhr fort, jeden Zeugen beim Namen zu nennen, einen nach dem
anderen. Ich hätte auch gerne erklärt, dass ich Erdogan, Cavusoglu
und den anderen verzeihe, die mich unrechtmäßig festgehalten hatten – weil ich das auch wirklich tat. Aber das konnte ich vor Gericht
nicht sagen. Ich schloss mit diesen Worten: „Ich werde in meinem
Herzen keinen Hass gegen sie hegen, und ich überlasse sie Gott. Möge
Gott Erbarmen haben."

Sobald ich fertig war, rief der Richter schnell die nächsten beiden
Zeugen auf. So wurden noch mehr Lügen über mich erzählt, aber ich
blieb ruhig, war froh, dass ich meine Erklärung abgegeben hatte, und
freute mich auf die Zeit, in der wir unseren ersten Zeugen aufrufen
durften.

Wir hatten eine Reihe von starken Zeugen, die imstande waren,
die Zeugen der Anklage zu entlarven und bloßzustellen, aber bisher
hatte der Richter nur eine Person als Zeuge zugelassen. Trotzdem
hielt ich Deniz für einen wichtigen Zeugen, weil er als Vorsitzender
unseres Gemeindeleitungskreises eigentlich für alles, was dort vor
sich ging, rechtlich verantwortlich war.

Deniz nahm seinen Platz an der Seite des Podiums ein und hörte
Cem aufmerksam zu, wie er die Anschuldigungen beschrieb, die ver-
schiedene Zeugen gegen mich erhoben hatten. Er beschrieb PKK-
Fahnen, Predigten zur Unterstützung von Gülen, geheime Treffen
und versteckte Aufforderungen zur Spaltung des Landes.

„Nichts davon ist geschehen", sagte Deniz ruhig, aber mit Nachdruck. „So etwas, wie Sie es beschreiben, habe ich nie gesehen."

Als der Richter an der Reihe war, Deniz zu verhören, winkte er ab und sagte, er habe keine Fragen. Der Staatsanwalt hatte auch nichts zu fragen, also war der Richter wieder an der Reihe.

Der Richter starrte Cem an. „Wenn auch der Rest Ihrer Zeugen auf diese Weise aussagen soll, dann gibt es für uns keinen Grund, sie anzuhören. Wenn es einen Mord gibt und jemand Zeuge davon ist, wollen wir von ihm hören. Wir müssen nicht mit all den Leuten sprechen, die es nicht gesehen haben. Ihr Zeuge sagt, er habe nichts von dem gesehen, was die anderen Zeugen gesehen haben, also wozu ist er nütze? Warum sollten wir auf ihn hören?"

Ich war von dem, was er sagte, angewidert. Das war völlig unlogisch. Am liebsten wäre ich aufgestanden und hätte geschrien, aber Cem bedeutete mir durch eine Geste, mich vorerst zurückzuhalten.

Sobald Deniz entlassen worden war, beugte sich einer der Junior-Richter zum vorsitzenden Richter hinüber und sagte ihm etwas. Er sah sofort alarmiert aus und begann unverzüglich damit, die üblichen Verfahrensfragen durchzugehen, die immer am Ende des Prozesses standen, obwohl ich keine Ahnung hatte, warum.

Auch Cem sah verwirrt aus, und der ganze Raum wirkte wie aufgeladen.

Der Richter fragte mich, was ich bezüglich meiner weiteren Inhaftierung beantragen würde, was normalerweise eine seiner letzten Aufgaben am Verhandlungstag war. Also stand ich auf und plädierte: „Bitte, Euer Ehren, ich habe zweieinhalb Monate auf diese Gerichtsverhandlung gewartet. Ich möchte mich verteidigen und den Zeugen antworten."

Er schüttelte den Kopf. „Machen Sie eine schriftliche Eingabe oder geben Sie sie Ihrem Anwalt. Ich muss jetzt wissen, was Ihr Antrag ist, denn wir sind für heute fertig."

Er beeilte sich, die nötigen Formeln aufzusagen, aber ich wollte unbedingt noch eine weitere Erklärung abgeben. Also riskierte ich seinen Zorn und stürzte mich schnell hinein.

Nach meiner Verhaftung konnte ich mich mit meiner Mutter tref-
fen und sie sagte zu mir: „Von der Zeit Jesu bis heute haben seine
Jünger um seinetwillen gelitten. Es gibt eine lange Reihe, die bis
tief in die Vergangenheit zurückreicht – eine Reihe, die zweitau-
send Jahre lang ist. Mein Sohn, jetzt ist es an dir, in dieser Reihe
zu stehen."
Und so sagte ich gegenüber dem Richter: *„Ich bin in all die-*
sen gegen mich erhobenen Anklagepunkten unschuldig, aber ich
weiß, warum ich wirklich hier bin: Um Jesu Christi willen habe
ich das Privileg erhalten, nicht nur an ihn zu glauben, sondern
auch um seinetwillen zu leiden. Ich wurde dazu berufen, Jesu Tod
und Auferstehung zu verkünden. Das ist der Grund, warum ich
leide. Aber ich schäme mich nicht.

Jesus sagte: ,Selig seid ihr, wenn euch die Menschen um mei-
netwillen schmähen und verfolgen und allerlei Böses gegen euch
reden und dabei lügen. Seid fröhlich und jubelt; es wird euch im
Himmel reichlich belohnt werden. Denn ebenso haben sie ver-
folgt die Propheten, die vor euch gewesen sind' (Matthäus 5,11–
12 LUT)."

Der Richter unterbrach mich ungeduldig. „Sind Sie bald fertig?"

„Noch eine Minute, bitte!", sagte ich und fuhr fort, *„Ich habe*
einen Auftrag erhalten – ich sollte um Jesu willen gefangen ge-
nommen werden. Es ist für mich sehr schwierig, von meinen Kin-
dern und von meiner Frau getrennt zu sein. Ich war jetzt 22 Mo-
nate im Gefängnis. Aber ich ertrage diesen Auftrag um Jesu willen.
Und ich erkläre:
Gesegnet bin ich, denn um Jesu willen haben mir viele Men-
schen Unrecht getan, sie haben mich verfolgt, und ich leide jetzt.
Gesegnet bin ich, weil ich gewaltsam von meiner Frau und mei-
nen Kindern getrennt wurde.

Gesegnet bin ich, denn jede Art von Lüge ist über mich erzählt worden, weil alle Arten von Verleumdung über mich gesagt wurden.

Gesegnet bin ich, denn ich bin im Gefängnis.

Ich werde gewaltsam im Gefängnis festgehalten, ich will nicht dort sein. Aber ich entscheide mich dafür, bereitwillig um Jesu willen zu leiden. Und indem ich um seinetwillen leide, hoffe ich, für alle ein Beispiel für sein unvergleichliches Wesen darzustellen.

Und ich möchte, dass die Türkei weiß – ich bin seinetwegen hier."

Ich setzte mich. Ich fühlte mich unbeschreiblich kühn. Die türkische Regierung hatte sich vorgenommen, mich zu zerquetschen, meinen Dienst zu vernichten, meinen Glauben zu brechen und andere Christen einzuschüchtern, damit sie nicht ihre Meinung sagen. Ich wusste, dass sie noch viel tun konnten, um mich zu verletzen, aber in diesem Moment hielt ich meinen Kopf hoch erhoben. Es war eine heilige Kühnheit. *War es das, was David fühlte, als er gegen Goliat antrat?*

Der Richter runzelte die Stirn. „Sie gehen jetzt zurück ins Gefängnis. Nächster Gerichtstermin ist in drei Monaten."

Und damit brach in dem Saal ein unbeschreiblicher Lärm aus, während je ein Soldat mich fest an den Armen packte und mich hinausbugsierte.

. . . .

Am Abend vor diesem dritten Verhandlungstermin hatte der Geschäftsträger der amerikanischen Botschaft zu Norine gesagt: „Wenn das nicht ausreicht, weiß ich auch nicht weiter."

Was auch immer er erwartet hatte, es war nicht geschehen. Er verließ völlig geschockt den Prozess und erledigte einige Telefonanrufe.

Durch Gottes Gnade war der nächste Tag ein Donnerstag und damit mein wöchentlicher Besuchstag. Norine und ich waren beide entmutigt, dass es bis zur nächsten Anhörung noch so lange dauern würde, und sie klang von all dem besonders bedrückt, obwohl sie auch gute Nachrichten mitbrachte: „Präsident Trump hat über dich getwittert. Er sagte, dass du viel zu lange als Geisel gehalten wurdest und dass du nichts falsch gemacht hast."

„Das ist gut", sagte ich. „Mich öffentlich als Geisel zu bezeichnen, macht deutlich, dass die Regierung an meine Unschuld glaubt." Es bedeutete auch, dass die USA das Gerichtsverfahren nicht als rechtmäßig akzeptierten.

Als wir am nächsten Tag unser zweiwöchentliches Telefongespräch führten, hatte Norine noch einige weitere Neuigkeiten für mich: „Es hat eine Abmachung dich betreffend gegeben, weshalb ein Flugzeug auf dich gewartet hat. Aber die Türken haben einen Rückzieher gemacht." Norine fuhr fort: „Senator Graham rief mich an und sagte, dass es noch vor zwei Tagen gut aussah, gestern aber nicht so gut. Doch wir sollen dem Ganzen eine Woche Zeit geben und sehen, was passiert."

Die Nachricht hat mich zwar ermutigt, aber es hatte auch in der Vergangenheit schon Abmachungen gegeben, und trotzdem war ich immer noch im Gefängnis.

An diesem Wochenende las ich etwas in meiner Bibel, das mich in meinem Innersten zutiefst berührte und tagelang in meinem Kopf nachklang.

Es war ein Abschnitt, in dem erzählt wird, was in der Nacht geschah, in der Jesus verhaftet wurde. Petrus zog sein Schwert, um Jesus zu retten, aber Jesus sagte ihm, er solle sein Schwert weglegen und fragte ihn: „Soll ich etwa den bitteren Kelch nicht trinken, den mir mein Vater gegeben hat?"

Am späten Dienstagabend, sechs Tage nach meinem dritten Verhandlungstermin, saß ich auf meinem Bett und schrieb an Norine.

Dieser Satz geht mir immer wieder durch den Sinn, während ich
den täglichen – manchmal stündlichen – Kampf durchmache,
mich zu unterwerfen, mehr noch: bewusst anzunehmen, was auch
immer Gottes Pläne sind. Er hat meine noch immer andauernde
Gefangenschaft zugelassen. „Soll ich etwa den bitteren Kelch nicht
trinken?" Ich will treu „den bitteren Kelch" bis zum letzten Trop-
fen austrinken. Doch dann sage ich wieder: „Herr, ich trinke die-
sen bitteren Kelch schon seit fast zwei Jahren. Wie lange noch?"
Ich wünsche mir, dass ich bis zum Ende treu sein kann. Möge ich
bereit sein, den bitteren Kelch zu trinken – ihn weiterhin zu trin-
ken … Wie könnte ich auch anders? Wenn es mir am besten geht,
bin ich an diesem Punkt angelangt. Und dann wieder wache ich
in der Angst auf, dass ich so nicht Tag für Tag weitermachen will.
Und trotzdem möchte ich ein gehorsamer Sohn sein.

Am nächsten Morgen las ich den Brief noch einmal durch, versiegelte ihn und übergab ihn dem Wärter, der zum Appell kam. Etwas mehr als ein Jahr zuvor war ich als gebrochener Mann in Buca angekommen. Aber Gott hatte mich dort wieder aufgebaut.

An diesem Nachmittag befand ich mich gerade im Hof, als ich an der metallenen Durchreicheklappe in der Zellentür jemanden nach mir rufen hörte. Ich ging hinüber, kniete nieder, schaute nach oben und sah den Gefängnisdirektor davorstehen. Das war ungewöhnlich.

„Andrew, wie lautet Ihre Adresse hier in Izmir?"

„Wofür wollen Sie die haben?"

„Sie werden schon sehen."

Also sagte ich sie ihm.

Wenige Minuten später war Nejat an der Reihe, meinen Namen zu rufen. „Ähm, Andrew? Sie müssen unbedingt kommen und sehen, was im Fernsehen läuft."

„Warum?"

„Kommen Sie einfach her, Andrew. Jetzt!"

TEIL SIEBEN

23

GEBROCHENES ABKOMMEN

Ich folgte Nejats Finger, der auf die Laufschrift zeigte, die am unteren Bildschirmrand des Fernsehers ablief. „Pastor Brunson aus gesundheitlichen Gründen in Hausarrest entlassen."

Das war das Letzte, was ich erwartet hatte. In den 22 Monaten, in denen ich eingesperrt war, hatte ich viel darüber nachgedacht, wie sie mich wohl entlassen könnten. Vielleicht würden sie mich direkt vom Gefängnis zum Flughafen bringen oder würden sie mich womöglich zuvor in einem Abschiebezentrum wie Harmandali verstecken. Aber Hausarrest? Das war mir noch nie in den Sinn gekommen. Und auf welche gesundheitlichen Gründe bezogen sie sich eigentlich? Ich war verwirrt.

Der Gefängnisdirektor kam mit einer Handvoll Wachen in die Zelle: „Andrew, Sie wurden in den Hausarrest entlassen. Packen Sie Ihre Sachen zusammen."

Ich sagte nichts und stellte keine Rückfragen, denn ich war zu sehr damit beschäftigt, alles, was ich mitnehmen wollte, in Müllsäcke zu werfen. Der Stapel von Gegenständen, die ich zurückließ, wurde immer größer. Als ich fertig war, schnappte ich mir noch meine Gitarre und drehte mich zu Nejat um, wobei ich auf die Sammlung von Thunfischdosen, Zahnpastatuben, leeren Notizblöcken und Stiften zeigte, die ich in der Zelle ließ. „Alle diese Dinge schenke ich Ihnen." Zum Schluss umarmten wir uns an der Tür.

„Falls Sie irgendwelche Klagen gegen mich gehegt haben, sind sie vergeben?", fragte er mich, denn er wusste, dass wir uns wahrscheinlich nie mehr wiedersehen würden, und wie jeder gute Muslim hatte Nejat das Bedürfnis, im guten Einvernehmen zu scheiden, damit er am Tag des Jüngsten Gerichts nicht mehr für irgendwelche Vergehen bezahlen musste.

Ich lächelte ihn an: „Ja, natürlich, mein Freund." Es gab nichts zu verzeihen. Die einzige Schuld, die zwischen uns stand, war die Dankbarkeit, die ich ihm für all die Ermutigung und Freundlichkeit schuldete, die er mir entgegengebracht hatte. Wir umarmten uns erneut, und ich war zutiefst traurig, dass dieser gute Mann und Vater von drei Kindern weiterhin unschuldig im Gefängnis sitzen musste.

Als ich dem Direktor nach unten folgte, herrschte dort reges Treiben. Telefone klingelten und viele Leute eilten umher.

„Wo ist Ihre Frau?", fragte mich der Direktor auf einmal. „Sie geht nicht an ihr Telefon."

Ich hatte keine Ahnung, wo sie war. Eigentlich hatte ich von nichts eine Ahnung. Es war alles so surreal. Noch 30 Minuten zuvor war ich im Hof umhergegangen und hatte gebetet. Ich war mit derselben vertrauten Angst und demselben dumpfen Schrecken aufgewacht, der mich jeden Morgen begrüßte. Und ich hatte mich gerade mitten in meinem täglichen Kampf um die Kapitulation befunden.

Nachdem ich offiziell abgefertigt worden war und meinen Pass, meine Ausweise und mein Geld zurückerhalten hatte, wurde ich nach draußen gezerrt. Zum ersten Mal war ich nicht mit Handschellen gefesselt. Ich musste keine kugelsichere Weste tragen und es stand kein Lockvogelbus bereit, um ohne mich loszufahren. Da war nur ich mit meinen Müllsäcken voll mit meinen Kleidern und Büchern und – am wichtigsten – meinen Briefen. Und um mich herum befanden sich mehrere Polizisten, die darauf warteten, dass ihnen jemand sagte, was sie als Nächstes tun sollten.

Da plötzlich fiel mir der letzte Brief ein, den ich an Norine geschrieben hatte. Er hatte sich für mich so bedeutsam angefühlt, dass ich ihn unbedingt mitnehmen und nicht mehr per Post verschicken wollte. Also bat ich einen der Gefängnisdirektoren darum, dass einer der Wachleute in der Poststelle danach suchte.

Das Warten dauerte an, und ich stand still, während die Leute kamen und gingen. Mehrere Polizeiautos stellten sich auf, und meine Habseligkeiten wurden in eines davon geladen. Als sich die Haupttore öffneten, konnte ich sehen, dass sich draußen eine Menge Medienleute versammelt hatten. Zum Glück schaffte es der Wachmann noch, mir meinen Brief an Norine zu übergeben.

„Danke", sagte ich und hielt ihn fest. Was auch immer als Nächstes kommen mochte, ich wollte mich an die Hingabe, zu der ich in Buca gelangt war, erinnern.

. . . .

Jede einzelne Nachrichtenstation schien von meiner Freilassung gehört zu haben und schickte ein Fahrzeug, um sich unserem Konvoi anzuschließen. Ich war von all diesen Eindrücken völlig überfordert und sehr aufgeregt, doch sobald mir jemand erzählte, dass er von Norine gehört hatte und dass sie auch Teil des hinter uns fahrenden Konvois war, schloss ich beruhigt die Augen. Bald würde ich wieder mit meiner Frau zu Hause sein. Das war alles, was wirklich wichtig war.

Als wir schließlich vor unserer Wohnung in Izmir anhielten, hatte die Polizei unsere enge Straße abgesperrt. Das hatte die Leute jedoch nicht davon abgehalten, sich um die Absperrungen herum zu drängen. Deshalb warteten wir im Auto, bis Norine anrief und sagte, dass sie in der Wohnung sei. Es hatte zuvor ein kleines logistisches Problem gegeben, denn weil ich meine Schlüssel nicht mehr hatte, mussten wir auf ihre Ankunft warten. Doch sobald ich aus dem Auto ausstieg, wurde ich von allen Seiten umringt.

All der Lärm, die Kameras und die vielen Menschen, die versuchten, sich dicht an die mich umgebenden Wachen zu drängen und an ihnen vorbeizugelangen – es war chaotisch. Nachdem ich eine so lange Zeit Tag für Tag immer nur dieselben wenigen Menschen gesehen hatte, fühlte sich das für mich unbeschreiblich anstrengend an. Als ich dann einige meiner Freunde aus der Gemeinde in der Menge sehen konnte, wie sie sangen und feierten, war ich gefühlsmäßig vollkommen überwältigt. Das letzte Mal, dass ich an diesem Ort gewesen war, war der Morgen vor fast 22 Monaten, an dem ich nach meinem Frühstück arglos das Haus verlassen hatte, um auf das Polizeirevier zu gehen. Ich war mir sicher gewesen, dass ich nie wieder einen Fuß in meine Wohnung setzen würde. Als die Polizei mich nun die Treppe hinaufführte, erblickte ich Norine. Sie wartete auf dem kleinen Treppenabsatz vor unserer Wohnung, aber als sie mich sah, stürzte sie sich die Treppe hinunter und warf ihre Arme um meinen Hals. In diesem Moment erfüllte sich ein Traum, an dessen Erfüllung ich niemals geglaubt hatte.

Die Polizisten drängten uns in unsere Wohnung hinein, und kaum waren wir drin, gingen Norine und ich im Wohnzimmer auf die Knie, umarmten uns und dankten Gott.

Die sechs Beamten blieben nach meiner Ankunft noch ein paar Stunden bei uns. Sie stellten die Basisstation für meine Überwachung auf, statteten mich mit einer Fußfessel aus und sagten mir, ich solle sie nicht abnehmen und die Wohnung nicht verlassen. Wie ein ständiges Summen war der Lärm von der Straße draußen zu hören. Es gab so viele Menschen, die uns sehen wollten, aber die Polizei sagte uns, dass sie an diesem Abend keine Besucher zulassen würden.

„Verhalten Sie sich heute Abend einfach nur ruhig, okay?"

Das war für mich in Ordnung. Ich hatte seit der Verhaftung nicht mehr mit unserem ältesten Sohn Jordan gesprochen und wollte ihn unbedingt anrufen. Als ich sein Gesicht auf meinem Telefon sah, musste ich sofort so sehr weinen, dass ich fünf Minuten lang kein einziges Wort sagen konnte. Wir haben bestimmt einige Stunden am Telefon verbracht, um mit Jacqueline, Blaise und meinen Eltern zu sprechen.

Später ließ Norine ein Anbetungslied laufen. 22 Monate lang war diese Art von Musik aus meiner Welt herausgerissen gewesen. Ich hatte im Gefängnis viel türkische Musik gehört, aber nichts, was mir Gottes Liebe und Fürsorge zusprach. Als der Klang dieses Liedes mich von innen heraus erfüllte, lag ich völlig von meinen Gefühlen überwältigt auf unserem Bett.

Plötzlich erinnerte ich mich an den Brief, den ich am Tag zuvor geschrieben hatte. Er war zerknittert, weil er in meiner Tasche gesteckt hatte, aber als ich ihn Norine gab, versuchte ich zu erklären, warum er so wichtig war.

„Weißt du, wie sehr ich gekämpft habe, wie tief unten ich war, wie zerbrochen ich war? Ich habe das gestern Abend aufgeschrieben, ohne zu wissen, dass ich kurz vor der Entlassung stand. Darin steht: ‚Ich bin bereit, den bitteren Kelch zu trinken, bis zum letzten Tropfen.‘ Ich möchte, dass du weißt, wie ich Buca beendet habe. Ich habe Buca mit einem Sieg beendet. Norine, durch Gottes Gnade hat es mit mir ein gutes Ende genommen."

. . . .

Der folgende Tag war genauso seltsam wie der Tag meiner Entlassung. Ich wachte in meinem eigenen Bett neben meiner Frau auf, nicht durch den Lärm der Wachmänner beim Appell, sondern durch die Polizeileute, die auf der Straße unter unserem Fenster redeten. Ich war nicht mehr im Gefängnis, aber ich war noch weit davon entfernt, frei zu sein. Wir konnten uns nicht vollkommen freuen, denn der Hausarrest reichte dazu nicht aus. Es musste noch zu einer vollständigen Freilassung kommen, und dafür hatten wir zu diesem Zeitpunkt keine Garantie. Wir freuten uns, waren aber auch besorgt.

Die Nachricht von meiner Freilassung unter Hausarrest war groß in den türkischen Medien. Jede Nachrichtenwebsite, die ich besuchte, und jeder Fernsehkanal, auf den ich wechselte, brachte die Geschichte. Und im Laufe des Tages wurde mir klarer, warum ich entlassen worden war.

Erdogan hatte Präsident Trump während ihrer Gespräche gebeten, die Freilassung eines türkischen Staatsbürgers zu erwirken, der in einem anderen Land des Nahen Ostens inhaftiert war. Trump hatte geholfen, und die betreffende Person war am 15. Juli, drei Tage vor meinem dritten Verhandlungstag, in die Türkei zurückgekehrt.

Anschließend hatte es weitere Gespräche über den türkischen Bankier gegeben, der wegen Verletzung des Embargos gegen den Iran in den USA verurteilt worden war. Und es gab eine Vereinbarung, dass er im Falle meiner Freilassung den Rest seiner Strafe zu Hause verbüßen durfte. Aber in letzter Minute, als bereits eine Übereinkunft bestanden hatte, hatten die Türken das Abkommen gebrochen. Sie erhöhten ihre Forderungen drastisch und verlangten, dass die Untersuchung der staatlichen Bank Halkbank durch die USA – die wahrscheinlich zu Geldstrafen in Milliardenhöhe führen würde – vollständig eingestellt würde, bevor sie mich freiließen.

Daraufhin war Trump auf Erdogan wütend geworden und hatte während eines Telefonats mit ihm auf seinen Schreibtisch geschlagen und ihn angeschrien: „Wir hatten ein Abkommen!"

Das erklärte den abrupten Abbruch meiner dritten Prozesssitzung und warum sich das Verhalten des Richters plötzlich änderte und er die Sache schnell zum Abschluss brachte. Ihm muss gesagt worden sein, dass der Deal nicht zustande gekommen war und dass ich nach Buca zurückgebracht werden sollte.

Meine Freilassung unter Hausarrest war Erdogans Versuch, sich herauszuwinden, und die türkischen Medien stellten dies als ein einfaches Kommunikationsproblem dar. So wie sie es erzählten, dachte Präsident Trump, dass Erdogan gesagt hätte, ich würde in die USA zurückkehren, obwohl Erdogan in Wirklichkeit einen Hausarrest in Izmir gemeint habe.

Es war der letzte Strohhalm, und an meinem ersten vollen Tag zu Hause meldete sich Präsident Trump per Twitter, um die Position der USA zu verdeutlichen: „Die Vereinigten Staaten werden große Sanktionen gegen die Türkei verhängen, weil sie Pastor Andrew Brunson, einen großartigen Christen, Familienvater und wunderbaren Menschen, lange Zeit in Haft gehalten haben. Er leidet sehr. Dieser unschuldige Mann des Glaubens sollte sofort freigelassen werden!" Präsident Trump war jedoch nicht der einzige US-Politiker, der an diesem Tag in den türkischen Nachrichten zu sehen war. Vizepräsident Pence wandte sich in einer Rede direkt an Erdogan und ließ ihn wissen: „An Präsident Erdogan und die türkische Regierung habe ich eine Botschaft im Namen des Präsidenten der Vereinigten Staaten von Amerika. Lassen Sie Pastor Andrew Brunson jetzt frei, oder bereiten Sie sich darauf vor, die Konsequenzen zu tragen. Wenn die Türkei nicht unverzüglich Maßnahmen ergreift, um diesen unschuldigen Mann des Glaubens freizulassen und ihn nach Amerika zurückzuschicken, werden die Vereinigten Staaten so lange erhebliche Sanktionen gegen die Türkei verhängen, bis Pastor Andrew Brunson frei ist."

Die Botschaft hätte nicht klarer sein können: Wenn die Türkei mich nicht freiließe, drohten Sanktionen.

Das Echo in den türkischen Medien war jedoch ebenso deutlich. Ihrer Meinung nach sollte ich sofort zurück ins Gefängnis geschickt werden. Das war wirklich beängstigend. Die Lage war chaotisch, aber man hatte das Gefühl, dass bald eine Wende eintreten könnte, vielleicht sogar schon am Wochenende.

Sehr spät am nächsten Abend kam ein ehemaliger US-Botschafter zu uns zu Besuch. Er hatte über gemeinsame Freunde Kontakt zu uns aufgenommen, und wir wurden zu der Annahme verleitet, dass er in irgendeiner Weise an der Vermittlung eines Abkommens zwischen den Regierungen beteiligt war. Wir googelten seinen Namen und vergewisserten uns, dass er ein Amerikaner und vor Jahren Botschafter gewesen war. Aber obwohl er wollte, dass meine Situation gelöst wurde, dauerte es nicht lange, bis wir erkannten, dass er nicht etwa die Interessen meiner Regierung vertrat, sondern die der Türkei. Sein Anliegen war es, über die Androhung von Sanktionen zu sprechen. „Das ist nicht die richtige Art, wie man in solchen Situationen vorgeht", sagte er. „Das ist ein Fehler, und Sie müssen Trump sagen, dass er davon unbedingt Abstand nehmen soll."

Norine und ich sahen uns verwirrt an.

„Nun ja", sagte ich, stand auf und brachte ihn zur Tür. „Das werde ich nicht tun. Ich sage dem Präsidenten nicht, was er zu tun hat. Ich wünsche dem türkischen Volk sicherlich nichts Böses, aber ich glaube nicht, dass dieses Problem ohne ein Eingreifen der USA gelöst werden kann. Erdogan hatte viele Gelegenheiten, sein Verhalten zu ändern, aber er hat sich dazu entschieden, es nicht zu tun."

Auch der nächste Tag kam und ging, und das Wochenende verging wie im Flug.

„Seien Sie zur Abreise bereit", wurde uns gesagt. „Eine Woche, vielleicht zehn Tage wird es noch dauern."

Also nahmen wir den Rat an und begannen, unsere Kleidung zu packen, in der vorsichtigen Hoffnung, dass wir die Türkei bald hinter uns lassen würden.

Der zehnte Tag kam näher, und ich war immer noch in der Wohnung eingesperrt. Ich trug immer noch die Fußfessel und sah beim Blick auf die Straße noch immer Polizisten, die mich bewachten. Und noch immer gab es keine Anzeichen für eine Zusammenarbeit der Türkei mit den USA. Das lag jedoch nicht daran, dass andere es nicht versucht hätten. So hatten zum Beispiel die Senatoren Lankford, Shaheen und Tillis einen Gesetzesentwurf zur Blockierung des Transfers der F-35-Kampfflugzeuge eingebracht. Außerdem hatten 98 Mitglieder des EU-Parlaments – aus 21 Ländern – einen Brief unterzeichnet, in dem die Türkei um meine Freilassung gebeten wurde. Darüber hinaus setzte sich auch Präsident Trump in Bewegung und untermauerte seine Drohung mit Taten.

Daraufhin setzte das US-Finanzministerium den *Global Magnitsky Act* um und fror die Vermögen des türkischen Justiz- und Innenministers ein, zweier Männer, die sie für meine Verhaftung und Inhaftierung verantwortlich machten. Das war eine klare Botschaft, dass die USA bereit waren, weitere Schritte zu unternehmen. Der Markt nahm dies zur Kenntnis, und der Wert der türkischen Lira brach sofort ein.

„Die Beziehung befindet sich jetzt offiziell in einer Krise", sagte ein ehemaliger Regierungsbeamter in der *New York Times*. „Und der einzige Ausweg für Erdogan ist, das zu tun, was er am meisten hasst – nachgeben."

Je länger meine halbe Freiheit andauerte, desto schwerer konnte ich mir vorstellen, wieder ins Gefängnis zu gehen. In Buca hatte ich mich wie ein Marathonläufer verhalten, der erschöpft ist, aber weiterläuft. Und der sich aus Angst, nicht wieder loslaufen zu können, weigert, eine Pause zu machen. Aber jetzt war ich mit Norine zusammen, konnte mit unseren Kindern reden, Freunde sehen, Nachrichten abrufen – die Liste der guten Dinge war so lang.

An dem Tag, an dem ich in unsere Wohnung zurückgekehrt war, hatte ich Norine gesagt: „Es ist okay, wenn ich zurückgehen muss, wenn es das ist, was nötig ist, um Gottes Pläne zu erfüllen. Ich komme schon klar. Ich werde einfach dankbar sein für diesen Tag, den ich mit dir habe."

Aber je länger ich zu Hause war, desto schwieriger wurde es, auf diese Weise zu denken. Und doch konnte ich die Möglichkeit nicht ignorieren, dass ich möglicherweise wieder ins Gefängnis zurückgeschickt werde. Zehn Tage waren vergangen, und es war nichts passiert. Die Beziehungen zwischen den beiden Ländern waren schlecht und wurden immer schlechter.

„Norine", sagte ich eines Morgens leise. „Was ist, wenn sie uns nicht gehen lassen?"

24
DIE BRUNSON-KRISE

Ich war immer noch eingesperrt, und die Polizei hatte die Sicherheitsvorkehrungen auf der Straße so umfassend durchgeführt, dass eine Zeitung berichtete, dass „selbst die Vögel nicht ohne Erlaubnis fliegen können". Sie überprüften Norines Handtasche und sogar ihre Einkaufstaschen, wenn sie aus dem Laden zurückkam. Und wenn unsere Freunde uns besuchten, wurden sie angehalten, durchsucht und es wurden Fotos von ihnen an die Staatsanwaltschaft geschickt, bevor ihnen Zutritt gewährt wurde.

Man riet uns deshalb, die Besucherzahl zu reduzieren und einfach abzuwarten. Die Medien versuchten, mit Norine zu sprechen, wenn sie in unsere Kirche ging. Oft lagen Fotografen auf der Lauer, wenn sie die relative Sicherheit unserer abgesperrten Straße verließ. Wir hielten uns so gut wie möglich zurück und sprachen mit keinem Journalisten – weder mit denen in der Türkei noch mit denen zu Hause. Außerdem hielten wir uns von Facebook fern und schrieben niemandem Briefe über unseren Fall.

Die türkische Presse war von meiner Geschichte geradezu besessen. In den Zeitungen tauchten mit Photoshop schlecht bearbeitete Bilder von mir auf: ich auf einer Jokerkarte, ich auf dem Dollarschein, und mein Kopf klebte an Rambos Körper. Jede Geschichte endete damit, dass die gleichen alten Anschuldigungen gegen mich als Tatsache wiederholt wurden. Es war sehr frustrierend, dass die Antworten von Cem oder mir vor Gericht keine Rolle spielten. Die Medien berichteten nie darüber, wie gründlich wir die Zeugen widerlegt hatten.

Es dauerte nicht lange, bis die Berichterstattung der Medien noch intensiver wurde, und sie hatten auch guten Grund dazu. Als klar wurde, dass Präsident Erdogan durch die Sanktionen des *Magnitsky Act*, die gegen zwei seiner führenden Minister verhängt worden waren, nicht zum Handeln bewegt werden würde, verdoppelte Präsident Trump die Zölle auf türkischen Stahl und Aluminium.

Daraufhin fiel der Kurs der türkischen Lira dramatisch. Einigen Berichten zufolge wurden auf diese Weise bis zu 40 Milliarden Dollar vom türkischen Aktienmarkt abgezogen. Alle waren zutiefst betroffen. *The Economist* nannte mich „den teuersten Gefangenen der Welt". Die türkischen Medien nannten es „die Brunson-Krise".

Derweil saß ich immer noch in unserer Wohnung fest. Es war wunderbar, nicht mehr im Gefängnis zu sein, aber schon bald fühlten wir uns durch die Gitter an unseren Fenstern – Standardausrüstung für die meisten türkischen Stadtwohnungen – wie ein Vogel im Käfig. Und mit jedem Tag, der verging, nahm die Feindseligkeit mir gegenüber zu. Zuerst waren es vor allem die Anhänger Erdogans, die einen Grund hatten, wütend auf mich zu sein, weil man mir vorwarf, mit Fethullah Gülen im Bunde zu stehen. Dann wandten sich all die Menschen, die die PKK verachteten, gegen mich, als die Medien meine Zusammenarbeit mit ihnen zu verbreiten begannen. Aber jetzt, da die Inflation zunahm und die Märkte nachgaben, hatte jeder im Land Grund, mich zu hassen.

Zwischen 20 und 30 Polizisten und Soldaten waren ständig um unser kleines Gebäude herum im Einsatz, und normalerweise parkte ein gepanzertes Polizei- oder Militärfahrzeug vor der Tür. Sie alle waren nicht da, um mich im Haus zu halten – sie waren da, um andere draußen zu halten. Mir wurde gesagt, dass ich aus Angst vor Scharfschützen nicht auf unseren Balkon gehen oder vor dem Fenster stehen sollte. Sie hatten mich zur Zielscheibe gemacht.

Es tobte ein regelrechter Wirbelsturm, und ich bekam die Schuld dafür. Ich habe sogar gelesen, dass sich die Ansteckung auf die

Schwellenländer ausdehnte und dass Argentinien kurz davor stand, seine Schulden nicht mehr zurückzubezahlen, weil sich die Investoren aus der Türkei zurückzogen. Doch die türkische Wirtschaft hatte strukturelle Probleme, die bereits seit langer Zeit bestanden hatten. Die Sanktionen, die Präsident Trump verhängte, waren einfach der Tropfen, der das Fass zum Überlaufen brachte, sodass die Investoren Angst bekamen und sich aus der Türkei zurückzogen. Aber Erdogan nutzte die Gelegenheit, um alle finanziellen Probleme der Türkei den USA und mir anzuhängen.

Der Tod der türkischen Wirtschaft schien kurz bevorzustehen, und Präsident Trump kündigte an, dass er bereit sei, mehr zu tun, als nur die Zölle zu erhöhen. Bei einem Telefongespräch mit einem Freund in der Heimat, der eng mit dem Weißen Haus zusammenarbeitete, hörten wir, dass Trumps Plan auf seine einfachste und wirkungsvollste Form hinauslief: „Er weiß, dass es einen Preis gibt, den sie zu zahlen bereit sind, und einen Preis, den sie nicht zu zahlen bereit sind."

. . . .

Ich dachte damals viel über Pharao nach, und ich habe mich gefragt, ob mit Erdogan etwas Ähnliches vor sich ging. In der Bibel rief Mose den Pharao auf, sein Volk ziehen zu lassen, aber der Pharao verhärtete sein Herz immer wieder. War Erdogans Herz verhärtet worden? Warum sollte er sonst zulassen, dass die Türkei so sehr in Mitleidenschaft gezogen wurde?

Die türkische Regierung hatte in den letzten Jahren mehrmals Schritte zur Lösung meines Falles unternommen und dann wieder einen Rückzieher gemacht. Ich fragte mich, ob sie dasselbe erneut tun würden. Denn anstatt zu versuchen, die Beziehungen zu den USA in Ordnung zu bringen, schien Erdogan den Einsatz zu erhöhen.

Und Präsident Trump gab nicht nach. Am 17. August twitterte er: „Die Türkei hat die Vereinigten Staaten seit vielen Jahren ausgenutzt.

Sie halten jetzt unseren wunderbaren christlichen Pastor fest, den ich jetzt bitten muss, unser Land als großartige patriotische Geisel zu vertreten. Wir werden nichts für die Freilassung eines Unschuldigen bezahlen, aber wir kürzen die Mittel für die Türkei!" Wir waren uns nicht sicher, welche Auswirkungen es haben würde, wenn man gebeten wurde, eine „patriotische Geisel" zu sein. Jay Sekulow, der mittlerweile einer von Trumps Anwälten war, rief uns an, um es zu erklären: „Warten Sie. Seien Sie geduldig, damit ihr Anliegen auf die richtige Art und Weise erledigt werden kann."

Leider wurden die Medienberichte immer finsterer. Sie begnügten sich nicht mehr nur damit, Umfragen darüber zu veranstalten, ob man mich wieder ins Gefängnis schicken solle, sondern sie spekulierten jetzt offen über die Pläne, mich zu töten. Einige nahmen an, dass die CIA mich als Ziel notiert habe („auf die gleiche Weise, wie sie ihre eigenen Türme am elften September niedergerissen haben"). Andere argumentierten, dass der israelische Mossad mich eher töten würde, da dies den zusätzlichen Vorteil hätte, die Beziehungen zwischen den USA und der Türkei zu verschlechtern. Wieder andere sagten, dass sich CIA- und Mossad-Teams in Wohnungen in der Nähe unseres Hauses aufhielten, aber ihr Ziel sei es, mich zu retten, nicht zu töten.

Für einige waren dies nur harmlose Verschwörungstheorien, aber ich wusste, dass die Medien in der Türkei kein bisschen unabhängiger waren als die Justiz. Sie waren fähig, die Grundlage für irgendein Szenario vorzubereiten, nur für den Fall der Fälle. Es konnte gut sein, dass eine unzufriedene Gruppe – eine Fraktion innerhalb der Regierung oder mächtige Geschäftsleute – Maßnahmen ergreifen würde, um das Problem zu beseitigen und der Krise ein Ende zu bereiten. Ich konnte getötet werden oder verschwinden oder heimlich aus der Türkei herausgeholt und freigelassen werden. Dies alles konnte unabhängig oder sogar mit Erdogans geheimer Zustimmung geschehen. Ich habe nicht herumgesessen und mir Sorgen gemacht, aber ich habe die

Möglichkeiten erwogen. In der Türkei, einem Land der Intrigen und Verschwörungen, konnte alles passieren.

Ein- oder zweimal in der Woche wurde ich durch Klopfen und beharrliches Klingeln an unserer Tür mitten in der Nacht aus dem Schlaf gerissen. Das war dann die Polizei, die stichprobenartige Kontrollen durchführte, um sicherzustellen, dass ich noch in der Wohnung war. Ob bei Tag oder Nacht, ich wusste nie, was passieren würde. Ich konnte jederzeit ins Gefängnis gebracht oder einfach nur entführt werden. Wenn ich dann die Tür öffnete, tat ich es immer mit dem Mobiltelefon in der Hand, auf dem eine SMS bereit war, die ich bei Bedarf versenden konnte.

Bald nach meiner Entlassung in den Hausarrest hatte ich versucht, meine Medikamente abzusetzen, indem ich die Schlafmittel und Antidepressiva wegließ und das Xanax ausschlich. Aber als der psychische Druck wieder zunahm und die Aussicht auf eine Rückkehr ins Gefängnis wuchs, stieg meine Angst. Ich wollte keine Medikamente nehmen, aber es war nicht schwer zu erkennen, dass ich zu meiner ursprünglichen Xanax-Dosis zurückkehren musste.

Außerdem musste ich auch auf meine Frau hören. Denn mehrere Male kam Norine am Nachmittag nach Hause und fand mich, wie ich ruhelos, ängstlich und aufgewühlt umherlief.

Dann fragte sie mich: „Was hast du gelesen?"

Ich zeigte ihr dann ein Video von Demonstranten, die Apple-Produkte auf der Straße zerschlugen oder Dollars verbrannten, während sie „Allahu Akbar" riefen, oder ich wies sie auf einen Artikel hin, in dem Erdogan von einem Wirtschaftskrieg sprach und sagte: „Sie wagen es, 81 Millionen Türken für einen Pastor zu opfern, der mit Terrorgruppen in Verbindung steht?"

Ich dachte, es sei umgekehrt, dass Erdogan bereit war, seine Beziehung zu den USA bis zum Äußersten zu belasten, nur um mich im Gefängnis zu behalten. Und meine Befürchtung war, dass Präsident Trump irgendwann entscheiden könnte, dass der Preis zu hoch ist – auch wenn ich ein unschuldiger Mann war. Doch das Wunder war, dass Trump nicht nachgab.

Norine sagte mir, ich solle aufhören, Meldungen über mich zu lesen und anzuschauen. Und ich wusste, dass sie recht hatte.

. . . .

Es waren aber nicht nur die Medien, die meine Befürchtungen nährten. Norine war an einem Nachmittag im September in der Kirche und ich war gerade mitten im Training auf unserem Laufband, als die Polizei anrief.

„Ein Priester ist hier, um Sie zu sehen. Pater James?"

Ich dachte, ich hätte den Namen von jemandem aus einer anglikanischen Kirche in Izmir erkannt, also sagte ich ihnen, sie sollten ihn heraufflassen.

Als ich die Tür öffnete, wurde mir klar, dass ich mich geirrt hatte. Denn Pater James war nicht der, für den ich ihn gehalten hatte, und er war auch nicht allein. Er stellte mich zwei Männern vor, mit denen er gekommen war – einem amerikanischen Geschäftsmann und einem türkischen Anwalt. Ich beschloss, sie anzuhören.

„Viele türkische Unternehmen haben Auslandsschulden", sagte der Geschäftsmann. „Einige werden bald schließen müssen, und es gibt viele Wirtschaftsführer in der Türkei und in den USA, die dies Problem gelöst haben wollen."

Ich wurde misstrauisch. War das jetzt die Art von Situation, die uns Sorgen bereitet hatte? Könnte eine Gruppe versuchen, mich ohne Erdogans Wissen aus der Türkei herauszubringen und die Dinge für mich dabei noch schlimmer machen? Ich sagte ihnen, dass ich alles, was sie zu sagen hatten, auch Norine hören lassen wollte, also rief ich sie kurz an.

„Du musst sofort nach Hause kommen. Ich bin nicht in Schwierigkeiten, aber es sind einige Leute hier."

Sie war innerhalb weniger Minuten zurück und bereit, den Geschäftsmann mit seiner Geschichte weiter anzuhören.

„Wir sind gerade mit einem Privatjet aus den USA hergeflogen und treffen morgen mit Präsident Erdogan zusammen. Wir sind privat hier und vertreten Beziehungen zwischen Geschäftsleuten in den USA und Geschäftsleuten in der Türkei. Wir alle wollen, dass dieses Problem gelöst wird, und erwarten, dass es morgen sein wird, und wenn es so weit ist, möchten wir Sie nach Hause bringen. Also seien Sie bereit. Sie können eine oder zwei Taschen mitbringen."

Keiner von uns wusste, was wir darauf sagen sollten. Der Geschäftsmann zeigte uns auf seinem Telefon einige Bilder von ihm mit verschiedenen hochrangigen Personen in der US-Regierung, und nach ein paar weiteren Worten gingen sie wieder.

Norine ging ans Fenster und sah ihnen nach.

„Was denkst du?", sagte ich.

„Wenn sie versucht haben, ihren Besuch geheim zu halten, hat es nicht funktioniert. Schau."

Die drei waren zwar gut durch die Polizeiabsperrung auf der Straße gekommen, gerieten dann aber in einen Medienhinterhalt. Pater James in seinem fließenden Franziskanergewand zog die meiste Aufmerksamkeit auf sich, aber er ging mit dem schönsten, gewinnendsten Lächeln durch die Reportermenge hindurch und sagte kein Wort. Als sie sich schließlich durch die Menge gekämpft und es in einen Geländewagen mit Regierungskennzeichen geschafft hatten, stellte Norine mir die Frage, die ich mir auch selbst stellte: „Also, packen wir?"

„Ich denke schon."

. . . .

Bis zur vierten Gerichtsverhandlung waren es nur noch wenige Tage, doch nichts hatte sich geändert. Die Geschäftsleute hatten Erdogan nicht überzeugen können, also konnten wir nicht in ihren Privatjet einsteigen. Obwohl ich Norine versprochen hatte, dass ich mich von den Nachrichten-Websites fernhalten würde, fiel es mir schwer, dem zu widerstehen, da die Verhandlung so kurz bevorstand. Obwohl die türkische Wirtschaft angeschlagen war, weigerte sich Erdogan immer noch nachzugeben. In einer Rede vor dem türkischen Parlament hatte er mir „dunkle Verbindungen zu Terrorgruppen" vorgeworfen, und andere Regierungsvertreter sprachen sich offen für meine Rückkehr ins Gefängnis aus. Die Spekulationen in den Medien waren gespalten. Einige waren überzeugt, dass ich kurz vor meiner Freilassung stand, während andere darauf bestanden, dass ich bald wieder hinter Gittern wäre und meine 35 Jahre absitzen würde.

Viele schlaflose Nächte lag ich im Bett und betete: „Ich möchte unbedingt zu meinen Kindern zurückkehren. Aber wenn du noch nicht mit dem fertig bist, was du durch meine Gefangenschaft oder meine Rückkehr ins Gefängnis erreichen willst, dann gib mir Kraft, Mut und Ausdauer, um bis zum Ende treu zu sein. Ich fürchte mich. O Gott, lass mich gehen, aber wenn nicht, dann hilf mir, treu zu sein."

Ich wusste nicht, was passieren würde. Niemand wusste das. Vielleicht wusste Erdogan selbst noch nicht, was er tun würde. Aber ich nahm mir bereits vor, was ich sagen würde, wenn sie mich wieder ins Gefängnis schicken würden: „Sie können mich besiegen – das ist gar nicht so schwer. Aber Sie können Jesus, der in mir lebt, nicht besiegen."

Am Tag vor der Anhörung besuchte uns der Geschäftsträger der amerikanischen Botschaft zusammen mit Tony Perkins, dem Präsidenten des *Family Research Centers*, der jedoch in seiner Eigenschaft als USCIRF[1]-Kommissar handelte. Tony hatte sich am Tag zuvor mit

---

1 USCIRF: *United States Commission on International Religious Freedom* – ein Amt der Regierung der Vereinigten Staaten, das internationale Themen die Religionsfreiheit betreffend überwacht.

Präsident Trump getroffen und überreichte uns einen Brief von ihm.

Lieber Pastor Andrew
Wir beten für Sie, und wir arbeiten daran, Sie nach Hause zu
bringen. Bewahren Sie den Glauben. Wir werden gewinnen!
Gott segne Sie.
Mit freundlichen Grüßen,
Donald Trump

Es war eine rührende Geste, die Norine und ich sehr zu schätzen wussten. Aber an diesem Abend habe ich dennoch zwei Taschen gepackt.

Eine, um in die Staaten zurückzukehren.

Eine, um ins Gefängnis zurückzukehren.

25
NEUNUNDDREISSIG STUNDEN

Mein Wecker klingelte am Tag der Verhandlung um 4.30 Uhr, aber ich war bereits wach. Die ganze Nacht über hatte ich nachgedacht, gebetet und mir vorzustellen versucht, was der Tag bringen würde. Würde ich im Gefängnis landen? War dies meine letzte Nacht in Freiheit? Oder war es meine letzte Nacht in der Türkei? Eine Menge verschiedener Möglichkeiten war mir in den Sinn gekommen, und ich hatte keine Ahnung, was mich erwartete.

Andere schienen sich hinsichtlich meiner Zukunft sicherer zu sein, aber ihre Meinungen waren geteilt. Es gab viele Diskussionen darüber, wie ich im Falle meiner Freilassung am besten außer Landes gebracht werden konnte. Ich konnte zunächst in Polizeigewahrsam bleiben und von Istanbul aus abgeschoben werden. Oder sie konnten mich direkt in die amerikanische Botschaft entlassen, aber dort würde ich erst einmal bleiben müssen, da bis zum nächsten Tag keine Flüge verfügbar sein würden. Cem hingegen hatte versucht, mir schonend beizubringen, dass meine Verhandlung bis zum Ende des Tages auf keinen Fall abgeschlossen sein würde.

„Die werden Sie nicht sofort für schuldig befinden, und Sie werden Sie auch nicht sofort wieder ins Gefängnis stecken. Der Ablauf funktioniert so nicht. Die legen ihre Beweise vor, Sie legen Ihre vor und anschließend sind wir immer noch weit von einem Ende entfernt."

Als die Polizei mich um 5.15 Uhr morgens abholen kam, war trotzdem die einzige Tasche, die ich zur Hand nahm, die Tasche, die ich für das Gefängnis gepackt hatte.

Einer der Beamten hielt inne und schaute sie an. „Was ist da drin?"

„Meine Bibel, einige Kleidungsstücke. Dinge, die ich für das Gefängnis brauche."

Er schüttelte den Kopf. „Das können Sie nicht alles mitnehmen – nur Ihre Gerichtsunterlagen."

Ich war nicht glücklich damit, aber bevor ich etwas sagen konnte, versicherte mir Norine leise: „Ist schon gut, mein Liebster, ich werde dir die Sachen irgendwie zukommen lassen, wenn du sie brauchen solltest."

. . . .

Die Vormittagsverhandlung begann mit dem erneuten Aufruf eines der Hauptzeugen der Anklage. Levent war Mitglied unserer Gemeinde gewesen. Am dritten Verhandlungstag hatte er mich beschuldigt, nach dem Putsch FETÖ-Flüchtlinge in unserem Gebetshaus versteckt und mit einem kurdischen Bombenbauer zusammengearbeitet zu haben. Angeblich waren ihm diese Informationen von zwei verschiedenen Personen zugetragen worden. Cem hatte gegen dieses Hörensagen protestiert, und nun hatte der Staatsanwalt beide Zeugen vorgeladen, die seiner Meinung nach die Behauptungen von Levent bestätigen würden.

Als beide den Raum betraten, erkannte ich sie sofort. Der erste Zeuge wohnte neben dem Gebetshaus, und als der Ankläger ihn bat, zu bestätigen, dass er derjenige war, der Levent von meiner Unterstützung der FETÖ-Mitglieder erzählte, schüttelte der Mann den Kopf.

„Nein", sagte er. „Das habe ich ihm nie gesagt. Im Gegenteil, er ist derjenige, der mir davon berichtet hat."

Ich war erstaunt, aber es sollte noch besser werden.

Als der Staatsanwalt den zweiten Zeugen fragte, ob er die Quelle der Information hinsichtlich meiner Freundschaft mit einem kurdischen Bombenbauer sei, verneinte er dies in jeglicher Hinsicht und sagte stattdessen: „Levent ist derjenige, der mir davon berichtet hat. Ich weiß nichts darüber – ich bin nur ein einfacher Koch, der sich um seine eigenen Angelegenheiten kümmert."

Ich war froh, dass Levent als Lügner entlarvt worden war, aber auch das war noch nicht alles.

Anschließend flackerten die riesigen Jumbotron-Bildschirme auf, und ein weiterer Zeuge erschien. Nachdem er vereidigt und ihm eine Frage gestellt worden war, stellte er weitere Dinge klar, indem er sagte: „Nein, Sie haben das falsch verstanden. Folgendes ist tatsächlich passiert…"

Und dann hat er die Aussagen eines der wichtigsten geheimen Zeugen völlig untergraben. Während der Mann erzählte, versuchte ich, von den drei Richtern irgendeine Reaktion aufzuschnappen, aber sie sahen genauso versteinert drein wie immer. Nur der Staatsanwalt sah verunsichert aus und sagte dem Gericht, dass er seine letzten beiden Zeugen fallen lassen würde – einer von ihnen hatte mich beschuldigt, Schiffsladungen mit Bargeld nach Israel gebracht zu haben, um es letztlich der PKK zu geben. Daraufhin verkündete der Richter, dass wir eine frühe Mittagspause einlegen würden.

Während dieser Pause saß ich ganz allein da, viel zu nervös, um etwas zu essen.

Als dann die Verhandlung weiterging, wendete sich jedoch das Blatt für mich fast unmittelbar zum Schlechten. Der Staatsanwalt bat um die Erlaubnis, sprechen zu dürfen, lehnte sich mit einer dramatischen Geste zu seinem Mikrofon hinüber und sagte: „Ich verlange, dass Andrew Brunson für den Rest seines Prozesses sofort ins Gefängnis zurückgebracht wird."

Ich schaute zu Cem hinüber, der so überrascht aussah, wie ich mich fühlte. Natürlich hatte ich gewusst, dass die Rückkehr ins Gefängnis eine der möglichen Optionen war, aber ich hatte gehofft, dass sie nach einem gesichtswahrenden Weg suchen würden, um mich gehen zu lassen. Jetzt lief alles in eine sehr schlechte Richtung. Konnte es sein, dass sie trotz aller Drohungen, trotz all des Schadens für die türkische Wirtschaft, trotz all des Chaos, das mein Fall ausgelöst hatte, immer noch an meiner Person festhalten würden?

Nach Rücksprache mit seinen beiden Kollegen lehnte der Hauptrichter jedoch den Antrag des Staatsanwaltes ab.

„Nun, in diesem Fall", sagte daraufhin der Staatsanwalt, „bin ich bereit, dem Gericht eine Empfehlung zu geben und um ein Urteil zu bitten."

Ich wandte mich zu Cem, doch er war nicht mehr nur überrascht, sondern schien sich damit abzufinden, dass das Gericht das tun würde, was es tun wollte. Ich fühlte mich krank vor Angst, und die Galle staute sich in meiner Kehle. Der Staatsanwalt schloss seinen Fall ab und drängte die Richter zu einer Entscheidung. Es fühlte sich an, als würde sich der Schlund der Hölle erneut öffnen.

Unterdessen hatte der Staatsanwalt ein umfangreiches Dokument, das er bereits vor der Sitzung vorbereitet haben musste, aus seinen Akten herausgezogen und las es dem Gericht laut vor. Er sprach so schnell, dass es mir schwerfiel, mit ihm Schritt zu halten. Der Gerichtsdiener gab mir zum Glück eine Kopie. Er übergab auch Cem ein Exemplar, und wir begannen beide zu lesen, um herauszufinden, wohin der Staatsanwalt unterwegs war. Schließlich blendete ich sein schier nicht enden wollendes Geleier aus und sprang zur letzten Seite.

In seiner Erklärung listete er alle Gründe dafür auf, warum er mich für schuldig hielt. Es gab Zusammenfassungen aller Zeugen, die bei den vorangegangenen Prozesstagen erschienen waren, einschließlich derer, die Cem diskreditiert hatte, und sogar derjenigen, die gerade an diesem Morgen diskreditiert worden waren. Es war, als ob alle unsere Einwände, Antworten und Erklärungen auf taube Ohren gestoßen wären. Schlimmer noch, er verlangte, dass ich verurteilt werde. Jede Hoffnung, die ich zuvor gehegt hatte, verschwand. Der Pharao hatte sein Herz wieder verhärtet.

Ich warf einen Blick zu Cem hinüber und sah, dass er auch nicht dem Staatsanwalt zuhörte. Stattdessen hatte er ein Nachschlagewerk hervorgezogen und die auf der letzten Seite aufgeführten spezifischen Strafgesetzbücher sowie die Richtlinien für die Verurteilung nachgeschlagen und die Jahre zusammengezählt.

Es dauerte fast 30 Minuten, bis der Staatsanwalt seine Erklärung vollständig verlesen hatte, und als er fertig war, schwieg das Gericht. Ich hätte am liebst herausgeschrien, dass dies nicht die richtige Vorgehensweise sei, aber ich saß einfach nur fassungslos da.

Anschließend begann der Richter sein eigenes Resümee und kündigte an, dass das Gericht keinen meiner Zeugen anhören und auch das Material, das wir als entlastendes Beweismaterial vorlegen wollten, nicht akzeptieren würde.

Mein Herz war wie betäubt. Nur ein einziger Gedanke hallte in meinem Kopf wider: *Sie werden mich verurteilen.* Ich war mir sicher, dass ich erneut ins Gefängnis gehen würde. Die einzige Frage war nur, für wie lange.

„Wollen Sie eine letzte Verteidigung vorbringen?", hörte ich dann auf einmal den Richter sagen.

Ich erwiderte den Blick des Richters, fragte mich aber, wie ich eine Verteidigung vorbringen konnte. Ja, wir hatten unsere eigenen Zeugen, die bereit waren auszusagen. Zusätzlich zu den Audio- und Videoaufnahmen gab es eidesstattliche Erklärungen, Textnachrichten und E-Mails, die dazu beitragen sollten, die Lügen aufzudecken, die der Staatsanwalt über mich verbreitet hatte. Aber der Richter ließ nichts davon zu. Seitdem ich unter Hausarrest gestanden hatte, hatte ich so viel effektiver an meiner Verteidigung arbeiten können und hatte Antworten auf alle falschen Zeugen aus den vorangegangenen Sitzungen vorbereitet. Aber nichts davon spielte jetzt eine Rolle. Der Richter war offensichtlich nicht interessiert. Die Verhandlung war so gut wie vorbei.

Der Richter verlor die Geduld mit mir. „Ich fragte, ob Sie eine letzte Verteidigung wünschen."

Ich schaute zu Cem hinüber und nach hinten zu Norine. „Euer Ehren, ich hätte gerne etwas Zeit, um mit meinem Anwalt und auch mit meiner Frau zu sprechen."

„Sehr gut", sagte er. „Sie haben zehn Minuten."

„Norine", sagte ich mit erstickter Stimme, „sie wollen mich zurück ins Gefängnis schicken. Sie werden mich verurteilen. Ich weiß es."

„Warten Sie", sagte Cem und blätterte noch immer in seinem Gerichtshandbuch herum. „Sehen Sie, sie haben die Anklage abgemildert, und das, was er ihnen jetzt zur Last legt, wird mit einer Strafe von bis zu 15 Jahren geahndet."

„15 Jahre? Dann werde ich 65 sein. Das kann ich nicht tun! Cem, hören Sie mich?"

„Schon, aber wir können hier keine wirkliche Verteidigung vorbringen. Und ich glaube, sie wollen auch nicht, dass wir uns verteidigen. Ich glaube, im Hintergrund ist etwas im Gange. Es ist bereits eine Entscheidung getroffen worden. Lassen Sie mich zurückgehen und mit dem Richter sprechen."

Cem ließ Norine und mich auf beiden Seiten der niedrigen Barriere stehen, die mich vom Rest des Platzes trennte. Ich erinnerte mich daran, dass Sam Brownback zu Norine gesagt hatte, dass mein Fall vor einem US-Gericht keine fünf Minuten lang verhandelt würde.

Ich konnte Cems Gesicht nicht lesen, als er zurückkam, aber seine Stimme klang ruhig. „Der Richter sagt, dass der Staatsanwalt eine milde Strafe fordert und dass sie diese wegen guter Führung und Ihres Verhaltens vor Gericht noch herabsetzen würden. Ich weiß nicht, was sie Ihnen geben werden, aber es ist klar, dass sie bereits eine Entscheidung getroffen haben. Es hat keinen Sinn, das hier noch zu verlängern, da sie nichts von dem, was wir sagen, akzeptieren werden. Sie wollen nicht, dass Sie sich tatsächlich verteidigen, also bin ich der Meinung, dies auch nicht zu versuchen. Sagen Sie einfach ein paar Sätze. Ich werde anschließend ein paar weitere Punkte ansprechen und wir werden sehen, was sie daraufhin tun werden."

Ich wollte etwas antworten, aber aus meinem Mund kamen keine Worte, also nickte ich einfach nur mit dem Kopf. Norine umarmte mich, bevor ich an meinen Platz zurückkehrte und zu schreiben begann. Doch es dauerte nicht lange, da begannen die Richter bereits hintereinander hereinzumarschieren. Nun konnte ich mich auf meine Verteidigung nicht weiter vorbereiten, aber ich wusste ohnehin nicht, was ich sagen sollte.

Nur allzu bald begann der Richter zu sprechen: „Wir sind bereit fortzufahren", kündigte er an. „Was ist Ihre Verteidigung?"

Meine Beine fühlten sich schwach an, als ich vor das Mikrofon vor dem Podium trat. Die Richter schienen mich noch höher zu überragen als sonst. Mein Mund war trocken, und es schien im ganzen Saal trotz der vielen Leute totenstill zu sein.

„Ich bin ein unschuldiger Mann", sagte ich und war froh, dass meine Stimme viel ruhiger klang, als ich befürchtet hatte. „Ich liebe Jesus. Ich liebe die Türkei."

Der Richter reagierte nicht darauf, sondern wandte sich an Cem. Nachdem die drei Richter einige weitere Kommentare von ihm gehört hatten, standen sie auf und verließen das Podium, um über mein Schicksal zu entscheiden.

Ich blieb sitzen und nahm meinen Stift wieder zur Hand, um aufzuschreiben, was ich dachte, um diesen Moment festzuhalten und bereit zu sein, etwas zu sagen, wenn das endgültige Urteil kommen würde. Dabei fühlte ich mich so verzweifelt, so allein, so am Boden zerstört.

Nachdem ich mich gefragt hatte, ob ich kurz vor der Freilassung stände, nachdem meine Regierung beispiellose Schritte unternommen hatte, um meine Freilassung zu erreichen, stand ich nun kurz vor der Verurteilung und der Einweisung ins Gefängnis. Lebenslang? Das konnte gut möglich sein. In 15 Jahren würde auch mein jüngstes Kind erwachsen sein, es würde Enkelkinder geben, die ich nie im Arm gehalten hätte. Und meine Frau – wie schwierig wäre das für sie. Wie sollte ich so lange in dieser schrecklichen Isolation überleben?

„Ich bin unschuldig", schrieb ich. „Ich bin ein Missionar. Ich bin ein Gefangener um Jesu willen. Bitte vergessen Sie mich, meine Frau und meine Kinder nicht. Ich bitte die Christen: Betet für mich. Das ist eine Last, von der ich nicht weiß, wie ich sie tragen soll. Möge Jesus mir den Mut geben, bis zum Ende auszuharren. Ich liebe die Türkei. Ich liebe Jesus."

Ich legte den Stift weg. Es gab nichts mehr zu schreiben.

Dann drehte ich mich um und suchte nach Norine. Sie hatten mir zuvor erlaubt, mit ihr zu sprechen, also winkte ich sie zu mir herüber. Wir lehnten uns über die Barriere zueinander, Stirn an Stirn, und Norine betete: „Herr, wir brauchen dich hier wirklich. Wir brauchen dich jetzt hier. Wir bitten in deinem Namen."

Als sie fertig war, flüsterte ich ihr meine Angst ins Ohr. „Norine, Sie schicken mich ins Gefängnis. Norine, Sie schicken mich ins Gefängnis."

„Warte, mein Liebster. Warte einfach ab. Cem sagt, dass hier etwas vor sich geht."

„Nein! Sie schicken mich ins Gefängnis, Norine. Das ist es, was gerade geschieht." Ich hörte Bewegungen vorne im Gericht und wusste, dass die Richter zurück waren, doch ich wollte meine Frau nicht loslassen, denn ich wusste nicht, wann ich sie jemals wieder so halten können würde.

· · · · · · · · · · · · · ·

Ich stand auf, als der Richter mir sagte, ich solle aufstehen, und hörte zu, wie er sein Urteil verkündete. „Dieses Gericht befindet Sie für schuldig, willentlich und wissentlich eine terroristische Gruppe unterstützt zu haben, ohne deren Mitglied zu sein. Sie werden zu fünf Jahren verurteilt …"

Seine Worte wurden undeutlich. Mir drehte sich der Kopf. Er redete immer noch, sagte etwas über die politische Natur des

Verbrechens und wie sich das auf meine Verurteilung auswirkte, aber alles, was ich hörte, war „schuldig" und „fünf Jahre".

Ich schaute auf das Blatt Papier, auf das ich geschrieben hatte. Es war immer noch wahr: Ich war immer noch unschuldig, obwohl sie mich für schuldig befunden hatten. Und ich liebte Jesus immer noch. Der Richter redete noch immer.

Ich fragte mich, was als Nächstes passieren würde. *Würden sie mich nach Buca zurückschicken? Würde ich wohl meine alte Zelle mit Nejat wiederbekommen können?*

Auf einmal herrschte Stille im Gericht, und ich schaute auf und sah, wie der Richter mich anstarrte.

„Nun", sagte er und winkte mir mit der Hand zu. „Das ist alles."

Ich verstand nicht, was er meinte. Sollte ich zur Militärpolizei hinübergehen, die mich wieder ins Gefängnis bringen würde? Ich schaute zu Cem hinüber, doch er kam auf mich zu, lächelte und sagte: „Sie sind frei."

„Was?"

„Sie haben das Urteil auf drei Jahre, einen Monat und 15 Tage herabgesetzt und dann die bereits verbüßte Zeit abgezogen. Der Staatsanwalt hat seine Forderung, Sie ins Gefängnis zu schicken, zurückgezogen, und so werden Sie bis zur Berufung freigelassen."

„Also, was? Stehe ich weiter unter Hausarrest?"

„Nein. Ihr Reiseverbot wurde aufgehoben. Sie sind frei. Sie können nach Hause – in die USA."

Während Cem zu Norine ging, um auch ihr das Urteil zu erklären, wandte ich mich an die Richter und dankte ihnen. Ich habe sogar dem Staatsanwalt gedankt. Dann rannte Norine auf mich zu, und wir knieten zusammen nieder und dankten Gott von ganzem Herzen.

„Danke, Gott", beteten wir. „Danke. Danke. Danke, Gott."

Ich wurde in einem Polizeiwagen, der einem gepanzerten Militärfahrzeug folgte, nach Izmir zurückgebracht. Es war wie bei der Teilung des Roten Meeres, doch ich versuchte, nicht daran zu denken, dass der Pharao die Israeliten verfolgte, nachdem er zugestimmt hatte, sie gehen zu lassen.

Während Norine und die anderen sich durch den freitäglichen Berufsverkehr kämpften, wartete ich mit der Handvoll Polizisten, die mich begleitet hatten, in der Wohnung. Sie entfernten die Fußfessel, trugen den Sender nach unten und gaben mir einige Formulare zum Unterschreiben. Währenddessen erhielt ich einen Anruf des amerikanischen Konsuls, der mir mitteilte, dass aus Deutschland ein Flugzeug unterwegs sei.

Ich war sehr erleichtert, dies zu hören, und dankbar für Präsident Trumps Einsatz. Anscheinend hatte sich Tony Perkins am Tag zuvor mit dem Weißen Haus in Verbindung gesetzt und mitgeteilt, dass im Falle meiner Freilassung eine schnelle Ausreise von entscheidender Bedeutung wäre.

Einer der Beamten kam zu mir herüber. „Da ist noch ein Anruf für Sie", sagte er. „Es ist der Generalstaatsanwalt von Izmir."

Mir wurde schwindelig. Ich erinnerte mich an den Wolf. Der Mann, der mich in Karakayas Büro in Izmir mit nichts als Hass in den Augen angestarrt hatte. „Okan Batu?"

Der Offizier schüttelte den Kopf. Okan Batu war nicht mehr der Generalstaatsanwalt, es war sein Nachfolger am Apparat. Er gab mir das Telefon.

Ich wusste, dass jeder Staatsanwalt die Macht hatte, gegen jede Entscheidung des Gerichts zu protestieren. Wenn er mich zurück ins Gefängnis bringen wollte, konnte er mich sofort dorthin schicken. Aus diesem Grund war es der amerikanischen Botschaft auch wichtig, mich so schnell wie möglich aus dem Land zu bringen, bevor irgendetwas – ein Tweet, eine Erklärung eines Regierungsbeamten, eine dumme Bemerkung von mir – der türkischen Regierung einen Grund geben konnte, mich ins Gefängnis zurückzuschicken. Bis ich den türkischen Luftraum verlassen hatte, war ich nicht sicher.

Der Staatsanwalt kam gleich zur Sache. „Haben Sie geplant abzureisen?"

„Ja. Im Moment macht die Botschaft Pläne. Es kommt ein Flugzeug aus Deutschland, das uns außer Landes bringen soll."

„Wie lange wird das dauern?"

„Ich – ich weiß es nicht. Es ist unterwegs und sollte sehr bald hier sein. Sie planen, dass wir heute Abend abreisen."

Ich schaute auf und merkte, dass einer der Botschaftsmitarbeiter eingetroffen war. Ihm übergab ich das Telefon, denn ich wollte nicht eine Sekunde länger als nötig mit dem Staatsanwalt sprechen.

. . . .

Anschließend an dieses Telefonat verbrachte ich etwas Zeit mit unseren engsten Freunden, die gekommen waren, um sich zu verabschieden, während Norine einige ihrer Sachen zusammenpackte. Es war merkwürdig, auf diese Weise die Türkei zu verlassen – so überstürzt, nach mehr als zwei Jahren des Wartens. Aber wir wollten unbedingt so schnell wie möglich abreisen. Wir mussten weg von der Wohnung, weg von den Menschenmengen und den Medien und weg von dem Risiko, dass wieder etwas schiefgehen konnte.

Der Geschäftsträger der Botschaft fuhr uns in seinem gepanzerten Großraumfahrzeug zum Flughafen. Mir war das Chaos rings um uns her bewusst, aber es war, als ob das jemand anderem passierte. Das Gedränge, als wir uns durch die Journalisten zum privaten Terminal des Flughafens drängten. Die Ruhe, als wir unsere Pässe kontrollieren ließen. Selbst in dem Moment, als wir die Treppen hinaufstiegen und die Jalousien im Flugzeug der amerikanischen Luftwaffe herunterzogen. Das alles geschah jemand anderem, nicht mir.

Ich studierte die Karte, die auf einem Bildschirm im Passagierraum zu sehen war und hoffte, dass der Pilot nach Westen auf das Meer hinaus und in den griechischen Luftraum fliegen würde. Aber

wir flogen an der türkischen Küste entlang in Richtung Nordwesten.
Als der Kapitän schließlich verkündete, dass wir den türkischen Luftraum verlassen hatten, hatte ich nur einen einzigen Gedanken: dass
der Albtraum endlich vorbei war.

Es war 1.30 Uhr nachts, als wir am US-Stützpunkt in Ramstein
ankamen. Wir konnten nicht glauben, dass der amerikanische Botschafter in Deutschland draußen in der kalten Luft wartete, um uns
persönlich zu begrüßen. Er hielt eine gefaltete US-Flagge in Händen
und sagte, während er sie uns übergab: „Willkommen zu Hause."
Ich war gerührt und sagte von ganzem Herzen: „Ich liebe mein
Land."

Als wir dann viele Stunden später an diesem Tag auf der *Andrews
Air Force Base* in Maryland landeten, standen alle unsere Kinder in einer Reihe am Rollfeld. Wir hatten darum gebeten, dass keine Journalisten bei unserem Wiedersehen dabei waren, damit wir uns ganz auf
sie konzentrieren, sie umarmen und miteinander weinen konnten.

Anschließend an dieses wunderbare Wiedersehen wurden wir
zum Weißen Haus gefahren, wo Norine und ich direkt nach unserer
Ankunft zum *Map Room* begleitet wurden.

. . . .

Innerhalb von nur wenigen Minuten kam Präsident Trump dazu. Er
war größer, als ich ihn mir vorgestellt hatte, eine imposante Gestalt
mit einem großen und aufrichtigen Lächeln.

„Es ist gut, dass Sie hier sind", sagte er und schüttelte mir die
Hand. „Wollen Sie ein *Tic Tac*?"

Das hat mich irritiert. Ich wollte eigentlich Nein sagen, aber wie
oft bietet einem der Präsident ein *Tic Tac* an? Also sagte ich: „Klar!",
streckte meine Hand aus und sah zu, wie drei *Tic Tacs* auf meine
Handfläche fielen. Ich steckte zwei davon in meinen Mund und ließ
den letzten in meine Hosentasche gleiten.

Wir dankten ihm und unterhielten uns ein paar Minuten miteinander, dann gingen wir alle nach draußen, den Säulengang entlang und in das *Oval Office.*

Dort fiel mir gleich ein bestimmter Stuhl ins Auge – der Stuhl, auf dem Präsident Erdogan gesessen hatte, als er zum Gipfeltreffen in den USA gewesen war. Der Stuhl, auf dem er gesessen hatte, als ich von meiner Gefängniszelle aus zusah. Der Stuhl, auf dem er gesessen hatte und sein Herz verhärten ließ, als der Präsident um meine Freilassung bat. Erdogan hatte mich noch weitere 17 Monate im Gefängnis festgehalten, nachdem er dort gesessen hatte.

Es war derselbe Stuhl, den Präsident Trump nun mir anbot.

Nur einen Tag zuvor hatte der Richter mich des Terrorismus für schuldig erklärt. Nun saß ich im *Oval Office* neben dem Präsidenten der Vereinigten Staaten. Auf der einen Seite des Raumes saß meine wiedervereinigte Familie und auf der anderen Seite befanden sich Außenminister Pompeo, Senator Tillis, Senator Lankford und andere, die sich in den letzten Jahren eifrig für meine Freilassung eingesetzt hatten. Aber hinter ihnen, ohne dass man sie hätte sehen können, standen Hunderttausende von Menschen auf der ganzen Welt, die mich auf einer riesigen Gebetswelle aus dem Gefängnis getragen hatten.

Nach einigen Minuten habe ich mich zu Wort gemeldet, denn es gab etwas, das Norine und ich tun wollten: „Präsident Trump, wir möchten gerne für Sie beten. Meine Frau und ich und auch als Familie beten wir oft für Sie."

„Nun, ich brauche es wahrscheinlich mehr als jeder andere in diesem Raum, also wäre das sehr nett, danke."

„Können wir jetzt für Sie beten?"

„Ja, vielen Dank."

Als ich neben ihm niederkniete, senkte er den Kopf und im Raum wurde es still. „Herr Gott, ich bitte dich, gieße deinen Heiligen Geist auf Präsident Trump aus, schenke ihm übernatürliche Weisheit, um all die Pläne, die du für dieses Land hast, zu verwirklichen ..."

NACHWORT

Weniger als zwei Monate nach meiner Freilassung kam die *UN Working Group on Arbitrary Detention* („UN-Arbeitsgruppe für willkürliche Inhaftierung") zu dem Schluss, dass die türkischen Behörden mich aufgrund meiner Nationalität und meines Glaubens ins Visier genommen und verhaftet haben. Sie bestätigten, dass ich das Opfer religiöser Verfolgung war, und erklärten, dass das angemessene Rechtsmittel darin bestünde, mein Strafregister zu löschen und mir ein einklagbares Recht auf Entschädigung und andere Reparationen zuzugestehen. Sie forderten die türkische Regierung auf, eine Untersuchung durchzuführen und geeignete Maßnahmen gegen diejenigen zu ergreifen, die meine Rechte verletzt hatten. Schließlich forderten sie die türkische Regierung auf, „die vorliegende Stellungnahme mit allen verfügbaren Mitteln und so weit wie möglich zu verbreiten".

Bisher hat die türkische Regierung nichts davon getan. Ihr Außenminister bezeichnet mich in der Öffentlichkeit immer noch als Spion und nennt mich Agent Brunson. Als ein bewaffneter Mann im März 2019 in einer neuseeländischen Moschee 51 Menschen tötete, deuteten die türkischen Medien an, dass ich derjenige war, der dem Mörder seine Befehle gegeben hatte.

Das ist die neue Normalität in der Türkei. Die türkischen Medien – hinter denen die türkische Regierung steht – benutzten mich, um von Christen ein öffentliches Bild als Verräter, Terroristen und Feinden der Türkei zu zeichnen, obwohl nichts weiter von der Wahrheit entfernt sein könnte. Diese bewusste Propagandakampagne hat zu einem Anstieg der Hassreden gegen Christen geführt. Wir sind sehr stolz auf die kleine, aber mutige türkische Gemeinde, die in einer offen feindlichen Umgebung weiterhin für Jesus einsteht.

Im Gefängnis habe ich oft mit Bedauern hinterfragt, warum ich so sehr zu kämpfen hatte, besonders im Vergleich zu einigen meiner geistlichen Helden – oder zumindest zu dem, was ihre Biografien über sie aussagen. Ich beschloss, offen und ehrlich über meine Kämpfe zu sprechen, wenn ich jemals die Gelegenheit dazu hätte. Mein Zeugnis würde ein Zeugnis der Schwäche sein: *meiner* Schwäche, aber *Gottes* Stärke. Vielleicht hat Gott gerade einen schwachen Mann ausgewählt, um anderen, die sich schwach fühlen, als Ermutigung zu dienen.

Ich wusste vor meiner Inhaftierung, was Verfolgung ist, aber ich war nicht vorbereitet auf das, was mir tatsächlich passiert ist. Das liegt zum Teil daran, dass ich für etliches den Preis erwogen hatte, den ich dafür bezahlen müsste, aber niemals eine Gefängnisstrafe. Ich kenne keinen anderen Missionar, der in der Türkei inhaftiert war.

Doch was mich wirklich zerbrochen hat, waren die unerfüllten Erwartungen. Ich hatte erwartet, dass Gott eingreifen würde, um mich über meine Lebensumstände hinaus mit Freude zu erfüllen. Ich hatte erwartet, dass ich selbst in meiner Trauer Stärke und ganz spürbar seine Gnade erleben würde, und vor allem, dass ich deutlich seine Gegenwart spüren würde. Stattdessen fühlte ich mich von Gott im Stich gelassen.

Die Wahrheit in alldem ist, dass in unseren schweren Zeiten Gottes Treue, Loyalität und Liebe niemals infrage stehen; es waren *meine* Treue, *meine* Loyalität, *meine* Liebe zu ihm, die auf die Probe gestellt wurden.

In meinem Fall war es Teil der Prüfung, seine Anwesenheit nicht zu spüren.

Ich musste die Lektion aus Jesaja 50,10 (LUT) lernen: „Wer im Finstern wandelt und wem kein Licht scheint, der hoffe auf den Namen des Herrn und verlasse sich auf seinen Gott!" Gott lehrte mich, in der

Finsternis standhaft zu bleiben und trotz meiner Gefühle, Wahrnehmungen und Umstände auszuharren.

Es ist mir klar, besonders wenn ich mich an meine Schwäche und Zerbrochenheit erinnere, dass Gottes Gnade mich durchgebracht hat. Meistens war es eine Gnade, die ich nicht fühlte, aber sie war trotzdem da.

In all dem spielte aber auch ich eine wichtige Rolle: Ich musste mit Gott zusammenarbeiten. An jedem Punkt, jedes Mal, wenn ich zerbrochen war, musste ich eine Entscheidung treffen, und ich entschied mich dafür, mich Gott zuzuwenden. Ich hatte Zweifel und Fragen, ich klagte und kämpfte mit Gott, aber schließlich nahm ich ihn immer wieder an. Ich habe nie aufgehört, mit ihm zu reden:

Was immer du tust oder nicht tust, ich werde dir folgen.

Ich möchte mich dir, Jesus, stets zuwenden, wie die Sonnenblume, die den ganzen Tag über der Sonne folgt.

Ich brauche keine Antwort auf meine Fragen, um eine Beziehung zu dir zu haben, Gott.

Wenn ich auf meine Gefängniszeit zurückblicke – und ich verarbeite sie immer noch –, sehe ich ein Muster. Ich wurde von einer Prüfung getroffen, zerbrach und ging in die Tiefe. Und danach arbeitete ich mich langsam zu einem Punkt der Hingabe an Gott hin, nur um mich einem härteren Schlag zu stellen und noch tiefer zu fallen. Aber jedes Mal begann ich wieder heraufzuklettern und schaffte es schließlich wieder, mich Gott hinzugeben – mit einer tieferen Hingabe, denn nun war ich mir des Preises bewusster. Es gab viele Höhen und Tiefen, aber es gab einen allmählichen Aufwärtstrend, dank meiner Entscheidungen.

Heute bin ich froh, dem Tal der Wölfe entkommen zu sein. Und doch gibt es etwas, das ich bei dieser schrecklichen Tortur vermisse. Ein lieber Freund erzählte mir von einem Gespräch, das er einmal mit

Richard Wurmbrand geführt hat. Trotz der miserablen Bedingungen und der Folter, die er ertragen musste, gab es Zeiten, in denen er sich wünschte, wieder in seiner Gefängniszelle in Einzelhaft zu sein, wo er eine außergewöhnliche Intimität mit Gott erlebt hatte.

Ich verstehe ihn ein ganz klein wenig, denn die Bedingungen der Gefangenschaft – die Isolation, die Bedrohungen und die Ängste – trieben mich dazu, mich wie niemals zuvor an Gott zu klammern. Sie vermittelten mir auch eine seltene Klarheit darüber, was im Leben wirklich wichtig ist. Jeder meiner Tage im Gefängnis bestand darin, Gott zu suchen und mich ihm zu nähern. Jetzt bin ich frei und unbeschreiblich dankbar für meine Freiheit. Aber ich vermisse es, so völlig von Gott abhängig zu sein, und möchte das verzweifelte Streben, das ich damals hatte, zurückgewinnen.

· · · · · · · · · · · · · ·

Das meiste in diesem Buch ist eine Geschichte über einen Mann in einer Zelle. Aber in Wahrheit ging etwas viel Größeres vor sich: Gottes Geschichte.

Von Anfang an – ja, schon bevor alles begann – hat Gott die Dinge eingerichtet, wie der ultimative Großmeister im Schach. Kann es ein Zufall sein, dass Philip Kosnett, der Geschäftsträger der amerikanischen Botschaft in Ankara während des größten Teils meiner Gefangenschaft, ausgerechnet Mitglied unserer Heimatgemeinde in einer kleinen Stadt in North Carolina war? Oder dass Außenminister Mike Pompeo ein Mitglied meiner Denomination ist? Und dass Vizepräsident Mike Pence eine Gemeinde besuchte, deren Pastor jeden Sonntag für meine Freilassung betete? Oder dass Jay Sekulow, der als Leiter des ACLJ meinen Fall übernommen hatte, später einer der Anwälte von Präsident Trump wurde? Ja, ich war zu einem Bauern in einem Schachspiel geworden, aber der Großmeister stand auf meiner Seite.

Es mag ein Wunder sein, dass ich freigelassen wurde, aber ich glaube, es war ein noch größeres Wunder, dass so viel getan wurde, um mich zu befreien. Ich bin immer noch erstaunt über die vielen Schritte, die meine Regierung unternommen hat. Es war das erste Mal, dass sie Handelssanktionen verhängten oder den *Magnitsky Act* auf einen NATO-Verbündeten anwandten. Die Politik gegenüber Syrien war betroffen. Kongressabgeordnete, zwei Drittel des Senats, und Europaparlamentarier sprachen sich für mich aus. Auch andere Länder waren einbezogen – Mauretanien, Sudan, Ungarn, Israel, Monaco, Kanada, Großbritannien. Sie alle forderten die Freilassung eines christlichen Pastors, von dem niemand je zuvor gehört hatte.

All das war notwendig, weil es beispiellose Schritte brauchte, um mich aus der Türkei herauszuholen. Es gab keine Garantie, dass ich freigelassen werden würde. Wir erfuhren später, dass die türkische Regierung sogar noch in der Nacht vor meinem letzten Verhandlungstag, als im Falle meiner verlängerten Inhaftierung weitere Sanktionen drohten, von den USA 1,9 Milliarden Dollar für meine Freilassung verlangte. Das wurde rigoros abgelehnt.

Ich glaube, dass so viele in meinem Namen intervenierten, weil überall auf der Welt Christen für mich beteten, während ich als Geisel festgehalten wurde. Einige haben gesagt, ich sei weltweit der einzige Mensch, für den jemals so viel gebetet wurde. Ich weiß nicht, ob das der Fall war, und sicherlich hatte ich im Gefängnis nicht den Überblick über das, was vor sich ging. Denn obwohl Norine mir immer wieder davon erzählte, war ich von meinen Umständen zu sehr überwältigt, um diese Dinge aufzunehmen.

Aber so wie mein Lied meine Zelle in Sakran erfüllte, so erhob auch die Kirche Jesu Christi eine mächtige Stimme zum Himmel, die alles veränderte, angefangen bei meinem Herzen. Tag und Nacht rief das Volk Gottes im Gebet seine Not aus, auch als ich es nicht konnte. Ich bin immer wieder erstaunt, dass so viele Menschen so lange und intensiv gebetet haben. Warum? Die meisten Gefangenen erhalten diese Art von Aufmerksamkeit nicht; viele sind unbekannt, nur der Himmel kennt sie.

Ich glaube, Gottes Plan beinhaltete, dass durch meine Inhaftierung nun Millionen von Menschen die Türkei auf ihrem Radar haben. Meine Aufgabe bestand dabei darin, bei der Vorbereitung einer geistlichen Ernte zu helfen. Das Gefängnis hat meinen Auftrag nicht abgebrochen, sondern ihm auf die effektivste Weise gedient. Gott gebrauchte meine Gefangenschaft dazu, um eine beispiellose weltweite Gebetsbewegung zu orchestrieren, sodass ich auf einer Gebetswelle aus der Türkei herausreiten konnte. Aber es ist auch ein Tsunami von Gebeten des Volkes Gottes in die Türkei eingebrochen, und das wird ihrem Volk großen Segen bringen.

Ein türkischer Christ sagte mir: „Die ganze Welt betet mit einer Stimme für uns – stellen Sie sich nur vor, was wir mit all diesen Gebeten tun können."

Dass Gott einen Masterplan hatte, ist auch die beste Erklärung dafür, warum an den beiden Tagen, die Gott meiner Annahme nach für meine Befreiung vorgesehen hatte, alles so völlig schieflief. Erst im Nachhinein, als ich meine Tagebucheinträge durchsah und meine mit Norines Aufzeichnungen verglich, habe ich zu verstehen begonnen, was geschehen war.

Nach meiner Rückkehr in die Staaten erschrak ich zutiefst, als ich in meinem Harmandali-Tagebuch las, dass mir nur wenige Tage vor meiner Verlegung nach Sakran der Gedanke immer wieder durch den Kopf ging: *Bist du bereit zu bleiben, wenn es mehr Ruhm bringt?* Und dass ich dies mit einem *Ja* beantwortete. Am 12. Dezember 2016 bestätigte mir dann ein Gericht, dass ich nicht freigelassen werden, sondern im Gefängnis bleiben sollte.

Was den 22. Mai 2017 betrifft, den ich eines Nachts im Traum vernommen hatte, so hatten sich beide Regierungen tatsächlich auf dieses Datum geeinigt. Aber am nächsten Tag – als sie sich eigentlich für unsere Abreise bereit machen sollte – wachte Norine mit einem

Lied im Kopf auf: „I Surrender All" („Ich gebe alles Gott"). Und das tat sie auch. Und so kam es, dass sich am Tag danach die Türkei aus dem Abkommen zurückzog. Ähnliche Dinge sind mehrmals passiert.

Wir halten es für möglich, dass Gott meine Gefangenschaft verkürzt hätte, aber weil wir bereit waren, uns ihm ganz anzuvertrauen, ohne jegliche Idee, was passieren konnte, hat er sie verlängert, um diese Gebetsbewegung für die Türkei zu fördern. Es ist, als ob Gott gesagt hätte: „Ich kann dich jetzt befreien, aber wenn du bleibst, werde ich ein größeres Werk verrichten."

Jetzt wird mir klar, was für ein Vorrecht Gott mir zuteilwerden ließ.

Norine sagte mir mehrmals: „Wenn wir in dieser Situation treu sind, werden wir einst sagen, dass wir nicht bereuen, was dadurch erreicht wurde."

Wir bereuen es nicht.

. . . .

Ich war Erdogans Geisel, aber nur so lange, bis Gott erreicht hatte, was er durch meine Gefangenschaft erreichen wollte.

Und dann, zur rechten Zeit, hielt Gott sein Wort – das Wort, das er mir schenkte, kurz bevor all dies begann, das Wort, an das ich mich während meiner gesamten Gefangenschaft geklammert hatte: *Es ist Zeit für die Heimkehr.*

Er hat mich tatsächlich nach Hause gebracht.

WORTHY OF MY ALL

You are worthy, worthy of my all
My tears and pain I lift up as an offering
Teach me to share in the fellowship of your suffering
Lamb of God, you are worthy of my all

You are worthy, worthy of my all
Adopted as a son, a brother to my King
Indeed, I will share in your glory if I share your suffering
Jesus, you are worthy of my all

You are worthy, worthy of my all
But my heart faints, drowned in sorrow, overwhelmed
Make me like you, Cross-bearer, persevering, faithful to the end
To stand the trial and receive the crown of life

You are worthy, worthy of my all
This is my declaration in the darkest hour
Jesus, the Faithful One who loves me, always good and true
You made me yours, you are worthy of my all

I want to be found worthy to stand before you on that day
With no regrets from cowardice, things left undone
To hear you say, „Well done, my faithful friend,
*   now enter your reward"*
Jesus, my Joy, you are the prize I'm running for

You are worthy, worthy of my all
You are worthy, worthy of my all
What can I give to the Son of God, who gave himself for me
Here I am, you are worthy of my all

Geschrieben im Gefängnis von Buca, 10. September 2017,
https://www.youtube.com/watch?v=Sn1-H6GbwY8

Deutsche Übertragung des Liedes:

Du bist würdig, würdig all dessen, was ich bin und habe.
Meinen Schmerz und meine Tränen gebe ich dir als Opfer hin.
Lehre mich, teilzuhaben an der Gemeinschaft deiner Leiden.
Lamm Gottes, du bist würdig all dessen, was ich bin und habe.

Du bist würdig, würdig all dessen, was ich bin und habe.
Von dir angenommen als dein Sohn, als Bruder meines Königs,
Und wenn ich deine Leiden teile,
    wird mir auch deine Herrlichkeit zuteil.
Jesus, du bist würdig all dessen, was ich bin und habe.

Du bist würdig, würdig all dessen, was ich bin und habe.
Aber mein Herz verzagt, hilflos in Traurigkeit gefangen,
    überwältigt.
Mache mich wie du, Kreuzesträger, ausdauernd, treu bis zum Ende.
Die Prüfung zu bestehen und zu erben die Krone des Lebens.

Du bist würdig, würdig all dessen, was ich bin und habe.
Das bekenne ich in meiner dunkelsten Stunde:
Jesus, du treuer Freund, der mich liebt,
    gut und wahrhaftig alle Zeit,

Du hast mich zu deinem Kind gemacht, du bist würdig,
würdig all dessen, was ich bin und habe.

Ich möchte für würdig befunden werden, eines Tages vor dir zu
stehen,
Ohne über die eigene Feigheit oder das, was ich versäumt habe,
Um dich sagen zu hören: Gut gemacht, mein Freund, nimm deinen
Lohn.
Jesus, meine Freude, du bist der Siegespreis, um den ich ringe.

Du bist würdig, würdig all dessen, was ich bin und habe.
Du bist würdig, würdig all dessen, was ich bin und habe.
Was kann ich dem Sohn Gottes schenken, der sich selber für mich
gab?
Hier bin ich, du bist würdig all dessen, was ich bin und habe.

DANK

Dies ist zwangsläufig eine unvollständige Liste, zum einen, weil Norine und ich nicht alle aufgenommen haben, denen wir danken wollen, und zum anderen gibt es viele Menschen, von denen wir nicht einmal wissen, dass sie für uns etwas getan haben. Doch im Laufe unserer Überlegungen konnten wir feststellen, dass Gott viele Menschen an einflussreichen Positionen hat.

So *viele Leute im Weißen Haus* und im *Außenministerium* haben unendlich viel für uns getan. Unser Dank gilt den Konsulatsangestellten in der Türkei für ihre treuen Besuche (und ihre Zeitschriften!) – Norman Pflanz, Aroosha Rana und insbesondere Martin Thomen.

Der Geschäftsträger der amerikanischen Botschaft Phil Kosnett und seine Mitarbeiter in Ankara gingen für mich weit über das Übliche hinaus, und zusammen mit seiner Frau Alison unterstützten sie auch Norine. Phils Einsatz ist es zu verdanken, dass Norine kurz nach einem Treffen zwischen ihm und dem türkischen stellvertretenden Premierminister freigelassen wurde. Und auch Jeffrey Hovenier war von der Minute an, in der er die Position des Geschäftsträgers übernahm, konzentriert und engagiert an meiner Seite.

Der *Assistant Secretary of State* Wess Mitchell kämpfte mit harten Bandagen für uns, und Botschafter Sam Brownback kam zu meinem Prozess und setzte sich für mich ein. Wir sind Außenminister Mike Pompeo dankbar für sein Interesse und sein Engagement, zu unseren Gunsten zu handeln, und dem Vizepräsidenten Mike Pence dafür, dass er von Anfang an *dabei* war und sich während der gesamten Zeit persönlich um unsere Sache gekümmert hat.

Auch Präsident Donald Trump intervenierte immer wieder für mich und unternahm beispiellose Schritte, um meine Freilassung zu erreichen.

Wir sind auch den *vielen Senatoren und Mitgliedern des Repräsentantenhauses*, die meine Situation beobachtet und Briefe an die türkische Regierung mit der Bitte um meine Freilassung unterzeichnet haben, zutiefst dankbar. In einer Zeit der deutlichen politischen Spaltung war dies wirklich ein parteiübergreifendes Unterfangen.

Senator Bob Corker war der Erste, der meinen Fall vor die höchste Ebene der türkischen Regierung brachte, und ihm ist zu verdanken, dass sowohl vom Senat ein Brief an Präsident Erdogan geschrieben wurde als auch später ein zweiter vom Senat und dem Repräsentantenhaus.

Uns wurde gesagt, dass Senator James Lankford *unser Held auf dem Hügel* war. Schon früh traf er sich mit dem türkischen Justizminister, machte die Medien auf meine Notlage aufmerksam und hörte während meiner gesamten Gefangenschaft niemals auf, nach Wegen zu suchen, um mich wieder nach Hause zu bringen.

Auch Senator Thom Tillis engagierte sich sehr beharrlich für mich. Er besuchte mich im Gefängnis, nahm an meinem ersten Verhandlungstag teil und hielt viele Reden im Senat, die dafür sorgten, dass seine Kollegen meinen Namen nicht vergaßen.

Außerdem setzte sich Senatorin Jeanne Shaheen für meine Freilassung ein. Zusammen mit den Senatoren Lankford und Tillis machte sie eine Eingabe, um im Zusammenhang mit meiner Inhaftierung die Auslieferung der F-35-Kampfflugzeuge an die Türkei zu blockieren. Gemeinsam mit Senatorin Lindsey Graham traf sie sich mit Präsident Erdogan und besuchte mich danach im Gefängnis.

Wir sind allen Mitarbeitern dieser Senatoren zutiefst dankbar.

Die Kommission der Vereinigten Staaten für internationale Religionsfreiheit hat sich meines Falls angenommen. Die Kommissare Sandy Jolley und Kristina Arriaga besuchten mich im Gefängnis, Kristina kehrte zu einer meiner Gerichtsverhandlungen zurück, und Tony Perkins war bei meiner letzten Anhörung anwesend und begleitete uns zurück in die USA.

Unser tiefer Dank gilt Erik Bethel von der Weltbank.

Hilfe kam auch von anderen Regierungen, unter anderem aus Ungarn, Israel, Kanada, Monaco, Mauretanien und dem Sudan. Im Europäischen Parlament haben 98 Europaabgeordnete aus 21 Ländern an Präsident Erdogan geschrieben und ihn aufgefordert, mich freizulassen.

Das American Center for Law and Justice, Jay Sekulow und insbesondere unser US-Anwalt CeCe Heil kämpften unerbittlich für uns. CeCe war wirklich rund um die Uhr für uns erreichbar.

Die christliche Menschenrechtsorganisation *Middle East Concern,* insbesondere durch Rob D. vertreten, setzte sich für uns ein, indem sie Menschen in Ländern außerhalb der USA baten, für uns zu beten und uns persönlich sehr ermutigten. Auch andere Interessengruppen und Einzelpersonen stellten sich der Herausforderung, uns aus der Haft zu befreien. Zu ihnen gehörten *Rights & Resolution Advocates,* Mark Siljander, Mark Finlay, Michael Bradle, Isaac Six sowie Mark Burnett und Roma Downey. Mein guter Freund Dan Slade, der Koordinator von *Partners in Harvest,* hat hinter den Kulissen vieles bewirkt. Jeff Jeremiah, Koordinator der *Evangelical Presbyterian Church,* arbeitete unermüdlich für uns. Jemand beschrieb ihn als einen Menschen, der sich, wenn er sich einmal für eine Sache einsetzt, so schnell nicht mehr davon abbringen lässt. Außerdem hat auch Norines jüngerer Bruder enorm viel Zeit in den Kampf für mich investiert.

Und da sind noch die vielen Menschen, die darum gebeten haben, nicht persönlich genannt zu werden. Ihr wisst ja, wer ihr seid. Danke!

Wie können wir nur unserer weltweiten Familie von Gläubigen danken? Protestanten, Katholiken und Orthodoxe – auf allen Kontinenten beteten, fasteten, schrieben Menschen Briefe für uns – einige sahen sich dadurch sogar selbst der Verfolgung ausgesetzt. Ihre Gebete waren es, die letztlich meine Freilassung bewirkten. Ein besonderer Dank gilt den Kindern und Jugendlichen, die gebetet und gefastet haben, indem sie auf Mahlzeiten, Süßigkeiten und elektronische Geräte verzichteten!

Und wir danken Jayne mit ihrem sonnigen Gemüt, dass sie Norine in dieser schweren Zeit treu begleitet hat. Aber auch die Unterstützung durch unsere Brüder und Schwestern in der Türkei, die uns zur Seite standen, war besonders bedeutsam. Wir waren nicht allein.

ANMERKUNGEN

Kapitel 8 Der Wolf
Römer 8,28

Kapitel 18 Herzenslied
Psalm 118,6

Kapitel 19 Zurück zur Grube
Philipper 2,21

Kapitel 22 Die Geisel
Epheser 4,32
Römer 12,14
Matthäus 5,11–12 (LUT)
Johannes 18,11

Nachwort
Jesaja 50,10 (LUT)

Der Dienst von Open Doors

Mehr als 260 Millionen Christen sind heute einem hohen bis extremen Maß an Verfolgung ausgesetzt, weil sie sich zu Jesus Christus bekennen. Einigen wird verboten, Gottesdienste zu besuchen oder sich zum Gebet zu versammeln. Andere werden wegen ihres Glaubens inhaftiert, gefoltert oder sogar ermordet. Open Doors setzt sich als überkonfessionelles christliches Hilfswerk seit über 60 Jahren für verfolgte Christen ein.

Wie es begann

Kurz nach seiner ersten Reise hinter den Eisernen Vorhang im Jahr 1955 begann Anne van der Bijl („Bruder Andrew"), auf die Bitte verfolgter Christen hin Bibeln hinter den Eisernen Vorhang zu schmuggeln. Über seine abenteuerlichen Reisen von Polen bis China berichtet der als „Der Schmuggler Gottes" bekannt gewordene Holländer in seiner gleichnamigen Autobiografie. Heute steht Open Doors verfolgten Christen in rund 60 Ländern zur Seite.

Schwerpunktbereiche unseres Dienstes

- Verteilung von Bibeln und christlichem Schulungsmaterial
- Ausbildung und Schulung geistlicher Leiter und Mitarbeiter der Untergrundgemeinden
- Gefangenenhilfe und Unterstützung von Familien ermordeter Christen
- Bereitstellung von Zufluchtsstätten für ehemalige Muslime, die Christen geworden sind

- Soziale Hilfsprojekte für mittellose Christen in der Verfolgung (Hilfe zur Selbsthilfe)
- Nothilfe in Kriegs-, Krisen- und Katastrophengebieten
- Öffentlichkeitsarbeit in der freien Welt mit dem Ziel, Menschen zum Gebet und für die Unterstützung verfolgter Christen zu mobilisieren

So können Sie helfen

Bitte beten Sie für Ihre verfolgten Glaubensgeschwister – das ist das Erste, worum verfolgte Christen bitten. Gerne schicken wir Ihnen hierfür unser kostenloses Monatsmagazin mit persönlichen Berichten, Hintergrundinformationen und Gebetskalender zu: www.opendoors.de/magazin.

Auf unserer Website finden Sie zudem monatlich neue Video- und Audiobeiträge über verfolgte Christen: www.opendoors.de/mediathek.

Gern können Sie auch einen unserer Referenten zu einem Vortrag in Ihre Gemeinde oder Gruppe einladen: www.opendoors.de/referenten.

Wie Sie verfolgte Christen mit einer Spende unterstützen können, erfahren Sie unter: www.opendoors.de/spenden.

Open Doors Deutschland

Postfach 1142

65761 Kelkheim

T +49 (0)6195 6767-0

I www.opendoors.de

info@opendoors.de

Postbank Karlsruhe

IBAN DE67 6601 0075 0315 1857 50

BIC PBNKDEFF

Open Doors Schweiz

Praz-Roussy 4B

CH-1032 Romanel-s-Lausanne

T +41 (0)21 731 01 40

I www.opendoors.ch

info@opendoors.ch

IBAN CH59 0900 0000 3400 4791 0

BIC POFICHBE

Zhang Rongliang

BIS ZUM ÄUSSERSTEN

Zhang ist jung und hat eine vielversprechende Karriere in der Kommunistischen Partei Chinas vor sich. Dabei ist er überzeugt, dass sich deren Ziele gut mit seinem christlichen Glauben vereinbaren lassen. Doch als er sich klar zu Jesus bekennt, gerät er in große Schwierigkeiten. Er verbringt mehr als 15 Jahre seines Lebens im Gefängnis, wird aber gleichzeitig Teil einer beispiellosen Erweckung in seinem Land, die bis heute anhält. Lesen Sie die bewegende Geschichte eines Mannes, der mit Jesus bis zum Äußersten gegangen ist.

Zhang Rongliang/Eugene Bach

Preis: 13,– Euro

256 Seiten

ISBN-10: 3765542989

ISBN-13: 978-3765542985

Bruder Andrew

DER SCHMUGGLER GOTTES

Biografie
Buch: 12,99 Euro / 336 Seiten
Hörbuch: 12,99 Euro / ca. 11 Std.

ISBN-10: 377515390X
ISBN-13: 978-3775153904

Vor mehr als 60 Jahren erhielt ein junger Niederländer in Warschau die Berufung, sich für verfolgte Christen einzusetzen, die von den Christen aus dem Westen vergessen waren. Es war der Beginn eines großen Abenteuers.

„Der Schmuggler Gottes" ist die Geschichte von Bruder Andrew, dem Gründer von Open Doors. Das Buch erzählt, wie er in den dunklen Tagen des Kalten Krieges sein Leben riskierte, um Bibeln über gefährliche Grenzen zu bringen.

Diese fesselnde Geschichte von Glauben und Wundern hat Millionen Menschen weltweit inspiriert und ihre Beziehung zu Gott gestärkt, der zu seinen Verheißungen steht.

Bestellung unter:
www.opendoors.de/shop
+49 6195 6767-167

Sofern nicht anders angegeben, stammen die Bibelzitate aus der Hoffnung für alle*, Copyright © 1983, 1996, 2002 by Biblica Inc.TM. Verwendet mit freundlicher Genehmigung des Brunnen Verlags. Alle weiteren Rechte weltweit vorbehalten. (Hfa).

Bibelzitate mit der Bezeichnung LUT stammen aus der Luther, revidierte Fassung von 1984, durchgesehene Ausgabe in neuer Rechtschreibung. © 1984 Deutsche Bibelgesellschaft, Stuttgart. (LUT)

Einige Namen und Einzelheiten der in diesem Buch beschriebenen Personen und Situationen wurden geändert oder in gestraffter Form dargestellt, um die Privatsphäre der beteiligten Personen zu gewährleisten.

Die amerikanische Originalausgabe ist im Verlag Baker Books, a Division of Baker Publishing Group, PO Box 6287, Grand Rapids, MI 49516-6287 unter dem Titel „God's Hostage" erschienen.
© 2019 by Andrew Brunson
© der deutschen Ausgabe 2020 by Gerth Medien
Dillerbergl, 35614 Asslar
in der SCM Verlagsgruppe GmbH

1. Auflage 2020
Bestell-Nr. 817703
ISBN 978-3-95734-703-9

Umschlaggestaltung: Joana Kielhorn unter Verwendung von Shutterstock
Coverfoto Andrew Brunson: © Andrew Brunson
Übersetzt von Oliver Roman
Lektorat: Ruth Harmsen/Hauke Burgardt/Jens Fischer
Satz: Uhl + Massopust, Aalen
Druck und Verarbeitung: GGP Media GmbH, Pößneck
Printed in Germany

www.gerth.de